图 1-7　非充气轮胎概念（Air Free Concept）

图 1-8　微结构化越野轮胎　　　图 1-9　3D 打印微结构化汽车

a) 孔雀结构色及微观显微图

b) 蝴蝶结构色及微观显微图

  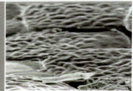

c) 甲虫结构色及微观显微图

图 2-1　人体骨骼微结构　　　图 2-11　孔雀、蝴蝶、甲虫的结构色及微观显微图

图 2-12 壁虎及微观刚毛结构

图 2-13 美国 Stickybot 仿生壁虎机器人

图 2-15 海洋贝壳类生物

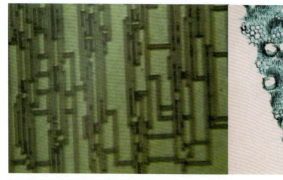

图 3-10 竹子的微观结构特征

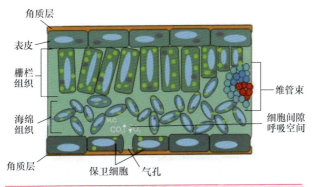

图 3-12　叶子纵切面

图 3-13　不同形状的叶子

图 3-14　不同叶子表面的微结构脉络

图 3-15 荷叶及表面蜡质乳突结构示意图

图 3-19 海绵动物

丝瓜　　丝瓜络

图 3-20 丝瓜变成丝瓜络示意图

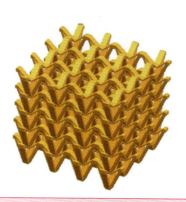

图 4-2 三维双箭头负泊松比微结构

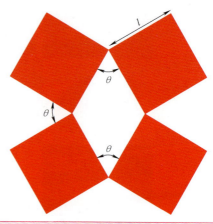

图 4-17 旋转正方形微结构

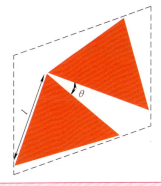

图 4-18 旋转三角形微结构

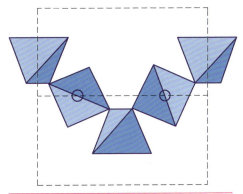

图 4-20 旋转四面体微结构

a) 双稳态结构

b) 加载

c) 卸载后

图 4-21 负泊松比双稳态模型

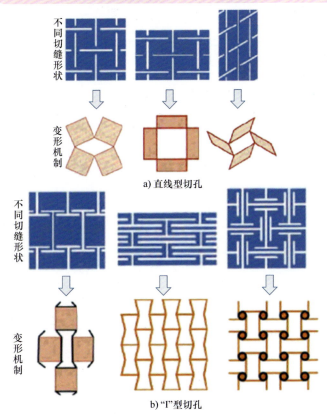

a) 直线型切孔

b) "I"型切孔

图 4-26 不同切缝形状的穿孔板结构变形机理

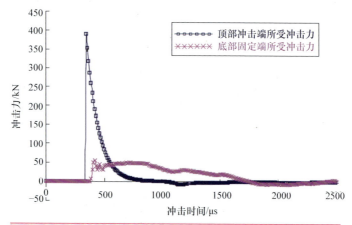

图 4-32 冲击力随冲击时间的变化曲线

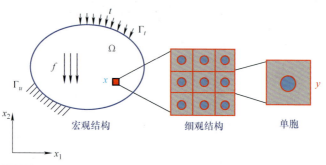

图 4-33 双尺度渐近均质化模型

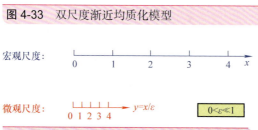

图 4-34 宏观尺度和微观尺度的关系

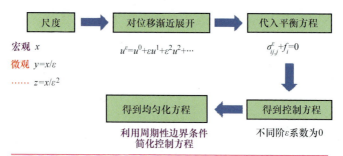

图 4-35 双尺度渐近展开均质化方法流程示意图

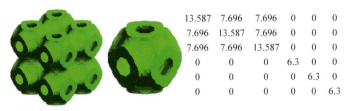

a) 2×2×2元胞阵列　　b) 代表性元胞拓扑　　c) 宏观等效弹性矩阵 D^H

图 4-39　材料体积分数为 30% 时剪切模量最大的材料微结构形式

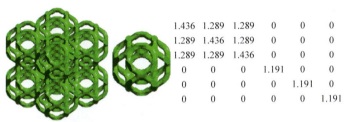

a) 2×2×2元胞阵列　　b) RUC拓扑　　c) 宏观等效弹性矩阵 D^H

图 4-40　材料体积分数为 10% 时剪切模量最大的材料微结构形式

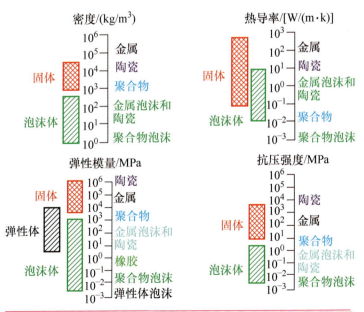

图 5-2　致密材料和泡沫材料性能对比

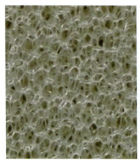
a) 三维闭孔材料

b) 三维开孔材料

图 5-3 三维多孔金属

图 5-6 多孔陶瓷

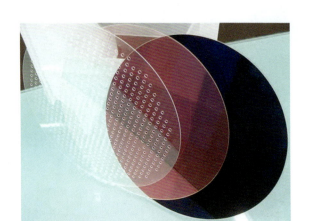
图 5-7 微孔减振玻璃

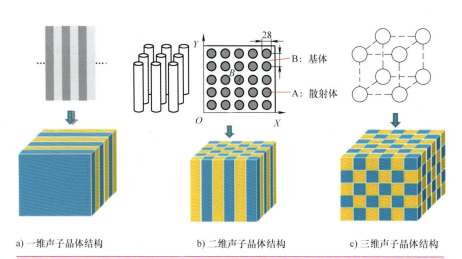

a) 一维声子晶体结构   b) 二维声子晶体结构   c) 三维声子晶体结构

图 5-8 三种类型的声子晶体结构

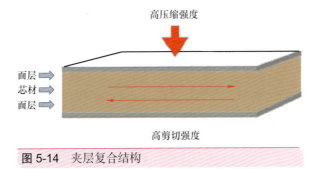

图 5-14　夹层复合结构

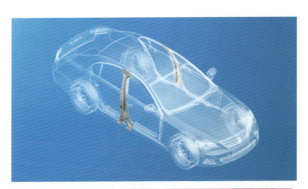

图 5-16　填充微结构的汽车 B 柱

图 5-17　典型木芯夹层结构

图 5-18　3D PET 泡沫芯材

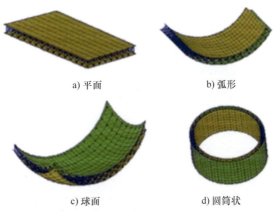

图 5-20　各种形状面板的蜂窝复合材料

图 5-21　类蜂窝夹层汽车座椅

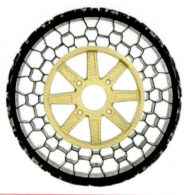

图 5-22　汽车蜂窝免充气轮胎

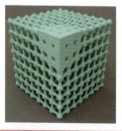

图 5-26　局部优化设计的微桁架结构　　图 5-27　桁架微结构填充型汽车保险杠

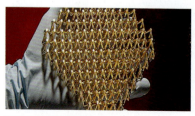
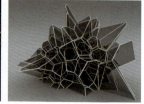

图 5-29　均匀和非均匀桁架结构

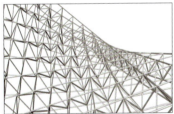

图 5-30　梯度分布桁架结构

图 5-31　路思义教堂

内部所填充微元胞结构

环形装置　　环形装置

图 5-35　新型智能汽车方向盘

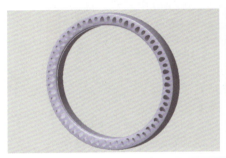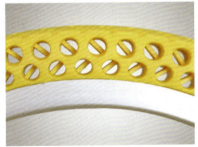

图 5-37　免充气自行车轮胎

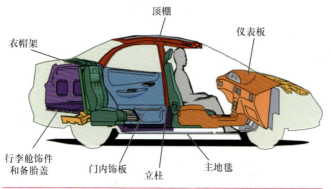

图 6-1 多孔材料在汽车上的应用部位示意图

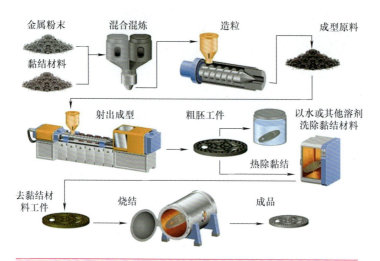

图 6-2 粉末射出成型

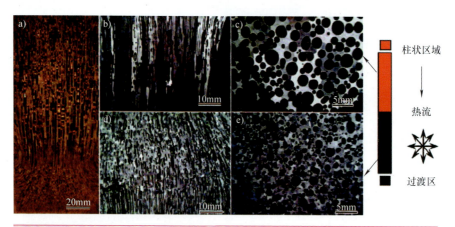

图 6-10 定向凝固法制备的多孔铜的结构

图 6-16　蜂窝陶瓷

图 6-17　泡沫塑料

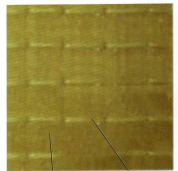

a) 正面示意图　　　　　　　　　b) 横截面示意图

图 6-18　一种典型的缝纫泡沫夹芯结构

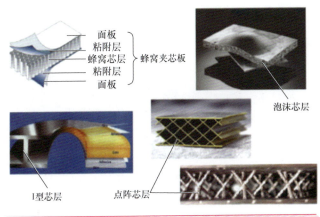

图 6-21　典型夹芯结构示意图

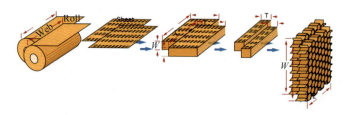

a) 胶接拉伸工艺流程

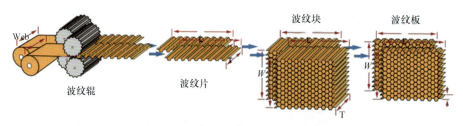

b) 成形法工艺流程

图 6-23 六边形蜂窝多胞结构的常见制备工艺

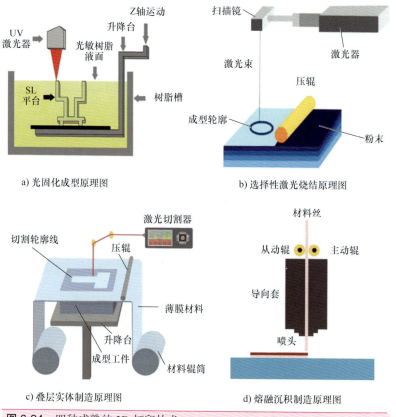

a) 光固化成型原理图　　b) 选择性激光烧结原理图

c) 叠层实体制造原理图　　d) 熔融沉积制造原理图

图 6-24 四种成熟的 3D 打印技术

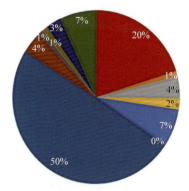

图7-1　各种类型事故所占比例

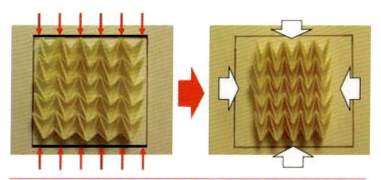

图7-3　负泊松比微结构受压-收缩现象

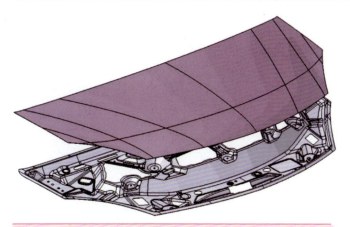

图7-5　传统发动机舱盖的具体结构

图 7-8　传统发动机舱盖在 Z 方向上的抗弯刚度位移

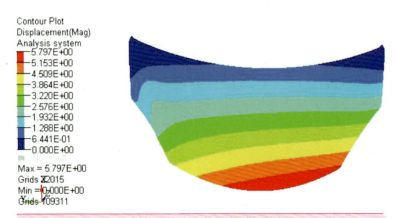

图 7-9　新型发动机舱盖在 Z 方向上的抗弯刚度位移

图 7-11　传统发动机舱盖在 Z 方向上的抗扭刚度位移

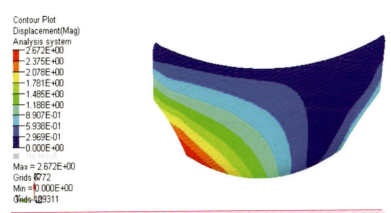

图 7-12　新型发动机舱盖在 Z 方向上的抗扭刚度位移

图 7-18　高吸能轻量化保险杠

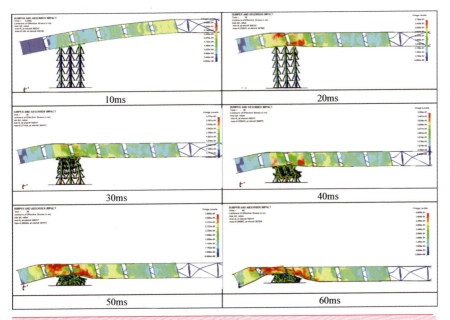

图 7-23　高吸能轻量化保险杠的数值计算结果

	旧防撞梁	新防撞梁	改善
防撞梁	1.5kJ(12%)	3.9kJ(30%)	150%
吸能盒(块)	6.8kJ(52%)	8.2kJ(63%)	21%
总吸能	8.3kJ(64%)	12.2kJ(94%)	47%

图 7-24　新旧保险杠质量和吸能比较

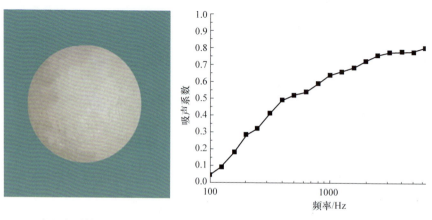

a) 加入聚乙烯纤维的聚氨酯泡沫　　b) 对应吸声系数曲线

图 8-4　加入聚乙烯纤维的聚氨酯泡沫及其吸声系数曲线

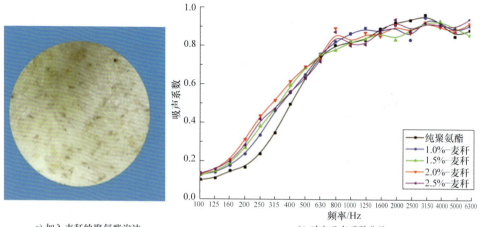

a) 加入麦秆的聚氨酯泡沫　　b) 对应吸声系数曲线

图 8-5　加入麦秆的聚氨酯泡沫及其吸声系数曲线

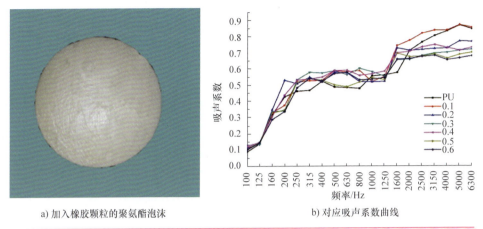

a) 加入橡胶颗粒的聚氨酯泡沫　　　　b) 对应吸声系数曲线

图 8-6　加入橡胶的聚氨酯泡沫及其吸声系数曲线

图 8-8　泡沫陶瓷

a) 薄膜穿孔板

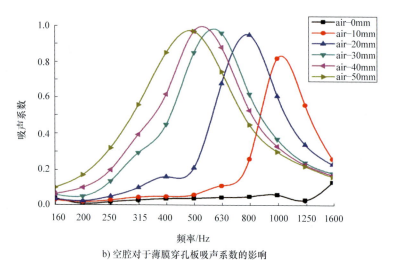

b) 空腔对于薄膜穿孔板吸声系数的影响

图 8-13　薄膜穿孔板及吸声系数

图 8-15　微缝板示意图

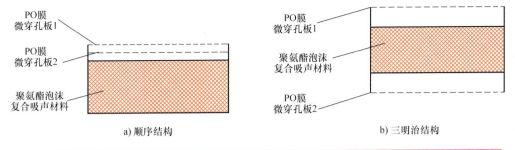

图 8-16　穿孔板与聚氨酯泡沫多孔材料结合组成的复合吸声结构示意图

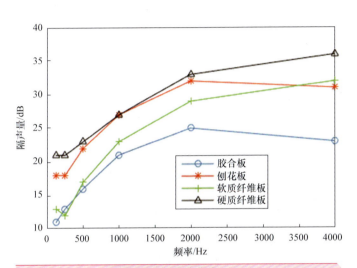

图 8-20　4 种人造板隔声频率特性曲线

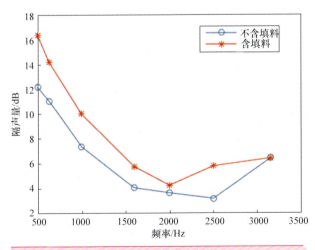

图 8-21　聚氨酯材料隔声频率特性曲线

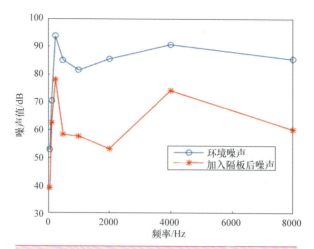

图 8-22　泡沫铝材料的隔声频率特性曲线

图 8-40　泡沫铝在汽车防撞上的应用

a) 玄武岩纤维汽车车身[87]

b) 玄武岩纤维特斯拉保险杠[88]

图 8-49　玄武岩纤维在汽车车身上的一些应用

图 8-50 气凝胶

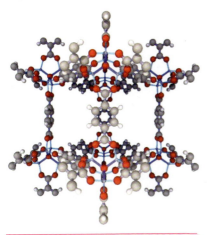

图 8-51 MOF 材料结构图

图 8-52 微晶格金属的结构图

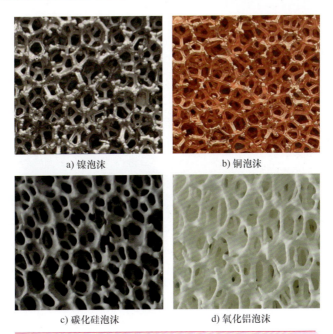

a) 镍泡沫　　　　　　　　b) 铜泡沫

c) 碳化硅泡沫　　　　　　d) 氧化铝泡沫

图 9-1　4 种典型的孔隙随机分布的金属泡沫多孔材料

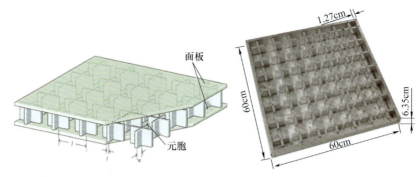

a) 夹层及实物尺寸示意图

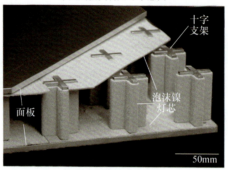

b) 镍金属泡沫芯剖面图

图 9-6 镍金属泡沫多功能蜂窝状夹层平板热管

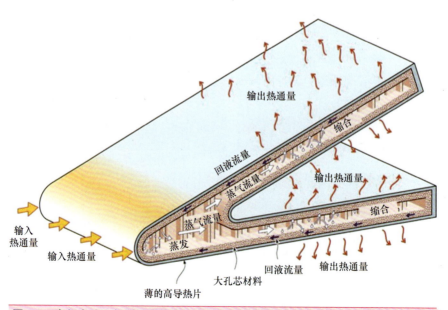

图 9-7 高超音速飞行器锥形前缘镍金属泡沫芯热板

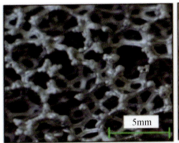
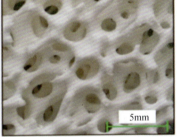

a) 典型镍、铝金属泡沫

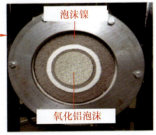

b) 太阳能聚集器和吸热器

图 9-9　多孔吸热器太阳能聚集系统

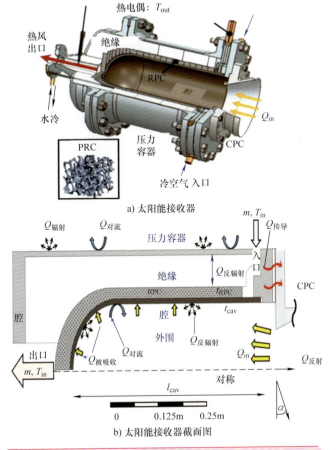

a) 太阳能接收器

b) 太阳能接收器截面图

图 9-10　太阳能接收器及其截面图

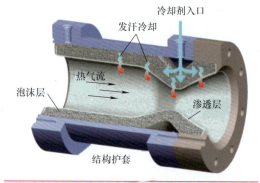

图 9-11 高温推进燃烧室内泡沫结构发汗冷却层

a) 不包含、包含聚四氟乙烯(PTFE)涂层修饰金属泡沫

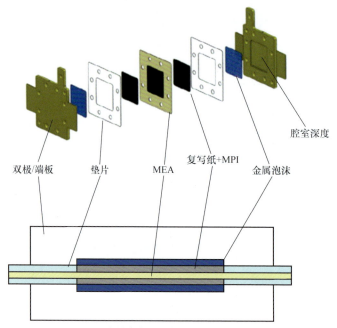

b) 金属泡沫PEM燃料电池原理图

图 9-16 以金属泡沫作为流动分配器的 PEM 燃料电池原理示意图

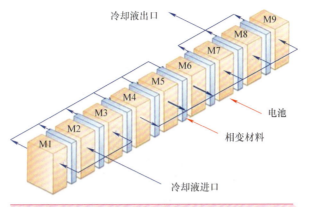

图 9-19　相变材料与电池三明治夹心结构形式

a) 泡沫镍　　　　　b) 泡沫铝　　　　　c) 泡沫铜

图 9-20　各种泡沫金属

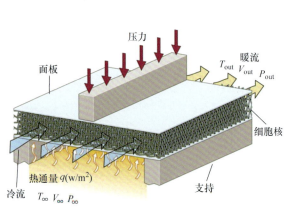

a) 通孔核心多功能夹层换热器示意图

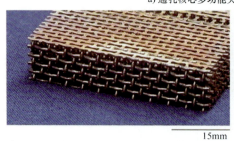
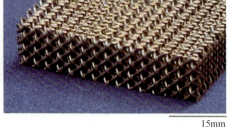

b) 方形和菱形结构形式的铜材格子夹层

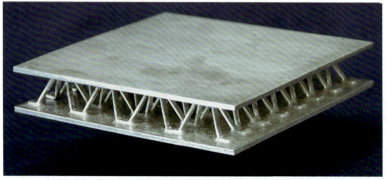

c) 铝制锥形格子夹层换热器

图 9-24　通孔结构夹层换热器

图 9-25　方孔铜基蜂窝通孔结构

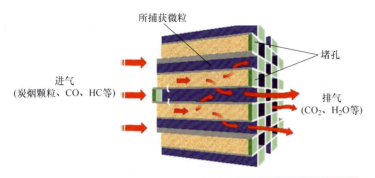

图 9-31　壁流式蜂窝陶瓷过滤结构示意图

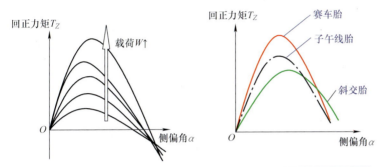

图 10-8　回正力矩与侧偏角的关系曲线

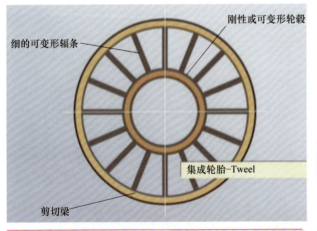

图 10-11　Tweel 轮胎图解　　　　图 10-13　普利司通公司 AirFree 轮胎

图 10-14　韩泰 iFLEX 轮胎

图 10-15　自行车采用 AirFree 轮胎

图 10-16　高尔夫球场车采用 AirFree 轮胎

图 10-17　道路测试中的 iFLEX 轮胎

图 10-18　非充气轮胎在军用车辆上的应用

图 10-20　应用于军用车辆的蜂巢轮胎

图 10-23　Boostrac 非充气轮胎模型

图 10-25　应用于超弹性轮胎中的"晶体结构"

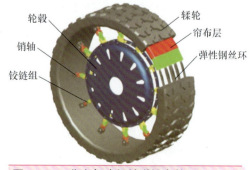
图 10-26　非充气式机械弹性车轮

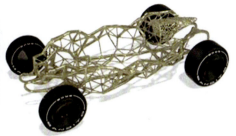

a) 3D打印复杂艺术品　　　　　　b) 3D打印自由形态的车身结构

图 11-2　3D打印艺术品及车身结构

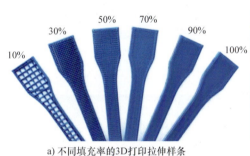

a) 不同填充率的3D打印拉伸样条　　　b) 不同填充方式的3D打印样品

图 11-3　不同填充率和不同填充方式的 3D 打印样品

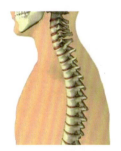

图 11-5　3D打印定制五节长达 19cm 的脊椎　　　图 11-6　3D打印无人机

图 11-12　3D打印非充气轮胎 Vision　　　图 11-9　3D打印超级跑车 Blade　　　图 11-11　3D打印自动驾驶电动汽车 Olli

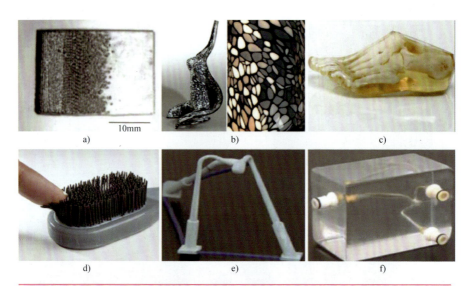

图 11-15 多材料微滴喷射光固化技术 3D 打印零件

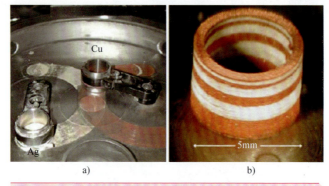

图 11-16 多材料烧结成型系统及打印的多材料模型

图 5 采用蜂窝微结构材料的智能座舱侧门

图 8 框架式车身

汽车技术创新与研发系列丛书

微结构材料

——车辆轻量化的终极解决方案

赵 颖 马芳武 等著

机械工业出版社
CHINA MACHINE PRESS

本书着重介绍微结构材料在结构设计及轻量化应用方面的关键技术。随着轻量化技术的不断成熟及新材料领域的飞速发展,微结构材料不仅打破了常规轻量化的概念,而且在新材料领域崭露头角,开始展现巨大的优势和潜力。

本书适合汽车企业设计工程师及材料工程师阅读使用,也适合普通高等学校机械专业及材料专业师生参考阅读。

图书在版编目(CIP)数据

微结构材料:车辆轻量化的终极解决方案/赵颖等著. —北京:机械工业出版社,2021.1

(汽车技术创新与研发系列丛书)

ISBN 978-7-111-67231-9

Ⅰ.①微… Ⅱ.①赵… Ⅲ.①汽车-结构材料-研究 Ⅳ.①U465

中国版本图书馆 CIP 数据核字(2021)第 002244 号

机械工业出版社(北京市百万庄大街 22 号 邮政编码 100037)
策划编辑:孙 鹏 责任编辑:孙 鹏 谢 元
责任校对:李 杉 责任印制:郜 敏
盛通(廊坊)出版物印刷有限公司印刷
2021 年 3 月第 1 版第 1 次印刷
169mm×239mm·16.25 印张·18 插页·329 千字
0 001—1 900 册
标准书号:ISBN 978-7-111-67231-9
定价:129.00 元

电话服务 网络服务

客服电话:010-88361066 机 工 官 网:www.cmpbook.com
　　　　　010-88379833 机 工 官 博:weibo.com/cmp1952
　　　　　010-68326294 金 书 网:www.golden-book.com
封底无防伪标均为盗版 机工教育服务网:www.cmpedu.com

序
preface

  轻量化终极解决方案——微结构材料，这是大自然给我们的启迪，捧着这本由全球多个学者精心编撰的书稿详读，与微结构材料的神秘结构和未来无限可能的拓展进行一场酣畅淋漓的时空穿越：书开时，对轻量化方案的疑惑和对未来车辆技术发展的畅想统统浮现；书闭后，个个不解皆柳暗花明。本书旨在成为一个指引，助力其在车辆部件设计与开发等轻量化共性关键技术的提升，并为推动其在智能制造领域的深入应用注入新活力。

  微结构材料作为一种新型结构材料，兼顾部件轻量化与高性能的需求，倘若恰当地运用于车辆部件中，车辆轻量化和绿色化技术会如虎添翼。故而本书将从自然界动物和植物的微观结构角度切入，阐述其得天独厚的几何特性、吸能特性及其多样化的表现形式，同时从研究学者的视角解读增材制造技术的潜力及其与微结构材料巧妙融合的天马行空无限想象的创意能力。除了一种"恍然大悟"的分享驱动，出版本书还源于一种使命感。我曾经从业于欧美汽车行业多年，深知精细的工匠精神是如何渗入到基因中的一种难以替代的竞争力，也深知国际智能制造发展将从基本微结构产生的一种叹为观止的原创力。近几年，我们团队在先进车辆轻量化技术方面做了丰富的研究，并与密歇根大学和吉林大学等合作，致力于微结构复合材料在车辆轻量化上的研究与应用，并在微结构、材料和性能一体化优化设计方法方面取得重大进展。同时，先进增材制造技术可打印各种复杂形状的产品，包括一体化结构、仿生学设计、异形结构、点阵结构、薄壁结构、梯度合金结构、超材料/结构等。

  在新一轮科技革命背景下，为践行"资源利用集约化、生产过程低碳化"的生态理念，轻量化和绿色化一直是技术发展的主线，已成为世界各国制造业的"逐鹿点"，也是实现中国制造业节能减排、可持续发展的必经之路。而车辆、高铁、建筑和航空航天等我国急需发展的诸多重点领域在轻量化基础前沿和共性关键技术方面，仍需借鉴国际先进的轻量化设计理念。若要在轻量化技术领域取得新突破，一定要重视基础研究，可谓任重而道远。

本书为工程技术人员和科研工作者提供必要的轻量化和绿色化技术第一手必备知识，全书共分为 11 章，第 1 章引入了微结构材料构型及其研究现状，第 2、3 章分别从仿生角度生动阐述了多种天然微结构材料，第 4、5 章详细描述了其结构特性与变形机理等，第 6 章概括了五种制备方法，第 7、8 章站在吸能减振的角度阐述了其在车辆安全及 NVH 领域的应用前景，第 9 章介绍了毫米级无序、有序通孔微结构材料及纳米级微孔隔热材料在热/质传递领域的应用，第 10 章从力学特性角度叙述了其在非充气轮胎的应用潜力，第 11 章聚焦于先进增材制造技术。最后，提出智能生态出行是未来智慧城市的重要纽带和主动脉，将深刻影响全球未来出行的新格局。

本书组织了全球数位汽车行业专家，历时三年半，共六轮编撰合作完成。马芳武教授（SAE Fellow）担任全书的主编著和总校对工作；马正东教授（美国密歇根大学）对于本书的核心章节给予了高屋建瓴的指导；丁祎教授（美国加利福尼亚州，北汽研究院）在本书写作过程中给予了许多实质性指导，并参与了整书终稿的校对；赵颖博士（西南大学）担任全书的主编写和总校对工作。本书第 1、2、6 章由梁鸿宇（吉林大学）写作；第 3、11 章由王国旺（东风日产乘用车公司）写作；第 4、5、10 章和全书展望由赵颖博士（西南大学）写作，其中第 4 章 4.4.1 节由闫晓磊教授（福建工程学院）写作；第 7 章由杨猛博士（中国重型汽车集团有限公司）写作；第 8 章由陈书明教授（吉林大学）写作；第 9 章由沈淳副教授（吉林大学）写作。在此，对以上辛苦参与本书编撰的全体人员表示衷心的感谢！

相信本书将以与众不同的视角带给车辆轻量化界一个"惊喜"。希望此书能成为行业的必读案前书，协助开拓微结构材料与增材制造技术更多值得惊叹的奇迹！最后，特别鸣谢机械工业出版社在本书写作与出版过程中给予的支持与帮助。

马芳武　吉林大学教授
2021 年 1 月 18 日

目录 contents

序
第1章 微结构材料概述 ... 1
1.1 引言 ... 1
1.2 微结构材料概念 ... 2
1.3 微结构材料构型 ... 3
1.4 国内外研究现状 ... 4
1.5 微结构材料助力汽车轻量化 ... 7
1.6 小结 ... 9
参考文献 ... 9

第2章 天然微结构材料——动物启发 ... 11
2.1 引言 ... 11
2.2 高强度结构——人体骨骼 ... 11
2.3 振动缓冲结构——啄木鸟头骨 ... 12
2.4 抗弯曲结构——鸟类羽轴 ... 13
2.5 高刚度结构——蜻蜓翅膀 ... 15
2.6 低黏附结构——蚊子复眼 ... 18
2.7 光学结构——结构色 ... 19
2.8 强黏附结构——壁虎脚 ... 20
2.9 高强近似规则结构——珊瑚 ... 22
2.10 负泊松比微结构——贝壳 ... 23
2.11 小结 ... 24
参考文献 ... 24

第3章 天然微结构材料——植物启发 ... 26
3.1 引言 ... 26
3.2 蜂窝多孔结构——木材 ... 26
3.3 多孔微结构特例——软木 ... 28
3.4 中空薄壁结构——竹子 ... 31
3.5 纹路散布结构——树叶 ... 34
3.6 孔隙多变结构——硅藻 ... 36
3.7 维管密布结构——海绵丝瓜络 ... 38
3.8 小结 ... 40
参考文献 ... 40

第4章 微结构材料特性 ······ 42

4.1 引言 ······ 42
4.2 微结构材料力学特性 ······ 42
4.2.1 相对密度 ······ 42
4.2.2 泊松比 ······ 45
4.2.3 弹性模量 ······ 49
4.2.4 硬度 ······ 50
4.3 微结构材料变形机理及分类 ······ 51
4.3.1 内凹多边形微结构 ······ 51
4.3.2 手性微结构 ······ 52
4.3.3 旋转微结构 ······ 54
4.3.4 褶皱微结构 ······ 56
4.3.5 穿孔板微结构 ······ 57
4.3.6 联锁多边形微结构 ······ 59
4.3.7 其他类型微结构 ······ 59
4.3.8 载荷位移曲线 ······ 59
4.4 微结构材料均质化理论 ······ 62
4.4.1 基于数学原理的均质化理论 ······ 62
4.4.2 基于力学原理的均质化理论 ······ 69
4.5 小结 ······ 73
参考文献 ······ 74

第5章 人工微结构材料 ······ 78

5.1 引言 ······ 78
5.2 多孔固体 ······ 78
5.3 多孔金属 ······ 81
5.4 多孔陶瓷 ······ 84
5.5 微结构声子晶体 ······ 84
5.6 夹层结构 ······ 88
5.6.1 泡沫夹层结构 ······ 89
5.6.2 木芯夹层结构 ······ 90
5.6.3 蜂窝夹层结构 ······ 91
5.6.4 桁架夹层结构 ······ 94
5.7 人工微结构特例 ······ 96
5.8 未来超轻智能微结构材料 ······ 98
5.9 小结 ······ 100
参考文献 ······ 100

第6章 微结构材料制备方法 ······ 102

6.1 引言 ······ 102
6.2 多孔金属制备 ······ 102

6.3　多孔陶瓷制备 ·· 109
6.4　泡沫塑料制备 ·· 111
6.5　夹芯结构制备 ·· 113
6.6　多胞材料制备 ·· 115
6.7　小结 ·· 118
参考文献 ·· 118

第7章　微结构材料在汽车安全中的应用 ·· 120
7.1　引言 ·· 120
7.2　汽车安全 ·· 120
　7.2.1　主动安全和被动安全 ··· 120
　7.2.2　行人保护 ··· 121
7.3　负泊松比微结构材料能量吸收特性研究 ······································· 122
　7.3.1　面内压缩应力–应变曲线 ·· 122
　7.3.2　碰撞能量吸收机理 ·· 123
7.4　NPR微结构碳纤维发动机舱盖行人保护研究 ································ 127
　7.4.1　NPR微结构应力–应变关系模型构建 ··································· 128
　7.4.2　HIC值估算与刚度分析 ·· 129
7.5　多孔微结构材料填充碰撞安全件研究 ·· 133
7.6　NPR微结构材料未来应用设计 ··· 135
7.7　小结 ·· 139
参考文献 ·· 139

第8章　微结构材料在NVH领域中的应用 ·· 141
8.1　微结构材料吸声与隔声原理 ··· 141
　8.1.1　吸声原理 ··· 141
　8.1.2　隔声原理 ··· 142
8.2　微结构吸声材料 ··· 143
　8.2.1　多孔性吸声材料 ·· 144
　8.2.2　共振吸声材料 ··· 148
　8.2.3　其他吸声微结构材料 ··· 149
8.3　微结构隔声材料 ··· 153
　8.3.1　纺织品隔声材料 ·· 153
　8.3.2　树脂基体复合隔声材料 ·· 154
　8.3.3　木质隔声材料 ··· 154
　8.3.4　聚氨酯材料 ·· 155
　8.3.5　泡沫铝材料 ·· 156
　8.3.6　蜂窝隔声材料 ··· 156
　8.3.7　微结构隔声材料的应用 ·· 157
8.4　微结构材料声学测试 ·· 158
　8.4.1　微结构吸声测试 ·· 158

8.4.2　微结构隔声测试 160
8.5　微结构减振材料 161
　　8.5.1　概述 162
　　8.5.2　减振微结构材料设计 162
　　8.5.3　微结构减振材料分类与应用 164
8.6　微结构材料在 NVH 中的应用 167
　　8.6.1　泡沫材料在 NVH 中的应用 167
　　8.6.2　纤维材料在 NVH 中的应用 171
　　8.6.3　新型微结构材料在 NVH 中的应用 173
8.7　小结 174
参考文献 174

第9章　微结构材料在热/质传递领域中的应用 179

9.1　微结构材料热/质传递特性概述 179
9.2　毫米级无序通孔微结构材料强化热/质传递应用 179
　　9.2.1　换热器 180
　　9.2.2　热沉 180
　　9.2.3　热管 182
　　9.2.4　太阳能吸热芯 185
　　9.2.5　燃烧室冷却 186
　　9.2.6　燃烧室稳定燃烧和减排 186
　　9.2.7　内燃机工作循环 188
　　9.2.8　燃料电池 189
　　9.2.9　动力蓄电池相变换热 190
9.3　毫米级有序通孔微结构材料强化热/质传递应用 195
　　9.3.1　强化传热 195
　　9.3.2　强化传质 197
9.4　纳米级微孔隔热材料（纳米孔气凝胶） 199
9.5　小结 200
参考文献 201

第10章　微结构材料在非充气轮胎中的应用 204

10.1　引言 204
10.2　充气轮胎力学特性 204
10.3　充气轮胎故障及简要分析 208
　　10.3.1　爆胎现象 208
　　10.3.2　磨损现象 208
　　10.3.3　运转不平顺 208
10.4　非充气轮胎 209
　　10.4.1　结构及优缺点 209
　　10.4.2　设计特点 214

10.4.3 发展趋势 ……………………………………………………… 217
10.5 非充气轮胎力学特性 ………………………………………………… 219
10.5.1 垂向力学特性研究 ………………………………………… 219
10.5.2 纵向力学特性研究 ………………………………………… 220
10.5.3 侧向力学特性研究 ………………………………………… 221
10.5.4 接地特性研究 ……………………………………………… 221
10.5.5 振动特性研究 ……………………………………………… 221
10.5.6 力学特性影响因素研究 …………………………………… 221
10.6 小结 …………………………………………………………………… 222
参考文献 …………………………………………………………………… 222

第 11 章 先进增材制造技术助力微结构材料 …………………………… 225
11.1 引言 …………………………………………………………………… 225
11.2 快速成型制造技术 …………………………………………………… 225
11.3 3D 打印技术简介及分类 …………………………………………… 228
11.4 3D 打印技术 + 制造业 ……………………………………………… 230
11.5 3D 打印用材 ………………………………………………………… 233
11.6 3D 打印微结构材料轻量化 ………………………………………… 239
11.7 3D 打印技术未来前景 ……………………………………………… 240
11.8 小结 …………………………………………………………………… 242
参考文献 …………………………………………………………………… 243

展望——智能驾驶融合轻量化技术 ……………………………………… 244

第1章 微结构材料概述

1.1 引言

当前汽车轻量化产业的快速发展推动新材料不断涌现。鉴于此,"中国制造2025"将新材料作为十大重点领域之一,提出新材料是实现"制造强国梦"的基础。同时,未来汽车轻量化的解决方案更倾向于将多种材料组合并进行结构优化,以充分发挥各种材料的自身优势,最终实现产品性能的最优化。作为新型材料的代表,微结构材料(Architected Cellular Materials,ACM)所具备的卓越性能优势可实现这一目标。

本书主要从科学理论和应用技术两个层面浅显易懂地介绍微结构材料。第1章对微结构材料进行总体概述,以系统了解微结构材料的概念、分类及国内外应用现状;第2章、第3章分别从自然界动物和植物的角度出发,指出微结构材料的仿生起源及存在本质;第4章着重介绍微结构材料特性,包括力学性能、结构特性、性能预测及优化设计方法,为后续更好地将其应用于实践打下基础;第5章讲述基于人类需求设计的人工微结构材料,基于此,人工微结构材料的发展势必推动传统制造工艺的改进及新兴制造工艺的衍生(第6章);针对汽车安全界存在的关键问题,用微结构化技术解决耐撞性与轻量化之间的冲突,将安全和轻量化等进行有机整合,提出安全技术未来发展的多途径解决方案(第7章);同时,针对噪声与振动技术难题,将具备特殊结构的微结构材料应用于吸声减振领域(第8章);此外,通过对微结构材料进行定向设计,既可以起到隔热作用,又可起到强化传热的效果(第9章);以非充气轮胎为例,阐述微结构材料在非充气轮胎中的应用(第10章);将微结构材料与先进增材制造技术进行深度融合,实现微结构材料的高精度和高维度设计,开发出更多功能多样性和材料多样性的优异材料(第11章)。如果说车联网在汽车安全、节能环保方面的价值是间接的,那么智能网联汽车在提高行驶安全性方面的核心价值则是直接的。作为新型汽车产业链中的重要发展方向之一,先进材料的使用、新型制造工艺的开发以及先进结构的优化设计将有效助力智能网联汽车行业的发展,推进智能座舱、航空航天等高精尖领域的研发进程,加快未来生态出行的脚步。

目前新材料呈现多元化的发展趋势,单一材料已不能满足部件的使用性能需求[1]。未来汽车轻量化的解决方案更倾向于多种材料组合,且内部进行结构化处理，以充分发挥各种材料的优势，最终实现最优的产品性能。作为典型的新型结构材料代表，微结构材料所具备的性能优势不容小觑[2,3]。传统结构材料经过一系列的演变过程，由实心结构逐渐转化成格栅和工字形结构，直至目前常用的复合材料。而材料的微结构化处理使得结构材料一体化设计得以快速发展[4-6]，结构材料的演变过程如图1-1所示。

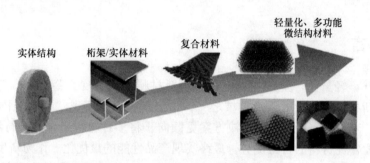

图1-1　结构材料的演变过程

由图1-1可知，工程发展史是材料不断更新迭代的发展史，从最初实体结构的广泛应用到桁架/实体材料的混合使用，再到质量更轻、性能更优的复合材料使用，最后逐渐发展为轻量化、多功能微结构材料，工程材料更加多元化。其中，微结构材料以其优异的性能愈来愈受到青睐。开发性能更好、成本更低的微结构材料，并将其广泛应用于车辆、机械、建筑和航天等重要领域，是引领"中国制造2025"新材料革命必不可少的重要一环，微结构材料的推广和应用将给传统材料带来全新的注解，注定会带来一场前所未有的颠覆性革命。

1.2　微结构材料概念

微结构材料是指内部填充多孔、格栅或蜂窝等不同形式的结构，采用单一材料（高强钢、铝合金、镁合金等）或多种材料（复合材料、混合材料、聚合材料等）组合作为基体材料的结构化增强材料，如图1-2所示。与目前常用的蜂窝材料、泡沫材料类似，微结构材料具备材料的等级特性，可作为一种新的材料使用。微结构材料既是一种结构，也是一种材料，两者之间并没有非常明显的界限。当元胞相对于整个样件的尺寸非常小时，可称之为材料，例如泡沫材料。当元胞相对于整个样件的尺寸比较大时，可称之为结构，例如蜂窝结构。它具备高效性、轻质性、优越性、可设计性、多功能性、适用范围广等多重优点。由于微结构材料内部多孔隙，按照孔径的大小，可将其分为三类[7]：尺度小于2nm的材料称为微孔材料；尺度处于2~50nm之间的材料称为介孔材料；尺度大于50nm的材料称为大孔材料，图1-3所示为从纳米尺度到宏观尺度的各种微结构材料。

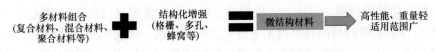

图1-2　微结构材料

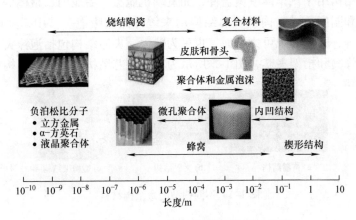

图1-3　纳米尺度到宏观尺度的微结构材料

1.3　微结构材料构型

微结构材料的设计理念源于大自然，自然界大部分生物的微观结构都是空心的泡沫状或胞状结构。这样可以节省材料、减轻重量，此类空心结构还是运送营养物质和新陈代谢的重要通道。根据微结构材料的内在特性与设计机理不同，按照材料力学性能，微结构材料可分为正泊松比材料和负泊松比材料；从结构填充形态角度考虑，可分为蜂窝结构、胞状结构、管状结构、中空结构等[8,9]。其中，负泊松比微结构材料在承受拉伸载荷时，材料会产生膨胀；反之，则产生收缩。

胞状结构是一种典型的微结构材料，在自然界中普遍存在。随着汽车轻量化概念的提出，胞状结构的研究再次进入大众的视野；三明治结构由两个紧密连接的外层和较为稀疏（通常称为泡状结构）的中间层结构组成。与实体材料相比，三明治结构增加了面积矩，从而提高了抵抗弯曲和压弯的能力，达到轻量化的效果；管状结构一般有紧密的外壳，内部多为蜂窝结构或泡沫结构，常见于动物的刺和植物的茎秆。中间的泡沫结构可以看成是双壁的中间层，相当于外壳的弹性支撑结构，可以吸收变形，增强抵抗压弯的能力；竹子的中空结构反映了植物界对结构轻量化最透彻的理解。从植物进化角度观察，竹子的茎最初也是实心的，后来在进化过程中，其茎中心髓逐渐萎缩消失，成了空心，而且竹子生来就没有次生组织，茎长到一定的粗度后就不再加粗了。这种变化的好处可从力学角度来说明，同样分量的材料，造成中空而较粗的支柱，比之中央实而较细的支柱，其支撑力要强些，遇到刮风下雪，具有很强的韧性，更能适应自然环境。基于以上描述，图1-4简单展示了

3种构型的微结构材料。其中,夹层材料是由高强度蒙皮与轻质芯材组成的一种结构材料,加入芯材的目的是维持上下蒙皮之间的距离,使夹层蒙皮截面惯性矩和弯曲刚度增大,上下蒙皮厚度较薄,具有一定的强度和刚度。由于芯材较轻,可将芯材作为夹芯结构用于汽车薄壁覆盖件,如发动机舱盖、后舱门、顶棚等,上下蒙皮可承担强度和刚度要求,内部夹芯结构用来缓冲碰撞吸能。其中,蒙皮可采用金属、纤维板等,蒙皮外观可为平面,也可为曲面,夹芯结构包括泡沫夹芯、波板夹芯、木芯、蜂窝和桁架夹芯,图1-5所示为不同夹芯结构形式的微结构材料。

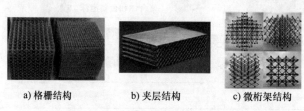

a) 格栅结构　　　　b) 夹层结构　　　　c) 微桁架结构

图1-4　不同构型的微结构材料

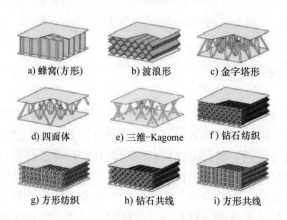

a) 蜂窝(方形)　　　b) 波浪形　　　　c) 金字塔形

d) 四面体　　　　e) 三维-Kagome　　f) 钻石纺织

g) 方形纺织　　　　h) 钻石共线　　　i) 方形共线

图1-5　不同夹芯结构形式的微结构材料

1.4　国内外研究现状

微结构材料的卓越性能优势吸引了国内外众多研究学者和机构对其进行深入研究和推广应用,一度掀起了研究热潮。

美国密歇根大学(University of Michigan)MA Z D致力于大刚度、大阻尼纳米微结构材料的研究,成功设计了一种可呈现"压缩-收缩"特性的双箭头微结构,将微结构材料研究从二维空间拓展到三维空间,开发了具有负泊松比特性的非充气轮胎[10],并且将其应用于军用车辆、全地形车、工业叉车等特种车辆。美国波音公司下属的HRL实验室致力于将微结构设计和先进快速成型技术巧妙融合,开发了一种轻质金属镍气凝胶材料,是由连通Nickel - phosphorus Alloy中空管组成的三维材料,中空管的厚度极薄,还达不到人类头发直径的1/1000。在能量吸收和轻量化方面表现出不俗的实力,未来有望在航空航天领域(地板、行李架等)、汽车(内外饰等)等领域得到应用[11]。麻省理工学院(MIT)对微结构材料的研究延伸到微米级甚至纳米级。深入探究自然界中生物内部的真实形态,研究其进化机理,洞悉生物本质的同时为其在机械领域的应用奠定了理论基础,从而更好地为人类服务。

目前我国对微结构材料的研究基本处于理论阶段,主要集中于微结构材料吸能、NVH 与热管理性能方面。大连理工大学 ZHANG W 等将双箭头型负泊松比微结构应用于吸能块上,并分析其在平台应力区阶段的力学性能[12],验证了双箭头型微结构在冲击碰撞方面具有优异的吸能特性。何冬林[13]等提出多孔吸声材料是一种重要的吸声降噪手段,并且一些新型多孔材料的低频吸声性能已经得到很大的提高。而微结构材料在热管理性能方面的应用也开展了一些研究[14-17],目前已可将通孔泡沫结构应用于紧凑型换热器、热沉、热管、太阳能吸收器等设备中,进一步提高或优化设备的热/质传递性能。此外,一些车展已经展出相应的概念产品,部分厂商也开始通过与国外主要从事微结构材料研发的机构进行合作,加速微结构材料应用产品的研发进程。

尤其,微结构材料本身在发生不同程度变形及在不同的低频振动下,具有不同的吸能减振和缓冲降噪的能力[18,19],该特性使得微结构材料在自行车轮胎上得到了广泛应用。美国 Britek Tire & Rubber 研发公司将 Energy Return Wheel 技术运用在自行车上,研制出一款新型非充气防刺轮胎。如图 1-6a 所示,这种镂空轮胎设计成孔状结构排布,无需充气,采用质量很轻的纳米管增强材料材料支撑柱体,可提供良好的减振效果。该轮胎根据地形的不同自行改变张力,让车轮更加坚固或更加舒服地骑行。如今,随处可见的摩拜单车轮胎同样采用了微结构设计的思想,如图 1-6b 所示。

a) Britek Tire & Rubber 非充气防刺轮胎

b) 摩拜单车非充气轮胎

图 1-6 微结构填充非充气轮胎

全球轮胎、橡胶行业领军企业普利司通宣布,旗下公司在轮胎无需填充空气的技术——非充气轮胎概念(Air Free Concept)面向实用化的道路上又取得了新的成果,可应用于自行车的非充气轮胎诞生了,图 1-7(见彩插)所示为其研发的 Air Free Concept 非充气轮胎。该轮胎以非充气为研究目标,通过设计特殊形状的辐条来满足各种工况下的载荷需求。此外,轮胎还采用环保材料,满足结构设计的可持续发展要求,所采用的可再生树脂与橡胶材料为在全球创造绿色环保移动和可循环性社会作出贡献。

图 1-7　非充气轮胎概念（Air Free Concept）

同理，微结构材料的可设计特点也扩展到了汽车轮胎。美国 Polaris 公司非充气轮胎 Sportsman WV850 H.O. 全地形越野车性能相当彪悍，除了具备普通轮胎的常规性能，非充气的特点使其具备即便是被大口径子弹击中，依然能保持高速行驶的能力，如图 1-8（见彩插）所示。这些性能都归功于轮胎内部所设计的类蜂窝状微结构，通过对类蜂窝结构的合理设计，不仅使轮胎性能大幅度提升、减重效果明显，而且免充气、方便快捷。

图 1-8　微结构化越野轮胎

基于卓越的性能优势和巨大的发展潜力，微结构材料迅速叩开并踏入了航空航天、汽车等领域的大门。通过恰当的优化设计和合理的微结构填充，车身、汽车内外饰、底盘和动力系统等部件都可基于功能导向性设计方法采用微结构来设计。结合新型3D打印技术，微结构化汽车的实现成为可能。2018年日本工业博览会上的一款3D打印微结构化汽车成为一大亮点，如图1-9（见彩插）所示，该微结构化汽车较好地融合了3D打印技术和微结构材料设计技术，将车身

图 1-9　3D 打印微结构化汽车

各个部件进行整合,在保证其基本性能的前提下,对车身进行微结构化处理和设计。放眼于未来汽车市场,微结构材料的使用将会给汽车轻量化技术带来一轮崭新的冲击,其所带来的经济效益和良性循环效应不可估量。

1.5 微结构材料助力汽车轻量化

由于环保和节能需求日益强烈,汽车轻量化已成为世界汽车发展的潮流。研究表明:汽车质量每减少100kg,每100km可节省燃油0.3~0.5L,减少CO_2排放8~11g,加速性能提升8%~10%,制动距离缩短2~7m。

汽车车身轻量化是汽车轻量化的重要环节,汽车车身轻量化途径主要包括轻量化材料的应用、结构优化设计和先进工艺的应用。其中,高强钢、铝合金、镁合金、复合材料是目前常用的轻量化材料。通过对汽车结构的改造和制造材料的优化,汽车重量还有15%的下降空间,随着汽车制造材料的不断开发升级,汽车重量的减轻不会带来安全隐患。

由于材料成本和制造成本的限制,钢材一直是汽车最为广泛运用的首选材料,平均占汽车重量的60%左右。但随着各大汽车厂家满足日趋严格的减排标准,瞄准减重及提高燃油效率,铝合金、镁合金以及以碳纤维为代表的复合材料等非钢材料在汽车上的占比不断上升,钢材因此持续受到这些替代材料的威胁。虽然铝镁合金和碳纤维复合材料具有明显的比强度和比刚度优势,但在大规模应用方面,仍然受到成本因素的影响和限制。因此,选择价格更合理、性能更优的轻量化材料是目前轻量化技术研究急需解决的一个问题。

对于产品的整体性能而言,材料本身的基本性能和微结构化处理同样重要,这在某种程度上有效推动了结构-材料一体化优化方法的发展。这些全新的微结构材料是在传统原材料的基础之上,将其与力学承载结构相结合所创造出来的新型材料,从而实现宏观材料层面各项性能的大幅度提升。换言之,微结构材料是通过多种普通材料搭建微结构来获得优异的性能。

目前,微结构材料已在汽车碰撞安全、声学管理、热管理性能等方面得到了广泛应用[20],如图1-10所示。由于其本身结构设计的灵活性和复杂性,现有制造技术存在无法生产精密结构的技术瓶颈。但是,随着快速成型技术的迅猛发展,微结构技术与快速成型技术可完美结合,快速高效地制造出个性化产品,大大缩短了生产周期,提高了效率[21,22]。与自然界中现存的材料性能对比,充分显示了其在性能提升方面的巨大潜力和优势[23,24],完美践行了国家绿色环保、可持续发展的理念。

图1-11生动形象地展示了微结构材料在汽车某些乃至全部部件中应用的可行性。其中,微结构材料在车身部件上的应用主要包括吸能块、前端模块、发动机盖、门模块、备胎仓、前后防撞梁、地板、顶棚以及行李舱;在底盘及动力系统上

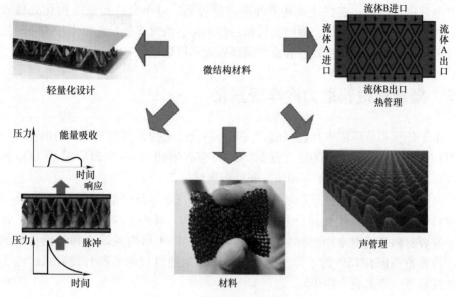

图 1-10　微结构材料应用领域

的应用包括悬置、油底壳、衬套、主弹簧、蓄电池托盘、蓄电池保护结构、底盘箱体、非充气轮胎、气门室罩盖及节温器壳体；在内外饰上的应用有座椅垫、可展底盘、柔性车身、内饰件、内外饰一体化覆盖件、太阳能电池板以及弹性吸能材料。微结构材料技术的推动和发展不仅颠覆传统汽车轻量化技术的思维，还将给汽车产业带来全新的注解。

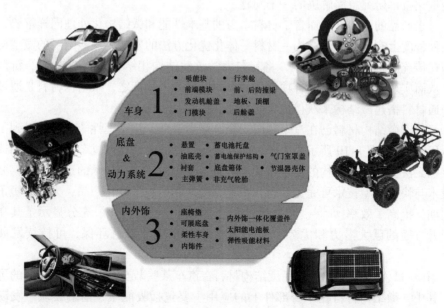

图 1-11　微结构材料在汽车上的应用前景

1.6 小结

本章针对微结构材料概念、微结构材料分类、研究应用现状及应用前景做了详细阐述，充分说明研发微结构材料将会给制造业及研发者带来的全新材料解读和设计灵感，进一步加速推动汽车的轻量化发展进程，是未来汽车轻量化的终极目标。实施"中国制造2025"是推动我国从制造业大国向制造业强国转变的第一步，新材料是保障制造产品质量的最基本条件，更是我国实现制造业强国的关键支撑，但目前我国仍面临基础材料参差不齐、战略性新材料受制于人、前沿新材料技术有待突破等问题，"制造强国梦、材料当先行"，只有加快材料工业的发展进程，提升我国材料的自主创新能力，"中国制造2025"才能真正地挺起脊梁。

参考文献

[1] 李永兵，马运五，楼铭，等. 轻量化多材料汽车车身连接技术进展 [J]. 机械工程学报，2016，52 (24)：1-23.

[2] KÖRNER C, LIEBOLD-RIBEIRO Y. A systematic approach to identify cellular auxetic materials [J]. Smart Materials & Structures, 2015, 24 (2): 025013.

[3] 刘岭. 超轻质材料和结构的协同分析与优化 [D]. 大连：大连理工大学，2006.

[4] KAMINAKIS N T, DROSOPOULOS G A, STAVROULAKIS G E. Design and verification of auxetic microstructures using topology optimization and homogenization [J]. Archive of Applied Mechanics, 2014, 85 (9): 1289-1306.

[5] COELHO P G, GUEDES J M, CARDOSO J B. Topology optimization of cellular materials with periodic microstructure under stress constraints [J]. Structural and Multidisciplinary Optimization, 2019, 59 (2): 633-646.

[6] 姜立标，刘永浩，刘金龙，等. 铝蜂窝复合材料客车底板性能研究及应用 [J]. 汽车零部件，2014 (2)：26-29.

[7] 李尧. 基于植物分级结构的多孔碳功能材料的制备与锂离子电池负极性能研究 [D]. 上海：上海交通大学，2015.

[8] 吴林志，熊健，马力，等. 新型复合材料点阵结构的研究进展 [J]. 力学进展，2012，42 (1)：41-67.

[9] 范华林，杨卫. 轻质高强点阵材料及其力学性能研究进展 [J]. 力学进展，2007，37 (1)：99-112.

[10] MA Z D. Three-dimensional auxetic structures and applications. Compiler: US7910193B2 [P], 2011-03-22.

[11] 明如海. 闭孔泡沫铝夹芯板抗冲击性能研究 [D]. 哈尔滨：哈尔滨工程大学，2009.

[12] ZHANG W, HOU W B, HU P. Mechanical properties of new negative Poisson's ratio crush box with cellular structure in plateau stage [J]. Acta Materiae Compositae Sinica, 2015, 32 (2):

534 - 541.

[13] 何冬林, 郭占成, 廖洪强, 等. 多孔吸声材料的研究进展及发展趋势 [J]. 材料导报, 2012, 26 (1): 303 - 306.

[14] HAN X H, WANG Q, PARK Y G, et al. A Review of Metal Foam and Metal Matrix Composites for Heat Exchangers and Heat Sinks [J]. Heat Transfer Engineering, 2012, 33 (12): 991 - 1009.

[15] ZHAO C Y. Review on thermal transport in high porosity cellular metal foams with open cells [J]. International Journal of Heat and Mass Transfer, 2012, 55 (13 - 14): 3618 - 3632.

[16] 陈学. 泡沫多孔材料中强制对流与高温辐射的耦合传热研究 [D]. 哈尔滨: 哈尔滨工业大学, 2016.

[17] YANG X H, FENG S S, ZHANG Q L, et al. The role of porous metal foam on the unidirectional solidification of saturating fluid for cold storage [J]. Applied Energy, 2017, 194: 508 - 521.

[18] CHEN W, XIA L, et al. Optimal microstructure of elastoplastic cellular materials under various macroscopic strains [J]. Mechanics of Materials, 2018, 118: 120 - 132.

[19] THOMAS D, PHILIPPE L. A microstructure material design for low frequency sound absorption [J]. Applied Acoustics, Volume 136, 2018, pp. 86 - 93.

[20] XIAO L G, TUO X, et al. Sound absorption properties of microperforated panel with membrane cell and mass blocks composite structure [J]. Applied Acoustics, Volume 137, 2018, pp. 98 - 107.

[21] 赵彻. 异质材料与微结构耦合仿生设计及其3D打印 [D]. 长春: 吉林大学, 2017.

[22] 兰红波, 李涤尘, 卢秉恒. 微纳尺度3D打印 [J]. 中国科学: 技术科学, 2015 (9): 919 - 940.

[23] LIU Y, HU H, LIU Y, et al. A review on auxetic structures and polymeric materials [J]. Scientific Research & Essays, 2010, 5 (10): 1052 - 1063.

[24] ALDERSON A, ALDERSON K L. Auxetic materials [J]. Proceedings of the Institution of Mechanical Engineers Part G, 2007, 221 (4): 565 - 575.

第 2 章 天然微结构材料——动物启发

2.1 引言

通过第 1 章对微结构材料的总体概述,想必大家对微结构材料的概念有了一定的了解。它不仅具有轻质的特点,而且具备优异的力学、吸能、声学及热学等性能。而这些特殊结构的设计并非源于人们的空想,一切都可从自然界中找到答案。自然界是人类最好的老师,人类的大部分发明创造源于自然的启发。在生物的长期进化过程中,生物体形成了特殊的材料和结构,在某些特定功能上远远超过了人造材料。其中,微结构材料的设计理念源于大自然,如人体骨骼、软木蜂窝结构、犀牛鸟嘴、蜻蜓翅膀等,其结构内部并非实心,却具备实心材料无可比拟的独特性能[1]。

仿生学有一句话:"动物都是发明家"[2]。例如,蜜蜂,被称为最会"落地"的发明家,在从高空落到地面的过程中,蜜蜂通过调整飞行速度,使其在落地的瞬间,速度恰好为零,实现最简捷、最经济的飞行。而科学家正是基于这一点,设计研发了微型航空降落装置,从而实现无人侦察机的软着陆;蝙蝠,被称为最会"走路"的发明家,蝙蝠在夜间飞行时会不断向外发出声波,通过反射回来的声波来判断周围的障碍物,从而及时地躲避障碍,于是科学家发明了"蝙蝠拐杖",来帮助盲人在独自出行时可以顺利绕过路障。许多仿生学者受生物启发,常常在试图模仿大自然赋予各种生物的不同能力,通过研究动物特殊行为下的工作原理,将其应用于工程技术领域。创造新技术来发明性能优越的装置和机器,解决人类生活中面临的实际问题。本书第 2 章和第 3 章将分别从动物和植物角度追溯微结构材料的仿生起源,讲述它们与微结构材料之间微妙的联系。

2.2 高强度结构——人体骨骼

从外观上看,人体骨骼是实体,其实不然,大多数骨头都是精心构造的,外边虽然是一层致密的骨外壳,内部却疏松多孔存在着许多小梁,如图 2-1(见彩插)所示。在椎骨或长骨末端的关节处,这种类似泡沫状的结构使骨骼重量减到最轻,却仍可以承担较大的力,正是骨小梁(骨微结构)的存在促成了这一机制,使其可以在满足力学性能的前提下,减轻重量,从而减小关节处的压力。

进一步，可以从生物医学的角度来了解骨小梁的重要性。骨质疏松症最严重的并发症是脆性骨折，常发生在松质骨区域，其最常见的骨折部位是髋部、脊椎和桡骨远端以及肱骨近端。骨质疏松症的本质是骨的力学强度下降，而骨强度主要通过骨量来体现。随着时间的推移，人的骨量会减少，骨体积分数下降，骨小梁厚度变薄，间隔增宽，连接性下降，最终导致骨的强度大幅度下降，无法承担更大的载荷和受力，增加骨折的风险。由此看出，骨头的坚硬是源于其内部精心构造的骨微结构，骨微结构的退化将会导致其强度的衰减。

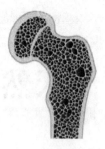

图 2-1　人体骨骼微结构

在整个骨骼进化的自然历程中，从藻类植物到错综复杂排列的骨微结构，使生物体不断适应外界的恶劣环境，内部的每一根骨小梁都不是独立的存在，都不可或缺，浑然天成，是最优的自然选择[3]。

2.3　振动缓冲结构——啄木鸟头骨

啄木鸟以 20Hz 的频率啄树捕虫，相当于以 25km/h 的速度撞树，那么问题来了，为什么这么高强度的撞击，头部却不受丝毫损伤呢？学者们通过研究发现，鸟类的骨骼以轻而坚固为最大特征，是因为头骨的结构并非实心结构，而是一层高度愈合的蜂窝状结构。毫无疑问，这是自然选择的结果，这样的结构必然会使鸟类更适应于生存环境与日常生活[4]。

啄木鸟天生具有高超的减振吸能本领，能够将振动和冲击的影响减弱至最小。大部分啄木鸟属于留鸟，长期生活在树林中，以啄食树皮中的昆虫为生，由于啄木鸟能够消灭大量危害树木生长的昆虫，因而得名"森林医生"。啄木鸟具有强直而坚硬的喙，可以用来凿开树皮，具有锋利的爪子和粗壮坚硬的尾羽，能够在啄木时保持身体的平衡。啄木鸟与其他鸟类在生理结构上最大的区别在于，它有一条三倍于上颌长度的舌骨，这个极长的舌骨在腮下颌肌等肌群的控制下可以自由地伸出和收回，便于啄木鸟在很深的树洞中捕食昆虫。图 2-2 所示为大斑啄木鸟以及其颅骨、喙骨的微观显微图，当啄木鸟晃动头部反复钻木捕食昆虫时，我们只会看到木头很快出现凹洞，并没有看到啄木鸟的头部出现冲击性损伤，足见啄木鸟头部的抗冲击性非同一般[5]。这一神奇的现象引起了很多科学家极大的兴趣与关注，他们开始对啄木鸟的头骨结构进行研究，经过研究发现，啄木鸟颅骨内包含许多骨小梁，相对于一般动物的头骨，啄木鸟头骨内的骨小梁具有更大的厚度、更多的数量以及更紧密的间距，这种特殊的结构特点使得啄木鸟在啄木过程中虽然加速度很高，频率很快，但是受到的冲击变形非常小。当然，造成这一原因不仅仅是归功于啄木鸟的头骨，冲击能量总需要通过变形去吸收，既然头骨引起的变形较小，那么一定有变形较大的部分会吸收这部分冲击能量，那就是啄木鸟的喙。特殊的生理结构使啄木鸟适于啄木,而它高超的抗/减振本领则体现在它的啄木过程中,啄木鸟的喙具有较大的棒状结构和更薄的骨小梁,会导致冲击过程中更大的变形,从而将冲击能量在喙处得到大量的吸收和分散,因此传输到大脑的冲击就会降低。

a) 大斑啄木鸟　　　　　　b) 颅骨

c) 喙骨　　　　　　d) 啄木鸟头部放大图

图 2-2　大斑啄木鸟以及颅骨、喙骨的微观显微图

通过对啄木鸟啄木时的能量传递过程进行分析可知,啄木鸟头骨和喙骨独特的微观结构和组成成分造就了啄木鸟对于头部冲击性损伤的良好抵抗性。鸟头和嘴尖的运动轨迹几乎呈一条直线,即啄木鸟在啄击时巧妙地避开了头部旋转,这样在啄击时就不会产生旋转方向的切应力。啄木鸟与树木的碰撞作用时间为 0.5~1ms,其间最大的冲击速度为 5~7m/s,而最大的减速度则高达(700~1200)g,这远远超出了人所能承受的最大加速度。同时,还发现啄木鸟在啄树前会像木匠一样地轻敲树干几下,才开始快速地啄击,在嘴尖即将碰到树木之前,啄木鸟会闭上眼睛,并在碰撞结束时睁开,这可能是为了防止啄开的木屑飞入眼中。基于这种结构设计,科学家设计研发了大

图 2-3　仿啄木鸟头部减振装置

量的仿生减振系统和设备,图 2-3 所示为仿啄木鸟头部的减振装置,其中微型电子设备抗振装置是典型代表,位于金属外壳之内的微粒床,通过自身的振荡,控制了不需要的高频机械激发,使不利影响保持在可接受限度之内。

2.4　抗弯曲结构——鸟类羽轴

随着自然的进化,大千世界存在许多飞行动物。鸟类作为自然界最好的飞行

家，具有极强的飞行能力。在飞行过程中，其主要依赖羽翼执行飞行动作，当鸟类等飞行动物沿水平路线飞行时，翅膀向前下方挥动产生升力和推力，当推力超过阻力时，并且升力等于体重时就能保持继续向前的速度。鸟类所受的升力与阻力的比值越高、滑翔角度越小时，鸟类的下沉速度也越慢，可以产生较远的水平滑翔距离[6]。作为鸟类最基本的飞行方式之一，扑翼飞行方式可以使鸟类凭借健硕的肌肉扇动双翼产生运动所需的能量，从而促进翅膀规律运动的产生[7]。相比滑翔飞行而言，扑翼飞行的优越性更为明显，可提供持续的推力、提高续飞能力、降低总能耗、提高运动灵活性和稳定性。而扑翼飞行靠单一系统无法执行，需要整个系统合作完成，其中羽毛的存在对鸟类的飞行起到了至关重要的作用。鸟类翅膀的形状、翼幅、负载、翼面弧度、后掠角以及飞翔的位置，均随每一扇翅而发生显著变化。

羽毛是鸟类特有的表皮衍生物，同时承担着保暖和飞翔的两种功能。根据形态特征，可将羽毛划分为正羽（亦称廓羽）、绒羽、半羽、纤羽、刚毛等类型。正羽由羽轴及其两侧的羽翎组成。多个羽枝构成羽翎，羽枝在羽翎上以平行排列的方式排布，其与羽轴之间往往呈现不平行，且存在一定的夹角。我国科学家提出鸟类羽毛的早期演化主要经历四个阶段：首先鳞片延长，其后鳞片中部增厚、出现羽轴，分化出羽枝，最后长出羽小枝和羽小钩等构造，形成了现在常见的羽毛，如图2-4所示。飞羽的主要载荷部位是羽片，但羽片的全部载荷都要通过羽轴传递给身体。因此，羽轴的力学性能对其最大载荷有着明显的影响。

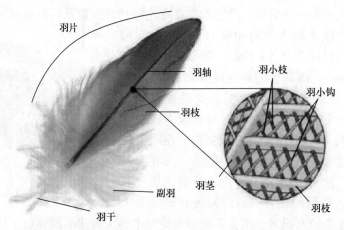

图 2-4　羽毛构造

羽轴如何承受这么大的载荷？这主要归功于羽轴包含皮质和髓质两部分，皮质位于外层，髓质位于内侧，被皮质包裹，我们可以把由皮质和髓质组成的结构看成一种三明治结构，这种结构使羽轴整体具有较高的杨氏模量。除此之外，髓质由大量的空泡状腔室组成，如图2-5所示，腔室间的紧密连接和对应力的传递效应有利于将点载荷转化成面载荷分配到整个羽轴，大大减小了受力点的折断风险。同时，腔室受拉伸和压缩变形，这种变形机制将使髓质产生蓄积较大的势能，并产生复制效应不断反馈于初始空间，这也是髓质对羽轴抗弯强度的主要贡献[8]。目前这种三明治结构广泛应用于包装工程，防止运输货物在车辆颠簸中受到损坏，未来也可应用于车辆、机械领域。

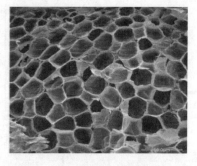

图2-5 羽轴髓质纵剖面形态结构

2.5 高刚度结构——蜻蜓翅膀

很多昆虫的翅膀具有良好的减振降噪特性、抗弯刚度、飞行特性、超强的自清洁特性和抵抗疲劳的能力，而这一切源于它们内部的微观结构形式。

众所周知，蜻蜓具有优异的飞行能力，它巧妙地利用空气所产生的不同气压流，调整左右两侧膜翅的角度和方向，使得其在受到较小的作用力下就可以翱翔于天空。它具有如此高超的飞行能力是得益于其翅膀结构、形态等多方面的配合。蜻蜓翅膀本身所具有的多种功能特性相辅相成。其中，飞行特性是其主要功能特性之一。显然，消振降噪、自清洁和抗疲劳等功能特性对于辅助飞行特性至关重要，对蜻蜓卓越的飞行特性起到不可缺少的辅助作用。

蜻蜓共包含一前一后两对翅膀，为了更有利于飞行，前翅膀的外轮廓和后翅膀的外轮廓呈流线形，羽翼的外边缘轮廓呈现锥形。羽翼展开后可用肉眼看出其上分布许多不均匀排布的翅脉，纵横交织形成许多封闭的微小翅室，翅室内部布满了翅膜。整个翅膀的结构就像布满了网格一样。蜻蜓翅脉这种多层中空结构轻量化与抗疲劳特性，为工程领域中管类构件的轻量化设计提供了重要的参考依据，同时为易疲劳部件的仿生止裂设计提供了重要的生物学基础。

从图2-6可看出，纵脉在羽翼展开的方向上，纵横交错的翅脉将羽翼划分成多个不规则的四边形和若干三角形结构，整体呈现凹凸次序排列。距离翅尖和翅膀的后边缘越近，所形成的网格边数越多则越稠密，该分布使整个翅膀形成了一种三维类桁架构形。该特殊的构形使得惯性矩大幅度下降，进而使得蜻蜓在振动翅膀时所需的能量大大减少，随之翅尖所受的应力也相应减小；另一方面，使蜻蜓在快速飞行或受到外物冲击时，可以及时地调整飞行姿态，通过调节自身的应力和能量来适应飞行环境的变化。

进一步放大蜻蜓翅膀，还可观察到蜻蜓翅膜表皮的最外层有一层厚度约为 $0.6\mu m$ 的蜡质材料层，约为翅膜表皮厚度的1/3，如图2-7所示。构成翅膜表面蜡层的纳米尺度蜡柱的分布是随机的，且其表面的凹槽刻纹结构沿蜡柱轴向对称。这种凹槽刻纹结构使得水滴浸润蜻蜓翅膀的压强限值提高到了一倍以上，雨天雨滴下

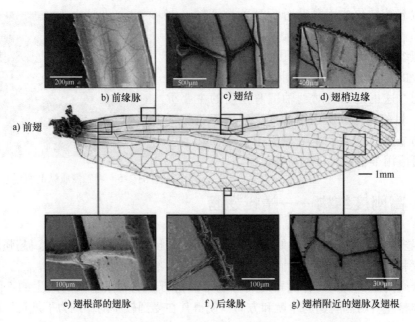

图 2-6 蜻蜓前翅构成[9]

落产生的平均压强值低于这一数值。除此之外，当水滴与这种凹槽刻纹结构之间保持着较大的接触角，使得翅膀上的翅膜很难被雨滴润湿。可见，由于蜻蜓翅膀表面的自清洁功能，翅膀表面的水滴滚落能够带走污染物，保持翅膀的干洁性，有利于蜻蜓减轻体重，提高飞行时的速度，从而大幅度提升飞行质量，强力保证蜻蜓翅膀飞行特性的稳定。

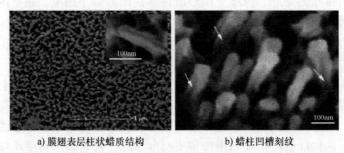

图 2-7 膜翅及蜡柱微观显微图

再进一步放大蜻蜓翅膀，可以揭秘蜻蜓翅膀的抗疲劳能力。蜻蜓能在恶劣的环境下飞行很长时间并且安然无恙是有原因的。蜻蜓翅膀具有非常好的强韧性和承载能力，它可以飞行千米以上不停歇，并且在飞行过程中消耗最少的能量，这都需要归功于其良好的抗疲劳性能[10]。翅膀不仅可经受交变应力的作用，抵御气流的摩擦，承受长途飞行的疲劳，而且翅膀特殊的网格形态能对变化应力产生的疲劳裂纹起到止裂作用。如图2-8所示，在翅中部及后缘附近的区域（图2-8a和b中的B、C区域），可以发现翅脉是一种具有类似"三明治"的夹层结构（图2-8d），此结构可以使蜻蜓在高频率的振翅过程中承担较大的扭转变形，从而保证疲劳裂纹的产生。

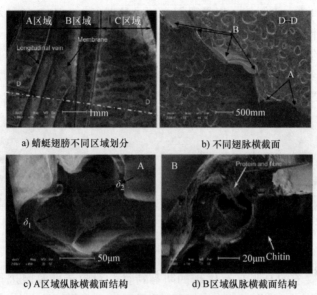

图 2-8　蜻蜓翅膀不同部位翅脉结构[11]

　　除此之外，蜻蜓翅膀还具有消振降噪的功能特性。从机械学角度讨论，蜻蜓翅膀长而薄，振动飞行甚至滑行时，容易产生颤振。弹性结构在均匀液/气流中受到液/气体惯性力、动力和弹性力的耦合作用而发生的大幅度振动被称为颤振[12]。颤振会造成结构破坏，但翅痣在拍翼时会出现在翅膀向后弯曲的地方，而翅膀质量中心线恰好在转轴的后面致使翅膀拍翼时受到颤振的影响比较大，因此颤振的影响被消除并且临界飞行速度可提升10%~25%，所以蜻蜓可以很安静地飞行。翅痣位于蜻蜓每片翅膀的前缘翼尖处，可消振降噪。

　　基于以上蜻蜓翅膀的微结构特性，许多仿生学家进行了大量的试验与研究，设计了许多轻质多功能的仿生结构。通过研究蜻蜓的翅膀，研制出了能消除颤振危害的飞机机翼。在飞机高速飞行时，飞机的翅膀都会发生颤振现象，即飞机的翅膀会不由自主地振动，这种有害的振动会造成翼折人亡的惨剧。蜻蜓的翅膀边上有一块较重的褐色的厚片，可以保持飞行时的平稳。若把蜻蜓翅膀上的黑痣去掉，蜻蜓飞起来就会荡来荡去，飘忽不定，并且发出嗡嗡的扑翅声。根据蜻蜓翅痣的原理，在飞机翅膀上也设计了加厚的平衡重锤，有效地消除了飞机颤振的危害。

　　在仿生建筑中，许多空间悬挑网格结构设计中模仿蜻蜓起拱和起皱结构，从而有效地提升了抗弯刚度[11]。蜻蜓翅脉类似"梁"，翅膜类似"薄壳"，在仿生建筑中,"梁壳"协同作用,共同承受外力,有助于提高悬臂结构的刚度。

2.6 低黏附结构——蚊子复眼

当出行时偶遇大雾天气,想必我们会"寸步难行",但蚊子可以在大雾中自由穿梭,这是为什么呢?大家一定会第一时间联想到微结构这个概念。雾滴无法黏附和停留在蚊子的复眼表面,这主要归功于它拥有具有超疏水性和防雾功能的复眼,具有特殊的微/纳米分级结构,阻止雾滴在复眼表面黏附和停留,如图 2-9 所示。超疏水防雾主要包括雾化过程中的润湿特性和固体表面的超疏水性。

a) 蚊子的宏观结构　　　b) 复眼1μm显微图　　　c) 复眼100nm显微图

图 2-9　蚊子及复眼的微观显微图[13]

为了验证蚊子的复眼具有优越的防雾特性,对蚊子的复眼进行了试验对比。首先将蚊子复眼自然干燥 15min,然后将蚊子固定于喷雾试验台的试纸上进行喷雾试验,喷雾后,利用体视显微镜进行观察,先将放大倍数调至为最低倍数即 7.5 倍,然后将蚊子移到显微镜视野中心位置,逐渐调大显微倍数使蚊子的复眼出现充满整个视野,再进一步通过调解焦距使图像达到最清晰的效果,拍下照片与喷雾之前对比,如图 2-10 所示。在长达 5min 的试验过程中,蚊子的复眼依然保持光滑,且相比喷雾之前更加明亮[13]。

a) 喷雾前　　　　　　　　　b) 喷雾后

图 2-10　蚊子复眼喷雾前后的对比[13]

蚊子复眼包含很多微米结构,这些微米结构紧密地排布在一起,所形成的毛细锥形管和纳米结构的驱动力强化促使雾滴从复眼流出来,并且等到雾滴成为较大的液滴后自动脱离表面。

以上就是对蚊子复眼防雾的揭秘,科学家将这种半球形的微米结构应用于材料领域,研发设计出多种防雾材料用于军事设备与航空航天设备[10]。

2.7 光学结构——结构色

在自然界中,总能看到一些动物有着五颜六色的外表,比如,孔雀的羽毛、蝴蝶的翅膀、甲虫的外壳、变色龙自保下的"隐身"等,大多数人认为这些都是动物体内含有的色素,在光的照射下吸收反射的结果,实则不全是如此,很多动物体表呈现的颜色与其体表的微结构息息相关。孔雀、蝴蝶和甲虫就是典型的代表,如图2-11(见彩插)所示。动物体内并没有这些五颜六色的色素,人们之所以能看到这些颜色,是因为光在动物体表面的亚微米结构中进行散射、干涉或衍射的结果,我们把这种与光发生物理作用产生"结构色"的微观结构称为"光子晶体"。折射率不同的介质材料构成光子晶体,呈周期性排列,可由不同折射率的介质材料组成。当光子进入光子晶体中,将会发生布拉格散射,从而形成光子能带,光子能带之间的带隙会形成光子禁带。可见光中具有光子禁带上的特定波长的光子无法继

a) 孔雀结构色及微观显微图

b) 蝴蝶结构色及微观显微图

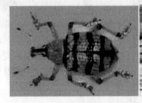 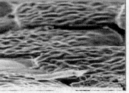

c) 甲虫结构色及微观显微图

图2-11 孔雀、蝴蝶、甲虫的结构色及微观显微图[10]

续向前传播,最终都会被反射回来,从而与晶体表面特殊的微纳组织结构发生一种或几种光学过程,形成了常见的结构色。目前,这种结构色的产生机理已经被应用于光子带隙材料,人们通过调节其晶格参数来控制所产生结构色的颜色,这一材料被大量应用于传感器、印染等方面,也可用于制备结构色纤维,该结构色纤维绿色环保,可解决目前所面临的环境污染问题。

2.8 强黏附结构——壁虎脚

根据进化理论,生物往往会改变自身结构、习性和生理以满足与环境相协调的要求,通常它们对自然环境的适应能力越强,其繁衍和生存的机会越多。自然界中的生物通过适应性进化方式,可形成各种生物吸附方式。它们可以贴在墙壁上爬行而不跌落,可以在网状织物上轻松行走,可以在平静的水面一掠而过而不留痕迹。壁虎能够在垂直或倾斜墙壁上快速爬行而不掉落的原因主要归功于其脚掌上数以百万计的纳米级纤毛与吸附表面产生范德华力[14];其他生物例如蜘蛛、章鱼、清道夫、蜗牛和水黾等能在极其恶劣的环境下生存,都与其特殊的多级结构或吸盘、类吸盘结构密切相关[15],这些特殊结构会产生特定的功能使其更好地适应各种生存环境。

为了深入了解壁虎脚底的神秘强黏附结构,国内外学者从各个角度出发,采用各种方法和途径,试图揭开壁虎飞檐走壁的真正原因和黏附机理,尝试通过仿生的理念开发新技术,促进人类的进一步发展。随着实验条件的完善和技术进步,科学家通过设备清晰地看到微米甚至纳米结构的图像,这时壁虎的黏附机理才得以揭开面纱。

壁虎的足垫有许多条长度约为 1~2mm 的弧状褶皱。借助扫描电镜对其进行显微观察,发现壁虎的黏附系统是一种多分级、多纤维状表面的结构,在壁虎的每个脚趾上生有许多长度约为 30~130μm 的刚毛。刚毛的末端又分叉形成数百根更细小的铲状绒毛,如图2-12(见彩插)所示。

得益于该特殊的多分级黏附系统结构,壁虎的脚掌与各种角度的表面都完美地贴合在一起,具有很强的吸附能力,无论是粗糙的表面还是光滑的表面,由于黏附系统中精细到纳米的结构使其都能达到最理想的接触,在大量范德华力的叠加下产生超强的黏附力,使得壁虎具有飞檐走壁的超凡能力。据计算,壁虎1cm² 面积上的刚毛可产生高达1300N 的黏附力,这个数据可能并不直观,我们来做个对比,1300N 相当

图2-12 壁虎及微观刚毛结构

于两个普通成年人的重量,也就是说,壁虎可以吊住两个成年人而纹丝不动,这种力量与壁虎的体型、大小完全不相匹配。从理论上讲,壁虎脚掌能够产生的黏附力超过100kgf,与壁虎的自身重量相比,刚毛最多只发挥出了0.05%的效果,这么大的差异不禁令人产生疑惑。为了解开谜底,科学家从事研究工作时,偶然间发现一个有趣的现象:从30m左右高的树上跳跃而下的一只壁虎,在向地面垂直坠落的过程中,壁虎向附近树叶伸出一只脚将其紧紧黏住。这一现象说明,在某些"极端条件"下,壁虎的刚毛能提供必要的功能。因此,并非一开始壁虎脚下的复杂结构就存在,也许是为了在弱肉强食的原始环境下获得更多生存繁衍的机会,这种精致的结构才逐步在壁虎身上演化出来。壁虎脚掌拥有的黏附力比胶带还黏,它又是如何轻易地从表面脱黏呢?从力学角度来讲,这就是实现"可逆黏附"。此外,在野外环境中壁虎必然需要通过布满灰尘的地带,导致脚趾沾染上灰尘。但出人意料的是,壁虎黏附力不但未受影响,而且能够"挥一挥脚掌,不带走一粒尘土"。究竟是什么原因使得它可以在灰尘遍布的墙壁依旧自如爬行呢?这得益于壁虎脚掌表面的自清洁能力,即超疏水性。这就可以解释为什么水滴能够在荷叶的表面来回滚动,而不是分散黏附在荷叶上。然而,这种超疏水性虽然是荷叶表面和壁虎脚掌表面都具有的,但是壁虎脚掌的超强黏附力是荷叶所不具备的。这种类似荷叶表面的"自清洁能力"和"可逆黏附"一样,是壁虎脚掌为了适应自然环境而进化出的一种双重性功能。如果可以找出壁虎这种具有自清洁能力的原理,那么人类在仿生壁虎超强黏附能力的道路上将向前迈进一大步。

目前,人类虽然研究出的材料还达不到像壁虎脚掌刚毛这样的水平,但是研究这类生物超强黏附能力的最终目的,是将这些技术为人类所用,推动人类的发展。科学家可以设计出代替人类探索完成特殊任务的小型爬壁机器人,这种机器人可以在任意表面行走,适应性强;还可设计出类似壁虎脚掌的黏合剂、登山安全装置和医用绷带,甚至包括足球守门员使用的超强黏性手套等。

基于壁虎足部的多级黏附系统结构,美国斯坦福大学的研究小组设计研发出了一种仿壁虎机器人,其外观形貌和壁虎一样,足底长着人造毛,该人造毛以人造橡胶为基体材料。为了最大化范德瓦尔斯黏性,这种机器人足底微小的聚合体毛垫必须能够保证足底和墙壁的接触面积最大化。如图2-13(见彩插)所示,这种仿壁虎机器人具有四个黏性脚掌,每只脚具有四个脚趾,在每个脚趾上覆盖有数百万根直径约为0.5nm的人造刚毛,借助细小刚毛与工作表面之间产生的范德华力,它就能实现"飞檐走壁"。

图2-13 美国Stickybot仿生壁虎机器人

关于这种神奇吸力手的作用机理，研制这种仿生壁虎机器人的参与者，科学家Mark Cutkosky 这样解释，在每只吸力手上，都存在着几百万根直径仅大约500nm，而长度仅不足 2μm 的人造橡胶毛发，这种特殊的结构使得当吸力手和玻璃表面非常接近的同时，人造橡胶毛发的分子也非常接近于玻璃壁分子。此时，两者的分子之间会产生被称作"范德瓦尔斯力"的分子弱电磁引力。这种力的神奇之处在于每一对这种力可以提供给毛发大约抓起一只蚂蚁的力量。当这种微小的力经过数百万根毛发的累加就非常巨大。因此，要让机器人能够附着在直壁上，吸力手只需要增大分子接触面。无数"范德瓦尔斯力"集合起来，"粘虫"机器人也就能在墙壁上行走了。事实上，壁虎也是通过使用手掌上数百万根被称为"刚毛"的毛发来完成同样的工作。不仅如此，"粘虫"机器人的优异性能还引起了美国军方的关注，他们计划更深层次地开发这类材料，期待能为作战人员提供爬行手套和爬行服装。

2.9 高强近似规则结构——珊瑚

珊瑚是地球上最古老的海洋生物，它是珊瑚虫分泌的外壳，主要成分是 $CaCO_3$。颜色一般是白色，形态多呈树枝状，上面有纵条纹，每个单珊瑚体的断面有同心圆状和放射状的条纹，有超高的药用价值。它由珊瑚虫骨骼堆积而成，一代又一代的珊瑚虫在固定地点生长直至死亡，最终形成珊瑚。由于珊瑚的向光性及捕食的需要，它向上、向四周生长，终而形成树枝状的结构。有趣的是，在很长一段时间内，它类似植物的特征迷惑了人类，让人们以为它是植物。其实从生物学角度来看，珊瑚是动物，是由无数微小的珊瑚虫聚集形成。珊瑚虫是一种腔肠动物，它个头很小，往往只有几毫米，体态玲珑，色泽美丽，只能生活在全年水温保持在 22~28℃的水域，生长过程需要充足的光照，主要分布于赤道及其附近的热带、亚热带区域，且水质必须洁净、透明度高，退潮时不能长时间暴露在水面之上，只有满足这些苛刻条件，珊瑚虫才能快速生长，建造珊瑚礁。

整体看上去，珊瑚虫的形态如花。层层的触手构成顶端，圆筒柱部类似花的子房。珊瑚虫骨骼是由其会吸收溶解海水中的碳酸钙制造产生的，珊瑚虫死后遗留下来的骨骼就是常见的白色珊瑚。

而对于珊瑚化石而言，单体或复体珊瑚的外层细胞具有吸收石灰质的能力，在受到光照之后吸收石灰质包裹住软体部分，形成珊瑚的外壁。各类珊瑚化石的纵列和横列骨骼不同是由于不同地区和不同时间累计造成，最终呈现各种骸体形态，如图 2-14 所示。

珊瑚化石内部结构看上去呈近似规则的多孔结构，无数细微的方解石质或文石质的羽针、羽簇或羽楣组成珊瑚虫的骨架纵列骨骼单元主要由刺状或脊状的隔壁脊或隔壁刺和长短相间、呈两侧对称或辐射对称排列的板状隔壁组成。床板或横板

图 2-14　珊瑚化石高强度近似规则结构

作为横列骨骼单元的主要组成部分，是横贯珊瑚骨腔分布的板状体。在不同地质年代的各类珊瑚中，分别以不同的方式配列组合，或派生出其他组织结构的这些纵列和横列骨骼单元，是其呈现形形色色的骸体形态的主要原因之一。

2.10　负泊松比微结构——贝壳

谈起贝壳（图 2-15，见彩插），大家就会想到"坚硬"，谈起粉笔，大家很容易联想到其"易折"的特点。如果告诉大家，它们的组成成分都为 90% 左右的碳酸钙晶片，是否会感到很惊讶，成分基本相同，但贝壳和粉笔为什么在强度上差别那么多呢？

图 2-15　海洋贝壳类生物

其实这种问题在材料界是一个见怪不怪的话题，答案就在"结构"上，虽然粉笔与贝壳的组成成分相似，但是其内部的排列方式迥然不同。贝壳坚硬是由于其内部结构的有序性使其形成了负泊松比效应，对外界载荷有很好的抵抗能力。据科学家研究，在贝壳中共有七种微结构，其中有一种叫作珍珠母，其断裂功是碳酸钙晶片本身断裂功的 3000 倍；产生的变形是本身晶片产生变形的 10 倍以上。珍珠母结构在受到外界载荷时，会产生负泊松比效应，即结构越受压，越往中间聚合，从而更好地抵抗压力。而一般自然界中的物体都是越受压，横向就会越宽，不会向中间聚合。关于负泊松比结构的"压缩－收缩"特性将在后续章节详细介绍。恰恰是这种效应导致了珍珠母在外力的作用下体积吸收功率提高 11 倍，变形功下降到 40%，珍珠母就具有更大的韧性和更大的变形能力[16]。仿珍珠母复合材料如图

2-16 所示。

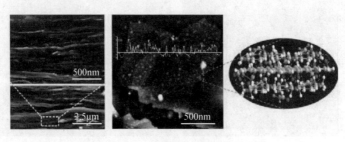

图 2-16 仿珍珠母复合材料[16]

2.11 小结

以上十个方面的详细介绍，从不同角度描述了动物界微结构所产生的神奇现象，包括微结构与强度、疏水、防雾、黏附、光学、振动等特殊功能的密切关系，当然这只是冰山一角，但足以让我们领略到微结构材料的魅力所在，科学家们也正是从中获得了启示，激发了无数的设计灵感，将其应用于工程实践中，造福人类。

壁虎的"飞檐走壁"、啄木鸟的"铜头铁嘴"、蚊子的"火眼金睛"、变色龙的"七十二变"，这些都是经过千万年的进化历程，大自然鬼斧神工下的最优设计，正如道金斯说的"生命的本质是巨大尺度的渺小机会"，每种动物都在逐渐地进化，更好地适应生存环境。在这漫长的演化阶段，看似简单的改变却并非偶然。诸如此类，为什么竹子可以那么坚韧、海绵可以吸声、软木可以做瓶塞而不渗漏？让我们来带着这些疑问进入第 3 章《天然微结构材料——植物启发》来探究其中的奥秘。

参考文献

[1] GIBSON L J, ASHBY M F, HARLEY B A. Cellular materials in nature and medicine [M]. Cambridge: Cambridge University Press, 2010.

[2] 佚名. 动物都是发明家 [J]. 小学科学, 2012 (4): 22-25.

[3] MÜLLER R, VAN C H, VAN D B, et al. Morphometric analysis of human bone biopsies: a quantitative structural comparison of histological sections and micro-computed tomography. [J]. Bone, 1998, 23 (1): 59-66.

[4] ZHU Z D, ZHANG W, CHENGWEI W U. Energy conversion in woodpecker on successive peckings and its role on anti-shock protection of brain [J]. Science China, 2014, 57 (7): 1269-1275.

[5] MAY P R, FUSTER J M, HABER J, et al. Woodpecker drilling behavior. An endorsement of the rotational theory of impact brain injury [J]. Archives of Neurology, 1979, 36 (6): 370.

[6] 汪睿,李典,刘小民. 鸟翼表面非光滑结构流动控制机理研究［J］. 空气动力学学报,2018,36（1）：144-150.

[7] 杨永刚,苏汉平,顾新冬,等. 飞行角度及弯曲折叠对仿鸟扑翼飞行器影响分析［J］. 系统仿真学报,2018,30（5）：165-170.

[8] BONSER R H C. The mechanical performance of medullary foam from feathers［J］. Journal of Materials Science Letters,2001,20（10）：941-942.

[9] 任露泉,李秀娟. 蜻蜓翅膀功能特性及其仿生研究进展［J］. 中国科学：技术科学,2013（4）：353-367.

[10] 任露泉,梁云虹. 耦合仿生学［M］. 北京：科学出版社,2012.

[11] REN H H, WANG X S, LI X D. Biomechanical behaviors of dragonfly wing: relationship between configuration and deformation［J］. Chinese Physics B,2012,21（3）：294-303.

[12] TIAN X M, HAN Z W, LI X J, et al. Biological coupling anti-wear properties of three typical molluscan shells-Scapharcasubcrenata, Rapanavenosa and Acanthochitonrubrolineatus［J］. Science China Technological Sciences,2010,53（11）：2905-2913.

[13] 曹焱焱. 蜉蝣目昆虫复眼防雾结构设计与机理研究［D］. 长春：吉林大学,2014.

[14] CHENG Q H, CHEN B, GAO H J, et al. Sliding-induced non-uniform pre-tension governs robust and reversible adhesion: a revisit of adhesion mechanisms of geckos［J］. Journal of the Royal Society Interface,2012,9（67）：283.

[15] 李磊,文力,王越平,等. 仿生软体吸附机器人：从生物到仿生［J］. 中国科学：技术科学,2018,48（12）：21-33.

[16] 宋凡. 仿生学里的小结构大力学［J］. 环境经济,2017（9）：70-71.

第3章 天然微结构材料——植物启发

3.1 引言

通过对动物界代表性微结构材料的概述,我们揭开了微结构材料在动物界中的神秘面纱,接下来本章将从植物角度出发探寻微结构材料的来源及对人类的启示。为了更直观地引入植物界中存在的天然微结构材料,首先以南美洲亚马孙河流域生长的王莲为例。该植物叶子直径可达2~3m,这种叶子的背面有从中心向四周放射的粗壮叶脉,其相当于混凝土中的钢筋骨架。此外,叶子内部长有发达的纵横交错的小叶脉,其中存在的微结构孔隙使得该叶片可以储存大量空气,增加了浮力。上述结构特征使王莲叶片拥有很强的支撑力,该叶片可轻松承载一个小孩的重量,如图3-1所示。

图3-1 王莲叶片承载小孩

在植物界中,类似于王莲叶脉多孔结构的微结构材料随处可见。其中,木材及其品类中最具代表性的软木均具有类似蜂窝的多孔结构。尽管木材具有多种不同的单胞结构,并且软木的单胞结构被一种称作皮孔的小空气通道中断,但木材和软木的整体力学性能都可通过微结构材料的模型来理解。此外,中空薄壁结构的竹子、纹路散布结构的树叶、孔隙多变结构的硅藻以及维管密布结构的海绵丝瓜络等天然微结构材料也向我们展示着其独有的魅力和特性。

3.2 蜂窝多孔结构——木材

木材是最古老和使用最广泛的结构材料之一,木材总产量中大约有20%用于结构上,如横梁、托梁、支撑载荷的面板。基于此,模量、抗压强度和韧性成为设计师最感兴趣的木材性能参数。这些特性在不同品种的木材之间差别很大,例如橡木强度、刚度和韧性是轻木的10倍以上。木材是各向异性材料,对于某些木材,当加载时,沿着木材纹路方向的刚度比横向的刚度高出50倍以上[1]。因此,木材的构造对木材性质起着决定性的作用，在探究木材构造时需要分别从宏/微观两方面来解释。木材的微结构特征和力学性能主要取决于胞状结构的性质，即细胞壁的性质、胞状结构的相对密度和形状等，其他因素例如温度和水分含量等也起到一些辅助作用。

为更好地理解木材所具备的微结构特征，首先需在离树干中心足够远的位置切断木材样品，此时生长环曲率可忽略不计，从而得到具有正交各向异性的木材试样。该木材试样具有三个对称正交平面：径向平面、切向平面和轴向平面，如图3-2 所示。刚度和强度在轴向上最大，即平行于树干方向。在径向和切向方向上，根据物种的不同，其刚度和强度为轴向刚度和强度的 1/20 到 1/2 范围内。

这些差异都与木材的微结构特征有关，其主要反映在木材细胞壁结构上，即微观构造。在毫米尺度上，木材是一种微结构固体：细胞壁通常具有六角形棱柱形状，包围着孔隙空间[2]，可用以下三个特征表征其微观结构[3]：①组成大部分木材结构高度伸长的细胞。对于软木，其称作管胞；对于硬木，其称作纤维；②射线结构：由较小的长方形薄壁细胞的径向阵列组成；③树液通道：具有薄壁和大孔隙空间的扩大细胞，液体通过它导向树上。

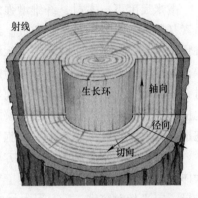

图 3-2 树干剖面的三个对称正交平面

当然，软木和硬木之间存在结构差异。软木中的射线结构很窄，仅在轴向上延伸几个单元，而硬木的射线结构较宽并且在轴向上延伸数百个单元。在软木中，树液通道占木材体积的 3% 以下，而在硬木中，它们占比可达 55%。软木中的生长环由厚壁和薄壁管胞的交替周向带组成，而环形多孔硬木中的生长环由大直径和小直径树液通道带组成。弥漫多孔硬木具有均匀分布且大小相同的树液通道，它们在微观尺度上不具有任何特征性生长环。所有上述特征如图 3-3 所示，其分别显示了代表软木的雪松和代表硬木的橡木两种结构的横纵断面[4]。木材中细胞的体积分数和尺寸见表 3-1。

a) 雪松横断面　　　　b) 雪松纵断面

c) 橡木横断面　　　　d) 橡木纵断面

图 3-3 木材扫描电子显微照片

表 3-1 木材细胞的体积分数和尺寸汇总表

	软木		硬木		
	管胞	射线细胞	纤维	导管	射线细胞
体积分数（%）	85~95	5~12	37~70	6~55	10~32
轴向尺寸/mm	2.5~7	—	0.6~2.3	0.2~1.3	—
切向尺寸/μm	25~80	—	10~30	20~500	—
径向尺寸/μm	17~60	—	10~30	20~350	—
细胞壁厚/μm	2~7	—	1~11	—	—

微米尺度下，木材是纤维增强复合材料。细胞壁由包埋在无定形半纤维素和木质素基质中的大量结晶纤维组成。纤维素纤维在细胞壁中的排列虽然很复杂，却具有特殊意义，这是由于它解释了木材各向异性的一部分成因，即平行木材纹路方向和横向性质的差异。将细胞壁视为螺旋缠绕，纤维方向近似与细胞轴平行。这虽然对结构有所简化，但是对理解各向异性有一定的意义，即细胞壁的轴向模量和强度比横向的大三倍左右。但这仅仅解释了木材各向异性的一部分原因，其他原因与细胞形状有关：细长细胞在沿着细胞长轴加载时比横向加载时刚度、强度更高。

虽然木材在密度和力学性能方面差异很大，但其具有微结构特征的细胞壁性质大体一样。轻木和山毛榉的细胞壁密度都接近 $1500 kg/m^3$，模量和强度值却有较大差异。定义相对密度 ρ^*/ρ 为木材的密度与细胞壁材料密度之比，对于轻木而言，其值可低至 0.05，对于木质素而言可高达 0.80。

上述主要通过对木材的整体概述引出其各向异性的宏观性质以及具有微结构特征的木材细胞壁结构。在现实生活中，木材应用极其广泛，大到工程材料，小到垫片、瓶塞等。3.3 节将主要针对木材中微结构特征更为独特的软木材料加以介绍。

3.3 多孔微结构特例——软木

软木，作为一种天然、可再生材料，非常符合当今社会对"环保材料"和"绿色材料"的要求。软木，别名木栓、水松，由木栓层十分发达的树种外皮制成，属于栓皮栎或栓皮槠树皮的一部分，主要由木栓细胞组成软而厚的木栓层（外皮）。它具有良好的弹性和减振功能，还具有优良的吸声、隔热、耐腐蚀、防潮、耐磨、防火等性能。木栓栎、橡树是生产软木的主要树种。第一次采剥所获得的皮叫头道皮或初生皮，一般取自 20 年生及以上且胸径大于 20cm 的植株。之后每隔 10~20 年再次采剥所得到的再生皮，皮厚至少为 2cm。

在显微镜和植物解剖学历史中，软木占有特殊的地位。对软木的观察使 Robert Hooke 确定了生物结构的基本单位：细胞。图 3-4 展示了软木细胞结构，其中，图 3-4a 展示了细胞横向切片呈盒形，图 3-4b 展示了细胞径向大致呈现六边形。Robert Hooke 指出，细胞堆积成长排，壁很薄，类似于蜂窝的多孔结构。图 3-5 显示了电子显微镜下软木三个方向切片形状：图 3-5a 切片显示了细胞大致呈六角形，图 3-5b、c 表明它们的形状像小砖块，堆叠起来就像砌好的墙，这与 Robert Hooke 绘制的细胞图中所描述的形状和结构十分相似[5-7]。

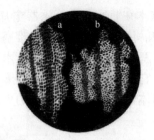

a) 细胞横向切片呈盒形　　b) 细胞径向大致呈六边形

图 3-4　显微镜下软木细胞结构

从这些显微照片可以推断出细胞形状。粗略地说，这些细胞是成排堆叠的封闭六角棱柱，如图 3-6 所示，一个棱柱的面由两个细胞共享，但由于各排相互错开，使得形成六边形面的隔膜在各排之间不连续。

a) 软木径向切片　　　　　b) 软木横向切片

c) 软木切向切片

图 3-5　同尺度下软木三个方向切片示意图

软木的微结构特征赋予其独特的性能，其应用至少要追溯到 2000 多年前，很少有材料能像软木一样具有如此悠久的应用历史，并且可以从人造替代品的竞争中幸免于难。接下来，通过对软木特殊应用的列举，以便解释其微结构特征所带来的独特性能及启示。

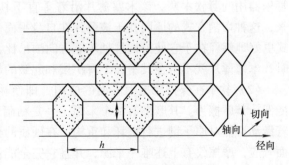

图 3-6　推导后的软木细胞形状

(1) 软木在瓶塞和木管乐器垫片方面的应用　葡萄酒鉴赏家认为软木瓶塞是不可替代的。传统的塑料瓶塞很难塞入和拔出，且密封性差，甚至可能会污染葡萄酒，而软木塞不存在这些问题。软木塞独特的密封性来源于其自身微结构特征中的弹性特性，它具有较低的杨氏模量 E 和较低的体积模量 K（其中，$K = E/3$），而固体橡胶和固体聚合物虽具有较低的 E，但 K 较大，软木塞及其切片如图 3-7 所示。

图 3-7　软木塞及其切片

密封性最好的软木塞由沿平行于软木细胞棱柱轴切下的软木制成。事实的确如此，这种切割方式使软木的圆形对称性和它自身类似于蜂窝多孔结构的特性可以被更好地发挥。但天然软木包含皮孔，即将树皮外表面连接到内表面的管状通道，这些结构允许氧气进入和二氧化碳排出，并从此位置生长新的细胞。皮孔平行于细胞棱柱的轴线，这导致平行于该轴线切割而成的软木塞会漏气。因此大多数软木塞都是采用棱柱轴与瓶塞轴呈直角切割而成。

软木的底部密封性最重要，它由平行于瓶塞本身轴线切割棱柱轴的两个圆盘层组成。通过将两个圆盘层压在一起防止皮孔连接来克服泄漏问题。当软木塞被压入瓶子时，其在各向同性的平面即径向上被压缩，并由此对瓶颈内部施加均匀的压力，由于泊松比 ν_{31} 是 0，因此，将软木塞插入瓶子所需的轴向力不会产生阻碍塞子插入的径向膨胀。

由于软木能适应较大的弹性变形和体积变化，其密闭的细胞单元微结构可防止水和油泄漏，因此它如同瓶塞应用原理一样也可被用作垫圈。例如，木管乐器和铜管乐器用的薄软木塞。该木塞薄片沿着垂直于其平面的棱柱轴和皮孔方向切割而来，这种切割方式的原因在于该薄片在自身平面上是各向同性的。但对这种切割方式更好地解释在于它使沿棱柱轴压缩方向泊松比为 0。基于此，当仪器的接头配合时，木塞薄片就不会在其平面上有扩展和起皱的趋势。

(2) 软木在保持摩擦力方面的应用　即使在打磨或潮湿条件下，软木地板也能保持其摩擦力。其摩擦有两个来源，一是粘附，即两个接触面之间形成原子键，若滑动必然对原子键进行破坏和重构。在硬质的鞋与瓷砖或石头地板之间，由于表面效应，摩擦仅有上述唯一来源，并且它完全能被一层抛光剂或肥皂膜破坏。二是滞弹性损失，当物体在软木地板上滑动时，物体的碰撞使软木变形。如果软木具有良好的弹性，那么它不做净功，即软木在物体变形前就恢复原形。软木具有很高的损耗系数,就像轮胎穿过沙子一样,在撞击前方材料时,做功所导致的变形没有恢复,且出现很大的摩擦系数。当粗糙表面在软木上滑动时,这种滞弹性损失是摩擦的主要来源,并且由于其在接触表面下发生,因此它不受抛光剂或肥皂膜的影响。

(3) 软木在能量吸收方面的应用 软木的许多应用得益于其良好的吸能特性。软木可以很好地吸收能量,因为它在撞击时受到压缩,限制并降低了结构所受到的冲击力。由于软木在冲击过程中可吸收大量的冲击能量,冲击所产生的应力可保持较低值,这一切都得益于其内部微结构多孔特征。图3-8 所示为软木应力-应变曲线。从曲线可以看出,软木内部结构单元的坍塌应力较低,冲击过程中的峰值应力能有效地衰减。但同时,细胞壁逐渐塌陷时吸收大量的能量,这可能导致大压缩应变产生。在这方面,其结构和性能类似于聚苯乙烯泡沫。

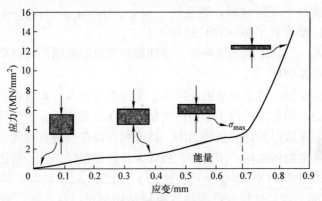

图 3-8 软木应力-应变曲线

(4) 软木在绝缘材料方面的应用 根据研究,软木树周围环绕着"软木塞"结构,以防止其在炎热的气候中失水。其所具有的低导热性和低水渗透性使其成为保湿、防潮的绝佳材料。Gibson 和 Ashby 对通过软木塞微结构材料的热流量进行了研究,研究表明通过传导的流量仅取决于微结构材料中的固体量,而不取决于孔的尺寸。对流的流通取决于细胞单元的大小,因为大细胞中的对流将热量从细胞的一侧传导到另一侧。当细胞单元的尺寸小于约 $1\mu m$ 时,对流变得不明显。辐射流也取决于细胞单元的大小,细胞单元越小,热量被吸收和再辐射的次数越多,并且流速越低,因此小细胞单元是软木塞的一个重要特征[8]。它们比普通泡沫塑料要小得多,这赋予微结构材料绝佳的绝缘性能。

3.4 中空薄壁结构——竹子

竹子是中空薄壁结构最具代表性的一种结构[9],其主要分布的三大竹区(亚太竹区、美洲竹区、非洲竹区)分别位于北纬 46°至南纬 47°之间各个大陆的亚热带、暖温带及热带地区。

像竹子这种生长极其迅猛的植物需要一种保持轻量的同时将材质最小化的方式，才能够保证达到一定高度的同时不被自身重量压垮，图 3-9 所示为竹子的中空薄壁结构及剖面示意图，从图 3-9b 可看出，竹子由竹节、空腔、竹壁、横膈和节间五部分组成。竹子的空心管状结构有效地保证了其自身的硬度，竹子和人体骨骼一样，由一些极细的管状组织组成，这些管状组织由纤维束组成，纤维束则由更为纤细的纤维束组成，以此类推。将一根竹子层层分解，直至纳米大小的纤维，便得到了另一种长链状

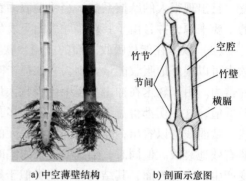

a) 中空薄壁结构　　b) 剖面示意图

图 3-9　竹子的中空薄壁结构及剖面示意图

分子——纤维素。竹纤维因其优异的力学性能和管束胞壁结构而被广泛应用于建筑乃至竹缠绕管道等领域[10]。

与其他木材相似，竹子也是由纤维素、半纤维素和木质素组成的天然长纤维增强复合材料。但不同的是，竹子的构造更精巧，性能更优越，弹性模量和强度是一般木材的两倍。在数以万计的植物当中，竹子可以说是一种典型的、具有良好力学性能的轻质高效生物体结构，刚度高、强度大且性能稳定。竹子的比刚度比钢材高 2~5 倍，但密度比钢材小 10 倍，只有 0.55~1.15g/cm³。同时，竹子的细长比低至 1/260~1/160，这是常规生物结构或机械结构都难以达到的。竹子力学性能如此优越，与其缜密和规律的微观结构形式是分不开的，图 3-10（见彩插）展示了竹子的微观结构特征[11]。

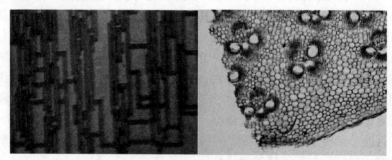

图 3-10　竹子的微观结构特征

竹节间的竹壁由竹纤维组成的维管束和薄壁细胞组成的基体组成。其中，竹材维组成的维管束被认为是竹材的观察特征。对竹材横切片在显微镜下观察维管束和基体组织的分布情况，图 3-11 所示为竹子的截面微观组织形态，从图 3-11a 中可看出，靠近竹壁外侧的维管束形态较小且分布密集，基体组织所占的比例较小，从竹壁的外侧沿径向方向到竹壁的中部，维管束的分布逐渐稀疏，且维管束的形态

逐渐变大。相反，基体组织所占的比例逐渐变大，到竹壁内侧维管束的分布比较稀少，大部分为基体组织，整体上其横截面维管束呈梯度状态分布。从显微结构中观察，竹壁内的厚壁细胞和薄壁细胞是两种形态结构不同的细胞，它们分别构成了维管束和基体，如图3-11b所示。从力学角度出发，这两种细胞分别承担着不同的角色。由以薄壁细胞为主体组成的基体组织承担着传递载荷的作用，而由以厚壁细胞为主体组成的维管束起着关键的承载作用，对竹子的弯曲强度等力学性能具有重大的贡献，可以理解为竹子的轴向加强筋。竹子的力学性能很大程度上取决于维管束的含量及分布情况[12-14]。

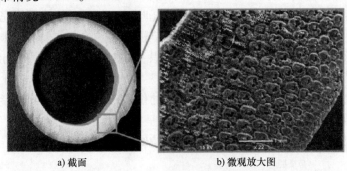

a) 截面　　　　　　　　　b) 微观放大图

图3-11　竹子的截面微观组织形态

竹子在很多领域都被广泛应用，本节主要介绍竹子特殊的微观结构所具有的特殊力学性能方面的应用，其他的中空薄壁结构植物与竹子大致类似。

竹子特殊的中空微结构使竹子具有独特的力学性能，因此竹子被广泛应用在轻量化和一些特殊设计中，用以代替传统结构材料。国内学者主要集中于竹材的物理力学性能测试、竹杆件抵抗变形的能力、连接试验、竹屋架试验等研究。当竹材干燥时，连接的竹杆会产生较大的变形，强度会大大降低，不适合用于永久性建筑[15]。另外，工程上存在的内腔结封闭或半封闭的小直径细长管结构中部分属于关键承力结构的内腔结构对使用安全起到了极其重要的作用。内腔结构具有重量轻等多项优异性能，在航空航天领域备受青睐。同时，内腔结构的封闭性特点使腐蚀介质难以进入，延长使用寿命。

此外，将竹子中空微结构特征与仿生学相结合，并应用到机械、汽车等领域，也会得到超乎意外的灵感。比如一种由吸能盒和保险杠横梁组成的保险杠系统，便是仿造了竹子结构。后圆弧形面板、盖板、前圆弧形面板三部分构成了保险杠横梁，并且保险杠横梁轮廓上焊接有若干个仿竹结构加强筋。仿生吸能盒包含三部分结构：仿生内管、约束筋板和仿生外壳。其中，仿生外壳和仿生内管均是具有相同内径和不同壁厚的变壁厚六边形管，壁厚自上而下逐渐增大，它们通过六个均匀圆周分布的约束筋板连接。保险杠横梁的仿竹结构加强筋能够提高车辆碰撞性，增强仿生吸能盒吸收能量的能力，同时降低碰撞应力峰值。仿生吸能盒与保险杠横梁的完美融合使得保险杠比之前更轻便高效[16]。

3.5 纹路散布结构——树叶

树叶内部含有叶绿体，可以进行光合作用，为植物提供营养。此外，植物也是通过叶子内部的气孔来执行蒸散功能。众所周知，叶子有多种样式，可以聚集在一起，也可以散落到不同地方；也可以有许多颜色、大小和形状。叶子的轮廓可以是光滑的，也可以是粗糙的。德国哲学家莱布尼茨说过"世界上没有完全相同的两片树叶"，树叶看上去好像都一样，但仔细比较，却是形态各异，都有其特殊性。

一片完整的树叶通常包括叶片、叶柄和托叶三大部分。叶片是指完全叶上扁平的主体结构，它既可吸收阳光，又可实时调节植物体内的温度大小和水分多少。在叶片的纵切面上可见三种主要结构：表皮组织（即上、下表皮），叶肉组织（包括栅栏组织和海绵组织）及维管束组织，如图3-12（见彩插）所示。叶片与茎节是通过叶柄连接的，在叶柄的基部两侧或叶腋的位置则是托叶，托叶的形态会根据植物种类的不同而变化，如洋槐和酸枣的托叶呈细针形状，豌豆的托叶呈大的叶片状，而山樱花的托叶呈羽毛状，其作用是保护幼叶。

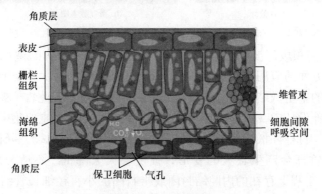

图 3-12 叶子纵切面

叶子的形态多种多样，从非常原始的针状小型叶发展出各种各样的大型叶，有些叶子已不再具备叶子的功能（光合作用和蒸腾作用），而成为花瓣、花刺、叶卷须和保护幼叶的牙鳞，图3-13（见彩插）所示为不同形状的叶子。

由于叶子多种多样的形状，其叶片表面微观结构也各不相同，图3-14（见彩插）所示为不同叶子表

图3-13 不同形状的叶子

面的微结构脉络。鲁班曾因被锯齿形叶片割伤而发明了锯子,结合仿生学,叶子的微结构特征将会带来无穷的想象和灵感。

图 3-14　不同叶子表面的微结构脉络

椰子树高达 20~30m,巨大的叶片在空中随风摇摆,遇到飓风和暴雨也很少被折断,这跟它的叶片呈"之"字形结构有关。科研工作者做了一个力学实验,把一张白纸搭在两个相距 20cm 左右的酒杯上,纸张由于本身的重量,会发生自然弯曲。若将纸折叠成 1cm 宽的形状,再次进行搭接,在横跨中央处放置一支装满酒且重量达到 230g 的酒杯,折扇形状的纸仍不发生弯曲。这说明选择合适的形状,可以承受更大的压力,根据这个原理,在建筑行业根据叶片"之"字形等结构设计出结构薄、面积大的楼房顶棚、波状海绵板等。车前草是一种草本药用植物,它的叶片排列十分规则,两片叶之间的夹角都是 137°,所以每片叶子都能得到充足的阳光。于是,建筑师根据车前草叶子的排列结构,设计建造了螺旋式楼房,使每间房屋在一年四季都可以得到阳光的照射。

荷叶表面具有超疏水及自洁特性,表面附着无数个微米级的蜡质乳突结构,通过电子显微镜观察,一个个长满细细绒毛的"小山包"布满荷叶表面,在这些"山包"顶上又长出一个个凸顶,如图 3-15(见彩插)所示。由此可见,该特殊的结构表面会使得空气充满在"山包"凹陷处,形成一层只有纳米级别的空气层紧贴的叶面。这种与其结构相似的纳米级颗粒,科学家称之为荷叶微米-纳米双重结构。正是具有这些微小的双重结构,当灰尘和雨滴落在其表面时,由于它们之间隔着纳米级别的空气层,只能与一个个凸顶相接触,无法进入其内部进一步侵犯,很好地阻止外部细菌对它的侵害。因此,这也很好地解释了为什么大雨过后,莲叶的表层不但不会被打湿,一些灰尘污泥的颗粒还会随着滚动的水珠一起离开,达到自我清洁的效果。

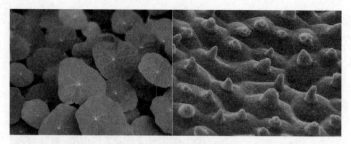

图3-15 荷叶及表面蜡质乳突结构示意图

若车身能模仿荷叶的"莲叶自洁效应"开发相应的生物模型系统,可大大降低清洁费。虽然这一技术应用于实际汽车技术中还需一段时间,但通过工业和高校研究所合作,相信在不久的将来一定会有实用的汽车产品走向市场。

3.6 孔隙多变结构——硅藻

硅藻是一种水生的单细胞生物,种类繁多,硅藻死后,它们坚固多孔的外壳 - 细胞壁也不会分解。

硅藻的形体极为微小,一般只有十几微米到几十微米。据有关资料记载,最小的硅藻只有1μm,最大的硅藻有 3000 ~ 4000μm。图3-16展示了不同种类的硅藻。在不同水体(例如淡水、咸水)中,硅藻的组成也不同。在某些特定环境下,例如淡水、阳光充足、水中有大量的火山爆发后产生的二氧化硅可溶性硅质来源和富含二氧化硅的岩石经风

图3-16 不同种类的硅藻

化分解为可溶性硅质来源时,生活在水体中的硅藻能以惊人的速度生长繁殖,它们的遗骸沉积到水底被埋藏起来,当其堆积到一定厚度就成为目前常见的硅藻土。

每一个活的硅藻细胞都有上下两个壳,它的上壳比下壳稍大,互相扣合在一起构成一个硅藻细胞,如图3-17所示。

从硅藻中探寻微结构的启示,其实质上就是研究硅藻的壳壁。由于大量地气孔附着在硅藻的细胞壁上,使得硅藻具有坚固而又质量小的特点。无论是对硅藻的分类研究,还是对硅藻的应用研究,都是以研究硅藻壳体外形和壳壁上的结构变化为基础,包括硅藻壳壁的组成和壳壁上的各类微细结构,如孔纹、小刺和壳缝等[17],部分硅藻微观结构如图3-18所示。

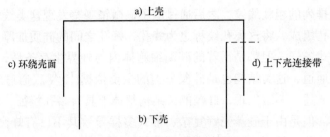

图 3-17 硅藻细胞纵切面

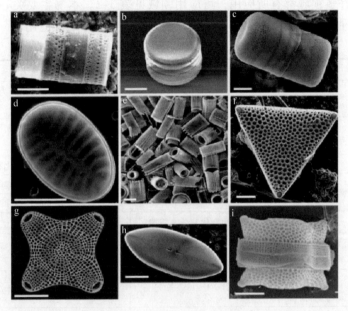

图 3-18 部分硅藻微观结构[18]

硅藻的壳壁很薄,厚度一般在 $0.001\mu m$ 以下,由非晶质 SiO_2 和果胶组成。硅藻的壳壁有内外两层,几乎所有硅藻的外层壳壁上都有呈不同形式排列的小孔,这些小孔有的穿过内层壳壁与内腔相通,有的则未穿过内层壳壁,这种差异是导致不同硅藻土具有不同特性的原因之一。硅藻壳壁上小孔形态、大小和排列方式的差异,是导致壳壁结构千变万化的主要原因。壳壁结构非常复杂,在此不能一一介绍,仅对三种主要孔纹(点纹、线纹和肋纹)进行讲述。

通过电子显微镜对硅藻壳壁上的这三类孔纹进行观察,发现这三类孔纹都由孔径大小不同的小孔组成。点纹是孔径较大、孔与孔间存在一定距离的小孔,在光学显微镜下观察时,这类小孔就呈现不同且互不相连的点纹。线纹实际上由一些孔径较小、排列较紧密的小孔组列而成,只是由于光学显微镜的分辨率所限,无法将它们分辨开,因此在显微镜下观察时,就被视为线纹。在扫描电子显微镜下观察,就可看到这类线纹是由微细小孔组列而成的。肋纹这一名称最初是专指羽纹藻属,壳面上呈羽纹状排列的粗壮线纹,之后通过电子显微镜观察发现这类纹饰由呈蜂窝状排列的微细小孔组成,将这类孔纹称之为蜂孔,蜂孔之间的硅质加厚处称为肋。这些孔纹虽然各式各样,但都是活着的硅藻细胞体内与外界生存条件,如水、养料、光合作用等的通道,这类结构也是硅藻分类的主要依据[19,20]。通过对上述三种硅藻壳壁的显微描述,不难发现,硅藻的微结构整体上具有多孔特征,就像木材和软木细胞壁那样。但是由于硅藻壳壁复杂、形式多样导致其不仅有蜂窝孔、排列孔,还有复杂无序的孔,从而使其具有不同的微结构特性和应用领域。

硅藻在许多领域都有所应用,可应用领域见表3-2。本书主要关心其微结构所带来的理化性质,从而指导人工微结构材料在各个领域中展开应用。

表3-2 当前硅藻研究领域与应用

研究领域	研究内容	意义
硅壳理化性质	硅壳构造、力学、光学和化学成分等	揭示硅壳的理化规律,为硅藻在各个领域应用提供依据
硅藻生理性质	硅藻光合作用、矿质代谢机制等生理过程	揭示硅藻新陈代新机理、为硅藻在各方面应用提供依据
基因组学	硅藻基因测序和分析	揭示硅藻遗传起源、进化和演变历程
污染与干扰	硅藻水华污染产生的机理和防治	防止硅藻爆发引起的赤潮等污染
古气候变化	硅藻化石分析	推断古环境相关信息规律
预测环境变化	硅藻种群或硅藻群体的变化和分布规律	预测气候和环境变化
生物监测	对特定环境敏感的指示种或组合的环境指示作用	监测和评估环境质量
仿生合成	硅藻壳的形成过程及条件、人工合成纳米硅质材料	揭示硅藻矿化规律,仿生生产微型器件
生物地理学	硅藻分布特点和规律、形成和演变	揭示生物与地理环境之间的关系
植物区系研究	某一地区或时期硅藻的所有种类	了解一个地区硅藻种类、分布和开发
地质勘探	硅藻化石分析	石油勘探和海洋调查
生物能源	提高硅藻含油率和出油率	用硅藻冶炼生物柴油

3.7 维管密布结构——海绵丝瓜络

与大多数人预想的不同,天然海绵是一门最低等的多细胞动物。海绵的单体或群体尺寸范围广,小尺寸仅仅几毫米,大尺寸可达2m。单体外形变化大,形状不固定,主要有球形、树枝形、管形、瓶形或圆柱形等。海绵单体的中央为一中空的中央腔,体壁上穿有许多小孔,故又称多孔动物,如图3-19(见彩插)所示。体壁由内外两层细胞组成:外层为扁形细胞,起保护作用;内层为鞭毛细胞,起摄食与消化的作用。骨骼为硅质或钙质骨针、骨丝。骨针起支撑身体的作用,其形状有单轴型、双轴型、三轴型或多轴型等,或可根据自中心点分出的数目而分为单射、双射、多射等,也有的形状不规则。海绵的多孔密布微结构使其具有吸水、清洁、保暖、过滤和吸声等功能,被广泛应用于各个领域。目前,常用海绵大多指人造海绵,由于其制作材料通常为木纤维素纤维或发泡塑料聚合物,故本书将其归类于植物。常见的人造海绵由聚氨酯软发泡橡胶制成,广泛应用于制作各种海绵制品并用于避震、抗摩擦用途,如拖拉机、坦克履带衬底等,是一种常见的高分子材料。另外,聚乙烯醇(高吸水材料,无明显气孔)、低密度聚醚(不吸水海绵)和聚酯这三种材料也可用于制造人造海绵。

本节以丝瓜络为例对海绵展开介绍。丝瓜络又名天罗筋,其具有光滑的平面,常见的带有深色纵条纹,其种子大多数为黑色,呈椭圆形,具有扁、平、滑的特点。未成熟时肉质富有水分,成熟后干燥,富含多层丝状纤维交织而成的有网状纤维。夏秋二季果实成熟之后、果皮变黄、等到果肉干枯时摘取,剔除丝瓜络的外皮及内部果肉,然后洗净、晒干,甩出种子即可,图3-20(见彩插)所示为丝瓜变成丝瓜络示意图。

图3-19 天然海绵

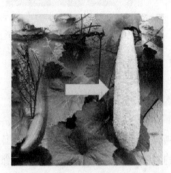

图3-20 丝瓜变成丝瓜络示意图

由图3-20可知,维管束纵横交错形成的丝瓜络,大多呈现长圆柱形或长棱形,两端稍细,有长有短,表面粗糙,且呈现黄白色,有时内部存在可见的残存果肉、果皮和少量的黑色种子,横向切断可见三个大空腔。丝瓜络的特殊结构使它具有较强的吸水能力。基于这一特征,丝瓜络在汽车领域中有所应用[21]。传统用波浪式细铁丝做滤芯的油浴式空气滤清器在长期承受高频、高速度气流冲击后,会使得其滤芯变薄、变松散,滤清效果下降。在这种情况下,可将剪成条块的干丝瓜烙填充于滤芯盘内,由于丝瓜络具有弹性和吸水性两大特点,纵横交错的维管束又形成许多的网状缝隙,因此丝瓜络的滤清效果可与铁丝媲美。

丝瓜络起源于丝瓜,是一种轻质的天然材料,其拥有巨大的潜力作为可持续材料实现各种工程应用,如包装、隔声、隔振和冲击能量吸收等,图3-21所示为丝瓜海绵多孔密布的微结构特征。传统的丝瓜海绵一般用于清洁方面,近年来随着对其结构力学性能的研究,其在其他领域上应用的优势逐渐凸显。一些学者对丝瓜海绵这种轻质材料的动态力学性能进行了试验研究。采用高速拉伸试验机,对丝瓜海绵材料的动态强度和能量吸收进行了 1 和 $100s^{-1}$ 应变率下的单轴动态压缩试验。在 22℃室温和 40%左右的湿度下，对不同相对密度的圆柱形试样进行测试，并采用能量效率法计算得到单位体积的吸能。最后，通过将实验结果与先前研究及其他类型的微结构材料对比，得出不同应变率下，丝瓜海绵比其他具有相似平台应力的微结构多孔材料具有更优异的单位质量能量吸收能力。

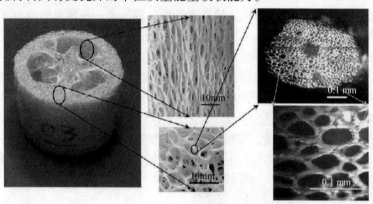

图 3-21　丝瓜海绵多孔密布的微结构特征[22]

3.8　小结

本章主要介绍了木材、软木、竹子、树叶、硅藻、海绵丝瓜络等几种典型的天然植物微结构材料，从各自定义出发，分别对它们的内部微结构以及由于独特结构产生的特殊性能和应用进行了详细介绍。木材是最古老的建筑材料之一，品种众多，由于其特殊的蜂窝状多孔微结构，力学性能适用范围广。软木作为木材中多孔微结构特征的最佳代表，其微观多孔细胞结构造就其在密封软木塞、保持摩擦力、吸收能量和绝缘材料等方面应用的优势。竹子的中空薄壁微结构使其具有刚度高、强度大、质量轻和性能稳定等得天独厚的力学性能。树叶作为大自然中随处可见的生物结构，其多样的形状及纹路分布留给人们无限的遐想和启迪。硅藻和海绵自微观结构可以被观测以来，由于其特殊的复杂多孔微结构特征，其研究领域和应用范围也在日益扩大。

万物皆源于自然，微结构材料在植物界中比比皆是，自然材料微结构是仿生机械结构设计的灵感来源，遵循大自然的指引，通过仿生理念将植物界中存在的微结构材料进行定向设计。但在微结构设计之前，需详细了解微结构材料自身的特性。下一章主要讲述微结构材料的力学特性与结构特性。

参考文献

[1] GIBSON L J, ASHBY M F, HARLEY B A. Cellular materials in nature and medicine [M].

Cambridge: Cambridge University Press, 2010: 85-86.
[2] 江泽慧, 姜笑梅. 木材结构与其品质特征的相关性 [M]. 北京: 科学出版社, 2008.
[3] KETTUNEN P O. Wood: Structure and Properties [M]. Enfield: Trans Tech Publications, 2006.
[4] GIBSON L J, ASHBY M F, HARLEY B A. Cellular materials in nature and medicine [M]. Cambridge: Cambridge University Press, 2010: 87-88.
[5] ŞEN A, QUILHÓ T, PEREIRA H. The cellular structure of cork from Quercus cerris var. cerris bark in a materials' perspective [J]. Industrial Crops & Products, 2011, 34 (1): 929-936.
[6] 苑一丹, 朱玲燕, 宋孝周. 栓皮栎软木细胞结构与主要特性 [J]. 西北林学院学报, 2017, 32 (3): 216-220.
[7] ROBERT H. Micrographia [M]. London: Jo. Martyn and Ja. Allestry, 1665.
[8] GIBSON L J, ASHBY M F. Cellular Solids: Structure and Properties [M]. Cambridge: Cambridge University Press, 1997.
[9] 李正理, 靳紫宸. 几种国产竹材的比较解剖观察 [J]. 植物学报, 1960, 9 (1): 76-95.
[10] 宋莎莎, 杨峰, 孙正军, 等. 薄竹材缠绕技术与加工工艺 [J]. 林产工业, 2014, 41 (3): 34-36.
[11] 章丛俊, 吕清芳, 曹秀丽. 竹结构关键性能试验研究 [J]. 建筑结构, 2017 (17): 1-8.
[12] LIU D, SONG J, ANDERSON D P, et al. Bamboo fiber and its reinforced composites: structure and properties [J]. 2012, 19 (5): 1449-1480.
[13] 马建峰, 陈五一, 赵岭, 等. 基于竹子微观结构的柱状结构仿生设计 [J]. 机械设计, 2008, 25 (12): 50-53.
[14] 吴鹏. 基于竹子宏微观特性的立柱结构仿生设计 [D]. 秦皇岛: 燕山大学, 2015.
[15] CHUNG K F, YU W K. Mechanical properties of structural bamboo for bamboo scaffoldings [J]. Engineering Structures, 2002, 24 (4): 429-442.
[16] 邹猛, 宋家锋, 王嵩, 等. 仿竹子结构的保险杠系统: CN106515630A [P]. 2017-03-22.
[17] 梁君荣, 陈丹丹, 高亚辉, 等. 海洋硅藻硅质细胞壁结构的形成机理研究概述 [D]. 海洋学报 (中文版) 编辑部, 2010.
[18] TOMMASI E D, GIELIS J, ROGATO A. Diatom Frustule Morphogenesis and Function: A Multidisciplinary Survey [J]. Marine Genomics, 2017, 35.
[19] PINSEEL E, VIJVER B V D, KAVAN J, et al. Diversity, ecology and community structure of the freshwater littoral diatom flora from Petuniabukta (Spitsbergen) [J]. Polar Biology, 2017, 40 (3): 1-19.
[20] 李斯. 海洋微藻的分类方法学研究 [D]. 青岛: 中国海洋大学, 2012.
[21] SHEN J, XIE Y M, HUANG X, et al. Mechanical properties of luffa sponge [J]. Journal of the mechanical behavior of biomedical materials, 2012, 15: 5-8.
[22] SHEN J, XIE Y M, HUANG X, et al. Behaviour of luffa sponge material under dynamic loading [J]. International Journal of Impact Engineering, 2013, 57: 17-26.

第4章 微结构材料特性

4.1 引言

根据微结构材料的内在特性与设计机理不同,多种结构形式和不同特性需求的微结构材料应运而生。按照微元胞的不同填充方式,微结构材料分为二维和三维微结构材料。二维微元胞在平面内均匀或非均匀排布,三维微元胞是通过二维元胞拉伸、旋转和平移之后形成的,其面内性能和面外性能呈现各向异性。微结构材料的面内刚度和强度相对较小,但可通过改变元胞的形状满足多种性能需求。而面外的刚度和强度较高,但不同二维微结构材料的面外性能特点基本相同。三维微结构材料的高可设计性特点很容易使各个方向上的性能基本相同,最终实现材料的各向同性和正交各向异性。按照力学性能的不同,微结构材料可分为正泊松比与负泊松比微结构材料。按照使用性能的不同,工程材料还可分为结构材料和功能材料两大类。其中,结构材料是基于其力学性能来制造以受力为主要目的(承受力、能量或传递运动等)的构件所用的材料,应用极其广泛。功能材料涉及面广,具体包括光、电功能、磁功能、分离功能、形状记忆功能等,该类材料相比于通常的结构材料而言,一般除了具有机械特性外,还具有其他的功能特性。

微结构材料的力学性能可通过调整其局部或整体架构以满足特定性能需求。一般而言,其力学性能由相对密度、泊松比、弹性模量、硬度等参数表征。下面将对这些表征微结构材料特性的参数进行详细阐述。

4.2 微结构材料力学特性

4.2.1 相对密度

相对密度 ρ_{RD} 是微结构材料的一个关键性能表征[1],其权重超出所有其他影响因素。相对密度与孔隙率 n 成反比,两者之间的关系为 $n = 1 - \rho_{RD}$,孔隙率越大,相对密度越小;孔隙率越小,相对密度越大。当结构元胞之间的间隙较小,胞壁间填满基体材料时,微结构的相对密度将趋于基体材料的密度,取值趋近于1。当结构元胞之间的空隙较大,结构间基本无填充材料时,微结构的相对密度取值将趋近于0。元胞尺寸的大小对相对密度不起决定性作用,由于内部微结构的存在,对于给定基体组分的微结构材料而言，微元胞结构参数对相对密度该性能起到决定性的作用。因此，建立微元胞结构参数与相对密度之间的关系模型是非常有必要的。相对密度可通过测量体积或称重的方法获得。常用的方法有显微分析法、直接称重体积计算法、浸泡介质法、真空浸渍法和漂浮法等[2,3]。

如上所述，按照力学性能不同，微结构材料可分为负泊松比与正泊松比微结构材料。负泊松比微结构也属于广义上的蜂窝结构。其性能取决于基体材料和微观单元结构，因此建立材料宏观性能和微观结构单元参数之间的关系，并根据性能要求实现微观结构的独立设计具有重要意义。

无论是正泊松比还是负泊松比微结构材料，相对密度 ρ_{RD} 表达式的求解过程都相似。在本书中，负泊松比微结构将以双箭头微结构为典型代表进行阐述。在研究设计微观结构时，Ulrik 和 Ole 通过应用拓扑优化方法，获得了泊松比值为 -0.8 的新型双箭头负泊松比微结构[4]，如图 4-1 所示。

该结构具有较好的负泊松比特性，结构简单且形状易于控制，但是由于设计维度和制造等方面存在限制，阻碍了其进一步推广应用。美国密歇根大学 MA Z D 研究团队通过深入研究负泊松比微结构特点，在微观二维负泊松比微结构基础上成功拓展为宏观三维双箭头负泊松比微结构，如图 4-2（见彩插）所示。相比于二维双箭头负泊松比微结构，双箭头负泊松比微结构由于具有三维结构且拓扑结构规则可控制，使其负泊松比特性更明显且易于制造，极大地扩展了其应用前景[5]。

 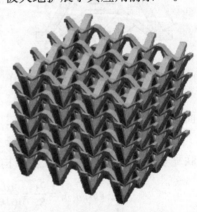

图 4-1　新型双箭头负泊松比微结构　　图 4-2　三维双箭头负泊松比微结构

以双箭头微结构为例来详细展示并求解其相对密度解析表达式，双箭头微元胞是由等腰三角形且底边向里内凹所形成的单胞结构，它的相对密度 $\rho_{RD,2D}$ 可由微结构材料密度 ρ^* 与所构成微结构基体材料的密度 ρ_s 的比值来表示，图 4-3 所示为双箭头微元胞结构参数示意图。其中，L 和 M 分别代表微元胞长短胞壁的长度，N 代表微元胞水平胞壁的长度，φ 和 θ 分别代表元胞长短胞壁与元胞轴线的夹角，T_L 和 T_M 分别表示元胞长短胞壁的厚度。

假设拉伸二维微结构垂直于平面的厚度为 b，可采用式（4-1）来表示等效密度：

$$\rho^* = \frac{S_1 b \rho_S}{S_2 b} \tag{4-1}$$

式（4-1）进一步可转换为

$$\rho^* = \frac{S_1 \rho_S}{S_2} \tag{4-2}$$

进一步地，S_1 和 S_2 分别是元胞胞壁总面积与2D微元胞实心面积，图4-4 为双箭头微元胞结构排布示意图。引入厚度系数 α 和长度系数 β，$\alpha = \frac{T_L}{L}$，$\alpha = \frac{T_M}{M}$，$\beta = \frac{N}{L}$，则 S_1 可表示如下：

$$S_1 = S_L + S_M = \alpha L^2 + \alpha\beta L^2 + \alpha M^2 + \alpha\beta ML \tag{4-3}$$

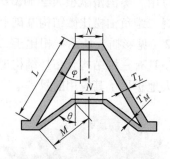

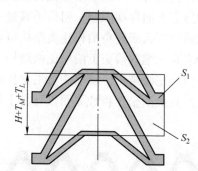

图 4-3 双箭头微元胞结构参数示意图　　图 4-4 双箭头微元胞结构排布示意图

而2D微元胞实心面积 S_2 可描述如下：

$$S_2 = (H + T_M + T_L)(L\sin\varphi + N) = (H + \alpha L + \alpha M)L(\sin\varphi + \beta) \tag{4-4}$$

联立上述公式，可获得二维微结构元胞的相对密度

$$\rho_{RD,2D} = \frac{S_1}{S_2} = \frac{\alpha L^2 + \alpha\beta L^2 + \alpha M^2 + \alpha\beta ML}{(H + \alpha L + \alpha M)L(\sin\varphi + \beta)} \tag{4-5}$$

引入长度比例因子 K，$K = \frac{M}{L}$。参数 L、M、H 和 K 之间的关系表达式如下：

$$L\sin\varphi = M\sin\theta \tag{4-6}$$

$$H = L\cos\varphi - M\cos\theta \tag{4-7}$$

最终，可得到二维双箭头微元胞的相对密度表达式：

$$\rho_{RD,2D} = \frac{\alpha + \alpha\beta + \alpha K^2 + \alpha\beta K}{\left(\cos\varphi - \sqrt{K^2 - \sin^2\varphi} + \alpha + \alpha K\right)(\sin\varphi + \beta)} \tag{4-8}$$

同理，可得到3D微结构元胞的相对密度表达式：

$$\rho_{RD,3D} = \frac{V_1}{V_2} \quad (4\text{-}9)$$

式中，V_1 和 V_2 分别是三维双箭头微结构元胞胞壁的体积与最小单元的总体积，如图 4-5 所示。

同时，

$$V_1 = S_1 b - \left(\frac{b}{2}\right)^2 (T_L + T_M) \quad (4\text{-}10)$$

$$V_2 = S_2 (L\sin\varphi + \beta L) \quad (4\text{-}11)$$

联立式（4-9）~ 式（4-11），可最终获得 3D 双箭头负泊松比微结构的相对密度 $\rho_{RD,3D}$：

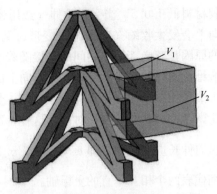

图 4-5　3D 双箭头微结构元胞示意图

$$\rho_{RD,3D} = \frac{\alpha^2 \left(1 + \beta + K^2 + \beta K - \dfrac{\alpha}{4} - \dfrac{\alpha K}{4}\right)}{\left(\cos\varphi - \sqrt{K^2 - \sin^2\varphi} + \alpha + \alpha K\right)(\sin\varphi + \beta)^2} \quad (4\text{-}12)$$

引入宽度系数 γ，$\gamma = \dfrac{b}{L}$，则三维微结构相对密度 $\rho_{RD,3D}$ 与二维微结构相对密度 $\rho_{RD,2D}$ 之间的关系如下：

$$\rho_{RD,3D} \approx \frac{\gamma}{\sin\varphi + \beta} \rho_{RD,2D} \quad (4\text{-}13)$$

4.2.2　泊松比

按照力学性能不同，微结构材料可分为负泊松比与正泊松比微结构材料。负泊松比概念的提出最早来自于泡沫等聚合物材料的制备过程，1987 年 Lakes[6] 首次制备出了负泊松比泡沫材料，塑性泡沫材料可以在较高温度下发生压缩变形，每个微元胞的孔壁会向内凹陷，当在这种变形状态下迅速冷却后就得到了具有负泊松比特性的泡沫材料。依据相同的原理，具备内凹微观结构的负泊松比泡沫也相继制备出来，EVANS[7] 于 1989 年制备出了区别于以上微观结构的负泊松比材料聚四氟乙烯（PTEE），该负泊松比材料的制备是通过预烧结 PTEE 粒子后经过快速加热和拉拔所得。虽然已经成功制备出了多种类型负泊松比泡沫，但是这类泡沫材料的微观结构很难控制，力学性能区别也非常大，很难得到满意的材料和结构。随着对负泊松比效应认识不断加深，以及金属和非金属材料加工工艺地不断进步，负泊松比效应也逐渐从材料范畴发展到结构领域，相对于泡沫材料，微结构元胞的形状和尺寸更容易控制。

泊松比，又称泊松系数或横向变形系数，是指材料在比例极限内，在均布纵向载荷作用下所引起的横纵向应变之比。它是表征材料横向变形的弹性常数[8,9]。一般情况下，自然界中几乎所有材料的泊松比都为正值，数值都接近 0.3，少部分橡胶材料低于 0.5。当受到拉伸（或压缩）载荷时，常规材料在与受力方向正交的方向上会发生收缩（或膨胀）变形，又称为正泊松比材料，材料出现正泊松比特性的原因是其内部原子之间的连接随着变形而进行调整，为了达到这个目的，系统区域维持着它的密度，导致其在横向上的压缩效应。而与正泊松比微结构材料相反，负泊松比微结构材料具有受压收缩、受拉膨胀的特性，图 4-6 所示为典型正负泊松比微结构材料受拉变形对比，这种特殊的负泊松比特性定义为负的横向收缩应变与纵向伸长应变之比，即 $v_{ij} = -\dfrac{\varepsilon_j}{\varepsilon_i}$，$\varepsilon_j$ 是横向收缩应变，ε_i 是纵向伸长应变，i、j 分别代表两个相互垂直的坐标轴。

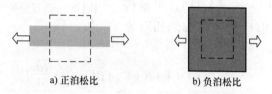

a) 正泊松比　　　　b) 负泊松比

图 4-6　正负泊松比微结构材料受拉变形对比

材料的泊松比 v、剪切模量 G 与体积模量 K 存在如下关系：

$$\left[\frac{(1+v)}{(1-2v)}\right] = \frac{3K}{2G} \tag{4-14}$$

图 4-7 分别展示了负泊松比材料与传统结构材料的泊松比 v、剪切模量 G 与体积模量 K 三者之间的关系曲线。

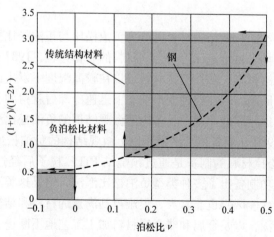

图 4-7　两种结构材料泊松比与剪切模量和体积模量之间的关系曲线

对于传统结构工程材料而言，K 值通常比 G 值要大，由此可得到

$$\left[\frac{(1+v)}{(1-2v)}\right] \geq \frac{3}{2} \tag{4-15}$$

这将使得传统结构材料的泊松比 $\mu \geq \frac{1}{8}$，若要使泊松比 $\mu \leq 0$，体积模量应比剪切模量小很多，即 $K \ll G$，式（4-14）也可以表达如下：

$$2G(1+\nu) = K(1-2\nu) \tag{4-16}$$

或

$$\nu = \frac{(3K-2G)}{(2G+6K)} \tag{4-17}$$

式（4-15）可用图 4-8 描述，从图 4-8 中可以得到 $\nu = 0$ 的轮廓线。

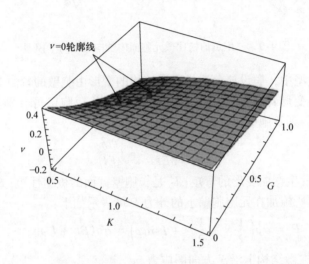

图 4-8 泊松比 ν 与 K 和 G 之间的关系

经典力学将泊松比描述为静态分量，但也可用动态方法将泊松比描述为动态分量，以声音速度表示泊松比如下：

$$\nu_d = \frac{\frac{1}{2}(\frac{V_t}{V_l})^2 - 1}{(\frac{V_t}{V_l})^2 - 1} \tag{4-18}$$

式中，V_t 是横向速度或剪切波速度；V_l 是特殊材料中的纵向传输速度；ν_d 是动态泊松比。其中，各向异性材料具有多个泊松比。

以双箭头型负泊松比微结构材料为例，分别求解其二维和三维微结构材料的负泊松比力学模型。图 4-9 所示为二维负泊松比微元胞面内轴向压缩力学模型，该元胞在正交方向上不对称，面内呈现各向异性[10]。各向异性所带来的好处是等效泊松比会超出各向同性多胞结构的范围，可能会小于 -1。负泊松比效应的产生依赖于元胞的内凹形状，微元胞只有在主方向受压才能产生负泊松比。因此，此处只研究微元胞主方向的等效泊松比。

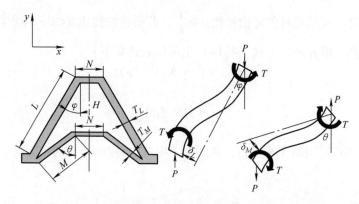

图 4-9 二维负泊松比微元胞面内轴向压缩力学模型

在该力学模型中,假设该负泊松比微结构的变形由胞壁的弯曲变形引起,忽略轴向变形和剪切变形对梁挠度的影响[11]。元胞的长短胞壁可分别简化为悬臂梁,由梁理论[12]可得到长胞壁自由端的挠度 δ_L 如下:

$$\delta_L = \frac{P\sin\varphi L^3}{3EI_L} - \frac{TL^2}{2EI_L} \tag{4-19}$$

式中,T 是使梁发生弯曲变形的弯矩;I_L 是长胞壁截面的极惯性矩;E 是构成胞壁材料的弹性模量,所施加在元胞胞壁上的外力 P 可表示如下:

$$P = \sigma b\left(\frac{1}{2}N + \frac{1}{2}N + L\sin\varphi\right) = \sigma b(\beta L + L\sin\varphi) \tag{4-20}$$

式中,σ 是施加在微结构上沿 Y 方向的应力。

长胞壁自由端的挠度 δ_L 可表示如下:

$$\delta_L = \frac{\sigma L(\beta + \sin\varphi)\sin\varphi}{E\alpha^3} \tag{4-21}$$

同理,可得短胞壁挠度 δ_M:

$$\delta_M = \frac{\sigma L(\beta + \sin\varphi)\sin\theta}{E\alpha^3} \tag{4-22}$$

继而,微元胞在 X 和 Y 方向的应变 ε_x、ε_y 分别表示如下:

$$\varepsilon_x = \frac{\delta_M\cos\theta - \delta_L\cos\varphi}{\beta L + L\sin\varphi} \tag{4-23}$$

$$\varepsilon_y = \frac{\delta_L\sin\varphi + \delta_M\sin\theta}{H} \tag{4-24}$$

因此,该 2D 微元胞在 Y 方向的等效泊松比表达式如下:

$$\nu_{2D} = -\frac{\varepsilon_x}{\varepsilon_y} \tag{4-25}$$

联合式(4-23)~式(4-25),最终可得 2D 微元胞在 Y 方向的等效泊松比 ν_{2D}:

$$\nu_{2D} = \frac{H(\delta_L\cos\varphi - \delta_M\cos\theta)}{L(\beta + \sin\varphi)(\delta_L\sin\varphi + \delta_M\sin\theta)} \tag{4-26}$$

依据几何关系，3D 负泊松比微结构在每个方向上的等效泊松比都等于此方向上 2D 负泊松比微结构的等效泊松比，即

$$\nu_{3D} = \nu_{2D} = \frac{H(\delta_L\cos\varphi - \delta_M\cos\theta)}{L(\beta + \sin\varphi)(\delta_L\sin\varphi + \delta_M\sin\theta)} \tag{4-27}$$

4.2.3 弹性模量

材料在弹性变形阶段，其应力和应变成正比（符合胡克定律），其比例系数称为弹性模量。弹性模量是描述物质弹性的一个物理量，是一个统称，表示方法也可以是杨氏模量或体积模量。微结构材料弹性模量的首次明确计算所使用的内凹泡沫模型，如图 4-10 所示[13]。

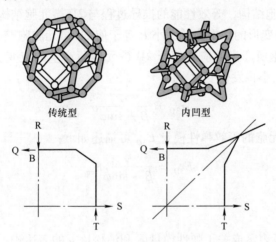

图 4-10 传统型泡沫与内凹型泡沫对比

EGLI[14]提出一种简单准则，可得到密度比与杨氏模量之间的关系，即 $\frac{E^*}{E_s} \propto (\frac{\rho^*}{\rho_s})^n$，其中，下标 s 代表实体，上标 $*$ 代表微元胞。同时，计算过程使用了卡氏第一定理：

$$\delta_p = \frac{\partial U}{\partial P} = \sum_i^n \int \frac{M_i}{EI} \frac{\partial M_i}{\partial P} dz \tag{4-28}$$

式中，U 是压缩能量；M_i 是每个梁所承受的弯矩；E 是杨氏模量；I 是面积惯性矩；n 是结构中梁的总数量。

通过计算各个部分的弯矩，可得出传统泡沫的杨氏模量如下：

$$\frac{E_c}{E_s} = 0.88 \left(\frac{\rho_c}{\rho_s}\right)^2 \tag{4-29}$$

同理，也可得到内凹泡沫的等效弹性模量表达式：

$$\frac{E_c}{E_s} = 0.05 \frac{H(\varphi)}{J(\varphi)} \frac{1}{1+\sin\left(\frac{\pi}{2}-\varphi\right)} \left(\frac{\rho_c}{\rho_s}\right)^2 \tag{4-30}$$

式中，$H(\varphi)$、$J(\varphi)$ 分别是特殊内凹结构的几何函数。

以上述所讨论的双箭头负泊松比微结构为研究对象，2D 微元胞在压缩 Y 方向的等效弹性模量 E_{eq} 表示如下：

$$E_{eq} = \frac{\sigma}{\varepsilon_y} = \frac{E\alpha^3(\cos\varphi - \sqrt{K^2 - \sin^2\varphi})}{(\beta + \sin\varphi)\left(1 + \frac{1}{K^2}\right)\sin^2\varphi} \tag{4-31}$$

对于 3D 微元胞结构，等效性能的推导过程与 2D 微元胞结构相似，当使 3D 微元胞胞壁发生弯曲变形的集中力的大小 P 等于使 2D 微元胞胞壁发生弯曲变形的力大小时，3D 微元胞所产生的应变等于 2D 微元胞所产生的应变。此时施加在三维元胞上应力 σ 的大小将发生变化，即

$$\sigma_{3D} = \frac{\gamma}{\beta + \sin\varphi}\sigma \tag{4-32}$$

因此，3D 微元胞的等效弹性模量 E_{3D} 可描述如下：

$$E_{3D} = \frac{\gamma}{\beta + \sin\varphi}E_{eq} \tag{4-33}$$

4.2.4 硬度

材料硬度 H 可表示成关于弹性模量 E 和泊松比 ν 的表达式：

$$H = \left[\frac{E}{1-\nu^2}\right]^\gamma \tag{4-34}$$

式中，γ 为施加载荷常数，对于材料特定情况下的压缩，$\gamma = 1$。

从式（4-34）可知，材料的压痕阻力现象随着负泊松比绝对值的增加而愈加明显。当 ν 接近 -1 时，压痕阻力会趋近于无穷大。如图 4-11 所示，当材料在受到压头作用时，两侧材料流入受压部位附近，这时在压头附近就会出现一个密度较大的局部区域，可以更好地抵抗压痕。因此，负泊松比材料硬度会更高。通过试验研究也表明，对于具有相同初始密度的传统泡沫来说，内凹泡沫具有更高的屈服强度和更低的刚度，这就进一步证明了压痕下内凹泡沫的密度正常是由于剪切刚度增加造成的[15]。传统材料则正好相反，轴向冲击载荷会使材料向两侧分离，硬度明显低于负泊松比材料。负泊松比材料的压痕阻力现象已经在大量的人工合成负泊松比材料中得到了证实，例如聚合物和金属泡沫、纤维增强复合材料等[16]。

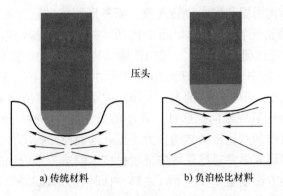

图 4-11 负泊松比材料的压痕阻力现象

4.3 微结构材料变形机理及分类

在微纳加工和 3D 增材制造技术迅猛发展的形式下,出现了许多人工负泊松比微结构材料。很多学者从不同的方面出发建立了一系列微结构模型,以此来深入剖析负泊松比材料的变形机理。在研究过程中发现,从变形机理角度出发,可将负泊松比微结构材料划分为几大类:内凹多边形微结构、手性微结构、旋转微结构、褶皱微结构、穿孔板微结构、节点-纤维微结构等,下面详细介绍这几类微结构。

4.3.1 内凹多边形微结构

内凹微结构指存在负角或直接内凹的结构,它由常规六边形蜂窝结构变形而来[17],而它们两者之间的区别在于内凹六边形的两侧呈内凹的形状。不同之处在于内凹六边形左右两侧呈内凹结构。图 4-12 所示为内凹六边形微结构在未加载和受拉载荷作用下的微结构变形情况,图 4-12b 表示在横向拉伸载荷作用下,内凹六边形微结构在连接点周围发生旋转,内凹角变大,发生拉胀现象,呈现负泊松比特性。相比于传统的正六边形蜂窝,内凹六边形微结构呈现高度各向异性[18],具备更大的横向杨氏模量和剪切模量[19]。

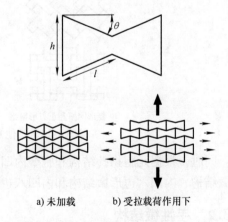

图 4-12 典型内凹六边形微结构的变形情况

除了上述介绍的内凹六边形微结构,还存在其他几种内凹微结构,如图 4-13 所示。图 4-13a 中的微结构材料由于内凹箭头结构的存在,内凹箭头负泊松比结构轴向压缩时引起结构坍塌和横向收缩现象。而菱形网格和正方形网格（图4-13b）则表现出面内负泊松比特性[20,21]。由于内凹六边形微结构由箭头形结构搭建而成，GRIMA等[22]通过研究发现了三星内凹微结构、四星内凹微结构和六星内凹微结构（图4-13c）。其中，三星内凹微结构可同时呈现正负泊松比特性，这主要取决于施加载荷的大小，泊松比范围为-0.163~0.872。多数情况下，四星内凹微结构和六星内凹微结构呈现轴向拉胀性，最小值分别为-0.845和-0.451，四星内凹微结构也可称为内凹八边形微结构。为了更好地调控元胞尺寸、结构性能及确保元胞重复性，许多研究学者通过采用先进增材技术制造三维内凹结构，YANG L等人采用电子束焊接方法制造了Ti-6Al-4V内凹六边形微结构，研究表明高度拉胀结构的抗压强度是传统泡沫结构抗压刚度的多倍，通过保持微结构的相对密度和负泊松比特性，最终会得到较高的强度和刚度[23]。与二维内凹微结构相似，结构参数的变化将会改变泊松比值，WANG X T[24]等人提出了一种三维星型微结构，并通过分析证明当内凹角度处于20°~45°之间时，该微结构在所有方向上的泊松比呈增大趋势，一旦结构出现欠内凹现象，其杨氏模量和密度将会降低。

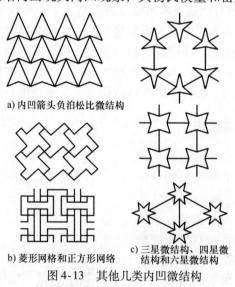

a) 内凹箭头负泊松比微结构

b) 菱形网格和正方形网络

c) 三星微结构、四星微结构和六星微结构

图4-13 其他几类内凹微结构

同时，根据元胞拓扑结构和胞壁内凹数量的不同，内凹微结构可分为双箭头内凹微结构、内凹六边形微结构和内凹八边形微结构等，如图4-14所示。

4.3.2 手性微结构

典型手性单胞包含一个中心圆柱体，该圆柱体封装在切向连接的韧带中，且该结构与其镜像不可重叠，手性单胞包括手性结构和反手性结构[25]，反手性结构的节点附着在连接韧带的同一侧[26]。如图4-15所示，当对该手性结构施加拉伸或压缩载荷时，中心圆柱体会发生旋转，导致韧带的展开或折叠。通过观察该结构的几何特征，负泊松比值可达 -1，且其泊松比值不依赖于结构角的大小，增加每个节点上的韧带数量可有效提升刚度。

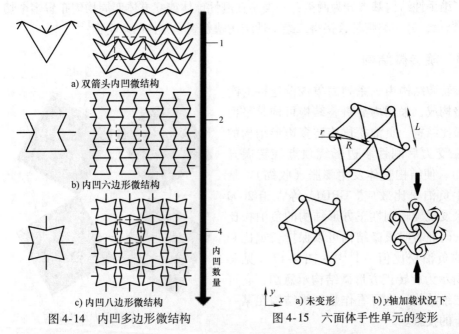

图 4-14　内凹多边形微结构

图 4-15　六面体手性单元的变形

当手性微结构横向受压时，圆形刚体的负泊松效应体现在，它会由于受到来自横向切向梁的作用力而发生逆时针方向旋转，进而纵向切向梁会被带动收缩。手性结构和内凹结构相比，前者的变形程度更大，且泊松比值在各个方向均为 -1。为了得到更多的手性结构，可以采取许多方法，例如改变中心刚体的形状、切向梁的数量（三切向梁和四切向梁）或将柔性直梁替换为波浪形梁等[27-29]。图 4-16 所示分别为三切向梁反手性结构、四切向梁反手性结构和六切向梁反手性结构。值得

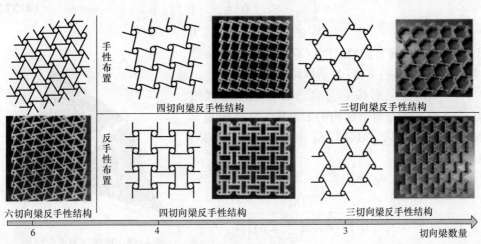

图 4-16　手性结构

一提的是，运用不同的阵列方式可在多胞元布置时得到不同的结构，比如胞元的平移阵列和胞元与自身镜像的组合阵列（也被称为反手性结构）。根据手性变形原理，三维手性结构基本分为两类：一类是在刚性球体或立方体四周均匀布置多个切向梁[30,31]，另一类则是直接将二维手性结构映射到立方体的六个面[32]。

4.3.3 旋转微结构

旋转微结构由一系列简单铰链连接的刚性棋格构成，采用内旋折叠结构可构筑平面负泊松比结构。负泊松比旋转多边形结构的系统在受力后刚性多边形绕顶点旋转展开（回缩），使结构整体发生膨胀（收缩），从而产生负泊松比效应。GRIMA 等人于 2000 年首次发现旋转刚性正方形结构的负泊松比潜能，研究表明该微结构可以保持长宽比和恒定的负泊松比值 -1[33]。图 4-17（见彩插）所示为旋转正方形微结构示意图，它可看作二维结构，也可看作是三维结构在某一方向上的投影。

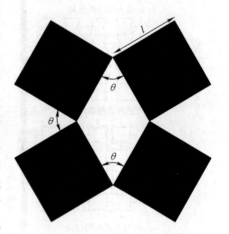

图 4-17 旋转正方形微结构

假设该正方形完全刚性，则该微结构可通过以下三个公式来描述泊松比、弹性模量和柔度矩阵。

$$\nu_{12} = \nu_{21} = -1 \tag{4-35}$$

$$E_1 = E_2 = \frac{8K_h}{l^2} \frac{1}{1 - \sin\theta} \tag{4-36}$$

$$S = \begin{Bmatrix} S_{11} & S_{12} & 0 \\ S_{21} & S_{22} & 0 \\ 0 & 0 & 0 \end{Bmatrix} = \frac{1}{E} \begin{Bmatrix} 1 & 1 & 0 \\ 1 & 1 & 0 \\ 0 & 0 & 0 \end{Bmatrix} \tag{4-37}$$

式中，K_h 是铰接节点的刚度；l 是正方形边长；θ 是相邻正方形之间的夹角；S 是单元的柔度矩阵。

图 4-18（见彩插）为典型旋转三角形微结构[34]，该旋转三角形结构的泊松比、弹性模量和柔度矩阵公式如下，其中，K_h 为铰的刚度，l 为三边形边长。

$$\nu_{12} = \nu_{12}^{-1} = -1 \tag{4-38}$$

$$E_1 = E_2 = \frac{4\sqrt{3}K_h}{l^2 \left[1 + \cos\left(\frac{\pi}{3} + \theta\right)\right]} \tag{4-39}$$

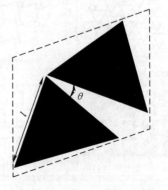

图 4-18 旋转三角形微结构

$$S = \begin{Bmatrix} S_{11} & S_{12} & 0 \\ S_{21} & S_{22} & 0 \\ 0 & 0 & 0 \end{Bmatrix} = \frac{1}{E} \begin{Bmatrix} 1 & -1 & 0 \\ -1 & 1 & 0 \\ 0 & 0 & 0 \end{Bmatrix} \quad (4\text{-}40)$$

旋转矩形微结构如图 4-19 所示[35]，该旋转结构的泊松函数、柔度矩阵和弹性模量的表达式分别表示如下。其中，K_h 为铰的刚度，a 和 b 分别为矩形的边长。

图 4-19　旋转矩形微结构

$$\nu_{12} = \nu_{12}^{-1} = \frac{a^2 \sin^2 \frac{\theta}{2} - b^2 \cos^2 \frac{\theta}{2}}{a^2 \cos^2 \frac{\theta}{2} - b^2 \sin^2 \frac{\theta}{2}} \quad (4\text{-}41)$$

$$\left. \begin{aligned} E_1 &= \frac{8K_h \left(a\cos \frac{\theta}{2} + b\sin \frac{\theta}{2} \right)}{\left(a\sin \frac{\theta}{2} + b\cos \frac{\theta}{2} \right) \left(-a\sin \frac{\theta}{2} + b\cos \frac{\theta}{2} \right)^2} \\ E_2 &= \frac{8K_h \left(a\sin \frac{\theta}{2} + b\cos \frac{\theta}{2} \right)}{\left(a\cos \frac{\theta}{2} + b\sin \frac{\theta}{2} \right) \left(a\cos \frac{\theta}{2} - b\sin \frac{\theta}{2} \right)^2} \end{aligned} \right\} \quad (4\text{-}42)$$

$$S = \begin{Bmatrix} S_{11} & S_{12} & 0 \\ S_{21} & S_{22} & 0 \\ 0 & 0 & 0 \end{Bmatrix} = \frac{1}{E} \begin{Bmatrix} \frac{1}{E_1} & -\frac{\nu_{21}}{E_2} & 0 \\ -\frac{\nu_{12}}{E_1} & \frac{1}{E_2} & 0 \\ 0 & 0 & 0 \end{Bmatrix} \quad (4\text{-}43)$$

通过对 α - 方晶石四面体骨架结构的变形机制的研究[36]，共提出了三种模型：旋转四面体模型（图 4-20，见彩插）、膨胀四面体模型和协同四面体模型。通过计算对比发现，α - 方晶石的最小泊松比可达到 -1。RAFSANJANI A 等[37]基于图形学提出了一种负泊松比双稳态结构，而该特殊结构与传统负泊松比微结构的卸载性能不同，其在卸载后可保持形状不变，如图 4-21（见彩插）所示。

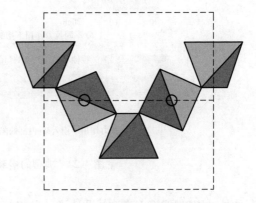

图 4-20　旋转四面体微结构

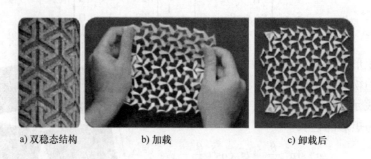

a) 双稳态结构　　　　b) 加载　　　　c) 卸载后

图 4-21　负泊松比双稳态模型

4.3.4　褶皱微结构

剪纸，是一种典型的褶皱微结构，其折痕结构形式、结构变量和基体材料都会影响其负泊松比效应[38]。目前，最常见的剪纸结构包括 Miura – ori 图案的纸片结构[39]、渐变蜂窝剪纸结构[40]和基于剪纸艺术原理所设计的胞状超材料[41]。当褶皱微结构受到横向拉伸作用时，结构沿着垂直于横向的方向会向外展开；当其受到横向压缩时，该结构沿着垂直于横向的方向会向里收缩，使得结构越压越紧实，也可更好地抵抗外力[42]。通过研究发现，在拉力作用下，石墨烯薄片引入3%内部缺陷的变形与褶皱微结构的变形类似，图 4-22 所示为典型的褶皱片状结构。

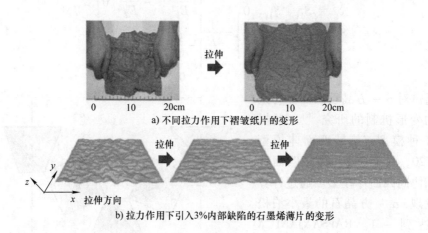

a) 不同拉力作用下褶皱纸片的变形

b) 拉力作用下引入3%内部缺陷的石墨烯薄片的变形

图 4-22　典型的褶皱片状结构

此外，ZHANG Z K 等[43]设计了一种将管材和波纹片组合形成的负泊松比微结构，如图 4-23 所示，并通过推导得到其负泊松比理论表达式。

4.3.5 穿孔板微结构

穿孔板微结构由多个或单个形状和大小的孔结构组成，由于形状和大小可以根据部件的性能需求来自由设置，因此相比于前面所介绍的微结构，它可以更好地灵活设计，同时增大了设计空间。严格意义上讲，手形微结构和内凹多边形微结构都可以通过设置特定的切孔形状得到，换言之，穿孔板微结构是上述微结构的拓展。当然，内部的穿孔可均匀排布，也可不均匀分布，这种特点赋予了穿孔板微结构更多的设计灵感。

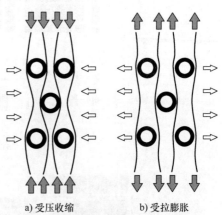

a) 受压收缩　　　　b) 受拉膨胀

图 4-23　波纹片微结构加载变形情况

图 4-24 所示为菱形负泊松比穿孔板结构，其结构参数包括横纵向不同的穿孔大小和穿孔角度。通过推导可得到平面内的泊松比表达式。

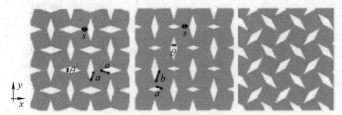

图 4-24　菱形负泊松比穿孔板结构

$$\nu_{xy} = (\nu_{yx})^{-1} = \frac{a^2 \cos^2 \frac{\theta}{2} - b^2 \sin^2 \frac{\theta}{2}}{a^2 \sin^2 \frac{\theta}{2} - b^2 \cos^2 \frac{\theta}{2}} \tag{4-44}$$

式中，a 和 b 分别是菱形长边和短边边长；θ 是菱形相邻两边的夹角。

图 4-25 详细展示了星型穿孔板分别在压力和拉力载荷作用下的变形机理。于靖军等[16]综合分析了不同切缝形状的穿孔板结构，并分析了直线型和"I"型穿孔板结构的变形机理，如图 4-26（见彩插）所示。

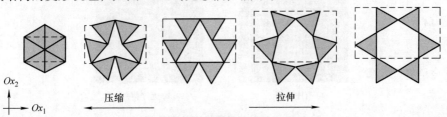

图 4-25　星型结构变形机理

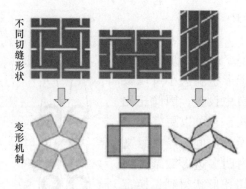

a) 直线型切孔

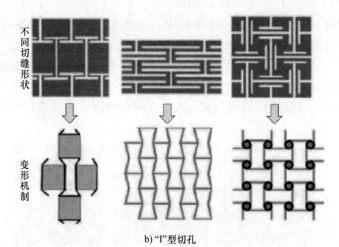

b) "I"型切孔

图 4-26 不同切缝形状的穿孔板结构变形机理

以上讨论的微结构材料的结构构型基本都呈现对称性,但若结构没有呈现高度对称性,其就不会具有负泊松比效应吗?答案是否定的。图 4-27 所示的穿孔结构尽管在分布上存在无序性和随机性,但该穿孔板结构依旧具有负泊松比特性[44]。因此,微结构具有负泊松比特性不必要求结构具有高度对称性,这一探索结果让研发人员可以更加自由地设计负泊松比材料。

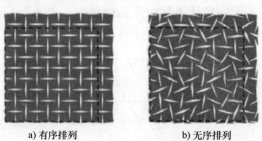

a) 有序排列　　　　　b) 无序排列

图 4-27 有序和无序排列的穿孔板结构

4.3.6 联锁多边形微结构

规则周期性排布的变形刚体可构成联锁多边形微结构,其变形机理为多边形各边的凹凸点连接相邻的刚体,与其他类型的负泊松比微结构材料相似,其同样具有"拉伸-膨胀、压缩-收缩"的负泊松比特性,当受到压力作用时,该联锁多边形结构的各个刚体会产生向内挤压收缩的趋势,增大结构抵抗力。作为典型案例之一,Magnox 反应堆芯部[45]就是一种联锁四边形微结构,如图 4-28 所示。

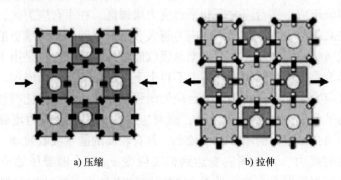

a) 压缩　　　　　　　　　　b) 拉伸

图 4-28　Magnox 反应堆芯部加载受力情况

4.3.7 其他类型微结构

除了上述介绍的几类微结构材料之外,还存在以下几种。图 4-29a 所示为一种新型的交叉旋转微结构[46],通过试验研究表明该交叉旋转结构更容易预估聚氨酯泡沫的泊松比和应力-应变关系。此外,还存在一种具有优异抗压痕阻力的类六面体微结构[47],如图 4-29b 所示。图 4-29c 展示了一种立体金字塔微结构[48],很直观地看出,当其受拉伸或者压缩时,同样呈现负泊松比效应。PASTERNAK E 等[49]还提出了一种立体球-杆连接微结构,如图 4-29d 所示,其理论泊松比值可达到 -1。

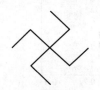  

a) 交叉旋转微结构　　b) 六面体微结构　　c) 立体金字塔微结构　　d) 立体球-杆连接微结构

图 4-29　其他类型微结构

4.3.8 载荷位移曲线

微结构材料由于内部存在大量孔隙,导致其受到冲击时的变形过程与实体材料有很大不同,这也是负泊松比材料产生的一个根本条件。不同于传统的正泊松比微结构材料，当负泊松比微结构材料受到轴向冲击载荷时，其应力-应变曲线可划分为四个区域：弹性区、平台应力区、平台应力增强区和压紧密实区，如图4-30所示。在弹性区内，应力和应变呈线性关系，其斜率表示微结构材料的弹性模量，若应力撤除，变形将会消失，微结构材料恢复原状，该弹性区所能达到的最大应变为ε_0，最大应力为σ_0。由于微结构材料在弹性区的变形较小，因而在弹性区其所吸收的能量也较小。随着压缩应变的逐渐增大，应力逐渐增大到第一次应力峰值，负泊松比微结构材料开始进入平台区。由于其"压缩-收缩"的负泊松比特性，其平台区由两部分组成：平台应力区和平台应力增强区。在平台应力区，不同压缩应变下的应力在某一值上下浮动，平台应力越大、持续时间越长，该负泊松比微结构材料在该区域所吸收的能量越大，占据总吸收能量的大部分。正是由于其负泊松比特性，随着压缩应变的继续增大，应力不再上下波动，开始逐渐增加，应力-应变曲线进入平台应力增强区。在进入平台应力增强区之前，负泊松比微结构材料所能达到的应变为平台应力增强区应变ε_E，所对应的应力为平台应力增强区应力σ_E。由于平台应力增强区应力的增加斜率较小，具有较高的能量吸收效率，大幅度提升吸收冲击能量的能力。当压缩应变达到密实应变ε_D时，随着压缩应变的继续增加，元胞壁之间逐渐贴合，微元胞之间的间隙越来越小，微结构材料也愈压愈紧实，密实区的应力-应变曲线斜率相较于弹性区的曲线斜率大幅度提升，应力瞬间大幅度升高，此时负泊松比微结构材料开始进入密实区，直至它完全被压溃紧实，密实区所对应的应变和应力分别为密实应变ε_D和密实应力σ_D。

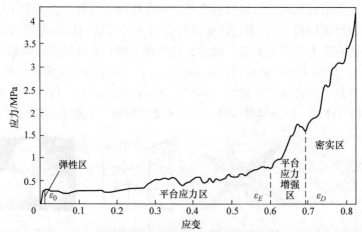

图4-30　典型微结构材料的应力-应变曲线

在轴向动态冲击载荷作用下，负泊松比微结构材料的单位体积总吸能量W由应力-应变曲线与水平应变轴ε所围成的总面积表示，具体包括弹性区单位体积吸能量、平台应力区单位体积吸能量、平台应力增强区单位体积吸能量和密实区单位体积吸能量。对于传统正泊松比材料泡沫铝而言，通常是根据有效能量吸收量、单位体积能量吸收量和吸能效率来评价泡沫铝的吸能能力,其有效能量吸收量可以用对应的载荷-位移曲线的阴影部分面积来表示,单位体积能量吸收量可用应力-应变曲线下的阴影面积来表示,吸能效率是实际吸能量与理想吸能量的比值,可分别表示如下:

$$W = \int_0^{\delta_D} F(\delta)\,\mathrm{d}\delta \tag{4-45}$$

$$W_V = \int_0^{E_D} \sigma(\varepsilon)\,\mathrm{d}\varepsilon \tag{4-46}$$

$$\eta = \frac{\int_0^{E_D} \sigma(\varepsilon)\,\mathrm{d}\varepsilon}{\sigma_{\max} E_D} = \frac{W_V}{\sigma_{\max} E_D} \rho_{RD} \tag{4-47}$$

式中,W 是有效能量吸收量;$F(\delta)$ 是外部载荷;δ_D 是致密化开始阶段的相对位移;W_V 是单位体积吸收量;$\sigma(\varepsilon)$ 是压缩应力;$\sigma_{\max}$ 是达到 ε_D 前的最大压缩应力。

若将微结构材料作为碰撞吸能件应用于车辆安全领域,仅仅采用吸能效率和单位体积吸能量这两个评价因素还不够,还需具备优异的抗冲击能力和较低的应力峰值,避免在冲击碰撞过程中对乘员和行人所造成的伤害。因此,峰值应力也是一个非常关键的评价因素。图 4-31 分别展示了泡沫铝和对比微结构材料的应力-应变曲线,两种不同吸能构件的应力-应变曲线,从图 4-31 中看出,在保证吸能能力相同的情况下,对比材料由于其有很长一段平台应力区域,使得其峰值应力要远远小于泡沫铝材料,有效地降低过大的瞬时冲击力对乘员所造成的致命伤害。由此可得出,微结构材料结构的缓冲吸能效果更好,该结论也可在图 4-32(见彩插)中得出,图4-32 为双箭头型负泊松比微结构材料在顶部冲击端和底部固定端所受的冲击力随冲击时间的关系曲线,可看出较高的初始冲击力在经过双箭头型内凹结构以后,底端所受的冲击力明显降低,这主要归功于该负泊松比微结构材料的负泊松比特性。

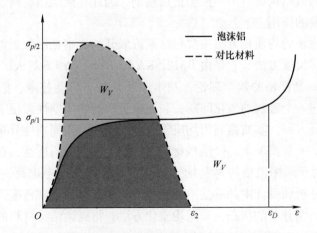

图 4-31　具有相同吸能能力的不同材料应力应变响应

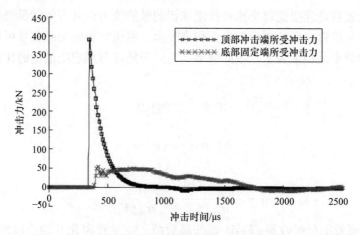

图 4-32 冲击力随冲击时间的关系曲线

4.4 微结构材料均质化理论

4.4.1 基于数学原理的均质化理论

微结构材料的宏观力学性能与微拓扑结构参数以及基体材料密切相关，获得微结构材料宏观力学性能与微观结构参数的关系模型后，就可通过设计和调整结构构型或微拓扑结构参数，使微结构材料达到不同的宏观力学性能，进而满足不同部件特定的功能需求。但由于微结构材料的微观结构比较复杂，对其力学模型的直接探索非常具有挑战性。为了更准确地预测微结构材料的等效性能及提高预估方法和理论的精确性，均质化理论应运而生，均质化理论可以详尽地考虑微结构材料的微观结构，所建立的微结构材料力学模型更加精确，因此在微结构材料宏观力学性能研究中发挥着重要的作用。

基于数学原理的均质化方法主要包括渐近展开法、泰勒级数近似法和以傅里叶变换为基础的多尺度方法。它是由 BABUŠKA I、KESAVAN S 等人[50-53]于20世纪70年代中期有一套严格的数学理论，基本原理是基于摄动技术，把原问题转化为一个微观问题与一个宏观均质化问题，利用渐近扩展和周期性假设来求解带有快速振荡参数的微分方程，实质是利用均质宏观结构和非均质周期性分布的微观结构来描述原微结构。一般情况下，微结构材料在宏观上表现为均质性，在微观上呈现非均质[53-55]。对于采用微结构材料加工的部件，若细致地考虑每一处材料的微结构，在建模、分析和设计中几乎是不可能完成的任务。从微观角度，将材料的微结构看成均匀、周期分布的状态，采用均质化方法，得到微结构材料的宏观等效材料性能，可使问题大大简化。

目前常用的均质化理论为渐近线均质化理论，该理论假设微结构材料宏观结构 Ω 呈现周期性特点，所受体力为 f，表面力 t 作用于边界 Γ_t 上，位移边界位于边界 Γ_u 上，如图 4-33（见彩插）所示为双尺度渐近均质化模型。该理论将微结构材料视为"微观胞元"周期分布而成，通过对该代表性元胞进行分析，进而评价整个微结构材料的宏观性能。

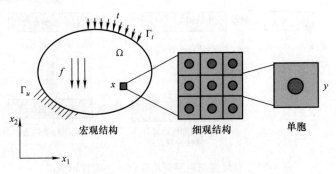

图 4-33　双尺度渐近均质化模型

该均质化模型从宏观和微观双尺度角度考虑，宏观尺度表征材料的宏观均匀力学响应，而微观尺度则表征了在细观尺度上材料力学性能的差异性。假设微观坐标 y 和宏观坐标 x 的单位长度比值为 ε（$\varepsilon\to 0$），那么 $y=x/\varepsilon$。宏观尺度和微观尺度可由图 4-34（见彩插）形象地表示，假如宏观尺度为 m，微观尺度为 nm，$\varepsilon=10^{-9}$。在宏观尺度下，实际为 1m 的尺寸，即 $x=1$（m），在微观尺度下 $y=x/\varepsilon=10^{9}$（nm）；微观尺度下，实际为 1nm 的尺寸，即 $y=1$（nm），在宏观尺度下 $x=y\varepsilon=10^{-9}$（m）。

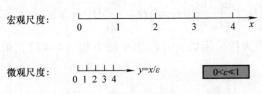

图 4-34　宏观尺度和微观尺度的关系

由图 4-34 可知宏观结构上存在某点 x，非均匀的单胞在空间中进行周期性的排布与堆积从而形成其细观结构[56]，与宏观尺度相比，单胞尺度 y 特别小。具有周期性特点的微结构材料，通常在宏观尺度上，材料特性随 x 的变化比较平稳，而在某点 x 处很小的邻域内，其材料性质会呈现很高的周期性振荡。

图 4-35（见彩插）展示了详细的双尺度渐近展开均质化方法流程[57]，首先分析微结构材料宏观尺度与微观尺度之间的关系，继而对位移进行渐近展开，代入平衡方程。根据不同阶 ε 系数为 0 得到控制方程，利用周期性边界条件化简控制方程得到微结构材料的均质化方程，最终利用有限元法进行求解出微结构材料的均质

化等效本构模型。它从构成材料的微观结构元胞出发，将元胞均匀化理论同时引入宏观尺度和微观尺度中，利用渐近分析方法，来有效建立宏观和细观之间的联系。与其他模型相比，该模型不但表示出了热膨胀系数的解析表达式和复合材料的弹性常数，而且复合材料的细观应力与变形场还可以依靠宏观应力场显式表达式来计算，从而在使用该模型进行应力分析时，可同时获得宏观应力场和细观应力场。

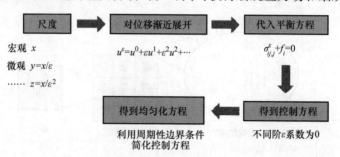

图4-35 双尺度渐近展开均质化方法流程示意图

在图4-34中，宏观（整体）尺度坐标 $x_1 - x_2$ 下的单位长度远远大于微观（局部）尺度坐标 $y_1 - y_2$ 下的单位长度。在此条件下，经过推导代表性元胞的宏观等效弹性矩阵可通过下式计算：

$$D_{ijkl}^H = \frac{1}{|Y|} \int_Y \left(D_{ijkl} - D_{ijpq} \frac{\partial \chi_p^{kl}}{\partial y_q} \right) dY \qquad (4-48)$$

式中，Y 是元胞体积；D_{ijkl} 是基体材料弹性系数；特征函数 χ_p^{kl} 是如下平衡方程的位移场

$$\int_Y D_{ijpq} \frac{\partial \chi_p^{kl}}{\partial y_q} \frac{\partial v_i}{\partial y_j} dY = \int_Y D_{ijkl} \frac{\partial v_j}{\partial y_i} dY \quad (\forall v_i \in V_Y) \qquad (4-49)$$

将任意权函数取为特征函数，并利用平衡方程（4-47），可将方程（4-46）转化为：

$$D_{ijkl}^H = \frac{1}{|Y|} \int_Y D_{pqrs} \left(\varepsilon_{pq}^{0(ij)} - \varepsilon_{pq}^{*(ij)} \right) \left(\varepsilon_{rs}^{0(kl)} - \varepsilon_{rs}^{*(kl)} \right) dY \qquad (4-50)$$

式中，$\varepsilon_{rs}^{*(kl)} = \frac{1}{2} \left(\frac{\partial \chi_p^{kl}}{\partial y_q} + \frac{\partial \chi_q^{kl}}{\partial y_p} \right)$；$\varepsilon_{pq}^0$ 是初始三维（平面问题）或六维（三维问题）的单位应变场。

在实际应用中，常采用有限元方法对平衡方程（4-47）进行求解，在周期性边界约束下，其等价的有限元格式如下：

$$K\chi^{kl} = f^{kl} \qquad (4-51)$$

其中，K 为整体刚度矩阵，$K = \sum_i K_i$，K_i 为单元刚度矩阵，节点力向量 f^{kl} 为：

$$f^{kl} = \sum_i \int_{Y_i} \boldsymbol{B}_i^{\mathrm{T}} \boldsymbol{D}_i \boldsymbol{\varepsilon}^{0(kl)} \mathrm{d}Y_i \tag{4-52}$$

此时,方程(4-48)可转化为:

$$D_{klmn}^H = \frac{1}{|Y|} \sum_i [\boldsymbol{\chi}^{0(kl)} - \boldsymbol{\chi}^{kl}]^{\mathrm{T}} \boldsymbol{K}_i [\boldsymbol{\chi}^{0(mn)} - \boldsymbol{\chi}^{mn}] \tag{4-53}$$

在采用有限元法求解平衡方程(4-49)时,正确地施加周期边界条件约束是关键。以二维问题为例,如图 4-36 所示,假若特征函数 χ 在微观尺度坐标 y_1 和 y_2 方向上的分量分别用标量位移函数 u 和 v 表示,则周期边界条件的一般形式可以表示如下:

$$\begin{aligned} u(y_1, y_2) &= u(y_1 + Y_1, y_2 + Y_2) \\ &= u(y_1 + Y_1, y_2) \\ &= u(y_1, y_2 + Y_2) \end{aligned} \tag{4-54}$$

$$\begin{aligned} v(y_1, y_2) &= v(y_1 + Y_1, y_2 + Y_2) \\ &= v(y_1 + Y_1, y_2) \\ &= v(y_1, y_2 + Y_2) \end{aligned} \tag{4-55}$$

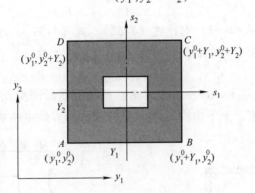

图 4-36 周期性微结构元胞

为了得到均匀化系数 D_{ijkl}^H,需分三种工况来考虑:

工况 A:初始单位应变沿 y_1 方向施加,即 $\varepsilon_{kl}^0 = \begin{bmatrix} 1 & 0 & 0 \end{bmatrix}^{\mathrm{T}}$ 时,周期性微结构元胞在边界上轴对称,由位移及初始应变载荷关于 s_2 对称,可得

$$u(y_1^0, y_2) = -u(y_1^0 + Y_1, y_2) \tag{4-56}$$

$$v(y_1^0, y_2) = v(y_1^0 + Y_1, y_2) \tag{4-57}$$

类似地,由位移及初始应变载荷关于 s_1 对称性,可得

$$u(y_1, y_2^0) = u(y_1, y_2^0 + Y_2) \tag{4-58}$$

$$v(y_1, y_2^0) = -v(y_1, y_2^0 + Y_2) \tag{4-59}$$

对比式(4-54)与式(4-52),可得

$$u(y_1^0, y_2) = u(y_1^0 + Y_1, y_2) = 0 \tag{4-60}$$

同理，比较式（4-57）与式（4-53），可得

$$v(y_1, y_2^0) = v(y_1, y_2^0 + Y_2) = 0 \tag{4-61}$$

从式（4-58）、式（4-59）可以看出，此时相当于将周期性微结构元胞（图4-36）的左右边沿 y_1 方向固定、上下边沿 y_2 方向固定，边界约束条件如图4-36所示。

工况 B：初始单位应变 $\varepsilon_{kl}^0 = [0\ 1\ 0]^T$ 沿 y_2 方向施加，由对称性条件，可得与工况 A 相同的约束条件方程（4-58）和（4-59）。因此，工况 B 与工况 A 可施加相同的边界约束，如图4-37所示。需要指出的是，工况 A 与工况 B 虽然约束相同，但载荷工况不同，仍需进行两次有限元分析。

工况 C：对微结构元胞施加单位剪应变，即 $\varepsilon_{kl}^0 = [0\ 0\ 1]^T$，此时微元胞关于轴 s_1、s_2 反对称，由此得到

$$u(y_1^0, y_2) = u(y_1^0 + Y_1, y_2) \tag{4-62}$$

$$v(y_1^0, y_2) = -v(y_1^0 + Y_1, y_2) \tag{4-63}$$

$$u(y_1, y_2^0) = -u(y_1, y_2^0 + Y_2) \tag{4-64}$$

$$v(y_1, y_2^0) = v(y_1, y_2^0 + Y_2) \tag{4-65}$$

将式（4-60）~式（4-63）对比式（4-52）、式（4-53），可以看出

$$v(y_1^0, y_2) = v(y_1^0 + Y_1, y_2) = 0 \tag{4-66}$$

$$u(y_1, y_2^0) = u(y_1, y_2^0 + Y_2) = 0 \tag{4-67}$$

从式（4-64）、式（4-65）可以看出，此时周期微结构元胞（图4-37）的左右边沿 y_2 方向被固定、上下边沿 y_1 方向被固定，边界约束施加如图4-38所示。

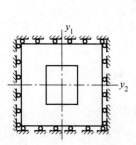 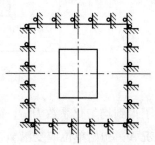

图4-37 工况 A 及工况 B 所对应的周期边界条件　　图4-38 工况 C 所对应的周期边界条件

对于三维问题，均匀化过程应按六种工况来计算，即三个初始单位正应变和三个初始单位剪应变，其元胞的周期约束条件很容易从二维情况推广得到。通过次均匀化过程，可比较精确地预测周期微结构材料的宏观等效性能。

结合均匀化技术，运用拓扑优化方法，从微结构角度对材料进行设计，可以获得特定的材料特性如弹性刚度、热膨胀系数、磁导率等。此方面研究，是目前计算材料科学领域的热点[58-63]。以周期性微结构元胞的有限元模型中单元密度为设计变量 x，当 $x = 1$ 时，表示该单元填满基体材料（实单元）；当 $x = 0$ 时，表示该单

元无基体材料（空单元），以基体材料质量或体积为约束，根据需要，可建立微结构材料的宏观等效性能（如力学性能、声学性能、热学性能、电磁学性能等）的最大化或最小化优化模型：

$$\begin{aligned}
&Find: x_i, i = 1, 2, \cdots, M \\
&Min: f(x_i) \\
&s.t.: \mathbf{K}(x_i) \boldsymbol{\chi}^{kl} = \mathbf{f}^{kl} \\
&V_f = \frac{\sum_{i=1}^{M} x_i V_i}{\sum_{i=1}^{M} V_i} \\
&x_i = 0 \text{ 或 } 1
\end{aligned} \quad (4\text{-}68)$$

式中，$f(x_i)$ 是微结构材料的宏观性能设计指标，如弹性模量、热传导率、热膨胀系数、吸声系数、磁导率等；V_i 分别是元胞的单元体积，V_f 是基体材料体积分数约束。

相对于其他拓扑优化方法，渐近结构优化（Evolutionary Structural Optimization，ESO）方法具有计算效率高、边界清晰、易于实现的特点，在实际工程设计中被广泛采用。ESO 方法最早由 Xie 和 Steven[61]提出，其基本原理是逐步地将无效或低效的材料删除，从而使结构逐渐地趋于最佳化。最早的渐近优化方法是单向的，即结构中的材料一直逐渐地被删除，材料一旦被删除将不能恢复，所以容易产生材料"过删"现象。Huang 和 Xie[62]在单向渐近结构优化方法的基础上提出了双向渐近优化方法（Bidirectional Evolutionary Structural Optimization，BESO），即删除低敏度材料的同时，在结构边界高敏度区域添加材料。因此，BESO 方法中材料的删除与添加同时进行，其性能要优于单向渐近结构优化方法。

在拓扑优化过程中，为了避免产生"棋盘格"现象[63]，同时克服对有限元网格的依赖性，必须对单元灵敏度或密度进行滤波处理。下面介绍一种简单有效的滤波方法：以第 i 个单元的质心为圆心，以滤波半径 r_{min} 为半径作一个圆，设该圆形区域内包含有 n 个单元，经滤波后第 i 个单元的灵敏度可表示如下：

$$\alpha_i = \frac{\sum_{j=1}^{n} w(r_{ij}) \alpha_j^e}{\sum_{j=1}^{n} w(r_{ij})} \quad (4\text{-}69)$$

式中，r_{ij} 是圆形区域内第 j 个单元的质心到单元 i 质心的距离；α_j^e 是圆内第 j 个单元的实际灵敏度；$w(r_{ij})$ 是权重因子，可按下式计算：

$$w(r_{ij}) = r_{min} - r_{ij}, j = 1, 2, \cdots, n \quad (4\text{-}70)$$

基于 BESO 的周期微结构材料设计流程为：①确定代表性元胞的设计区域，给定目标体积分数 V_f^*、进化率 ER 及滤波半径 r_{min}；②对代表性元胞施加周期边界约束，进行有限元分析；③根据优化目标函数，进行灵敏度分析，得到各单元灵敏度；④对单元灵敏度并进行滤波处理；⑤根据单元敏度数值大小，对单元进行排序，按照删除率 ER 对单元进行删、添；⑥重复以上过程，直至满足收敛条件，得到材料代表性元胞的最优拓扑。

具体设计过程可通过对商用有限元软件进行二次开发来实现，如联合 Abaqus 软件与 MATLAB 编程语言。这里设计一种多孔微结构材料，使该材料具有最轻的质量和最大的剪切模量特性，此时目标函数可定义为

$$f(x_i) = \frac{1}{3}(D_{2323} + D_{3131} + D_{1212}) \tag{4-71}$$

为优化元胞内的材料分布，在代表性元胞中引入 SIMP（Solid Isotropic Material with Penalization）材料插值模型，如下：

$$\boldsymbol{D}_i = x_i^p \boldsymbol{D}_0 \tag{4-72}$$

式中，$\boldsymbol{D}_i$ 为代表性元胞有限元模型中第 i 个单元的材料弹性矩阵；$\boldsymbol{D}_0$ 为基体材料的弹性矩阵；p 为惩罚因子，通常取 $p=3$。

由式（4-67）及式（4-51），基于伴随变量法[64]可以推得微结构材料等效弹性矩阵 D_{klmn}^H 的灵敏度：

$$\frac{\partial D_{klmn}^H}{\partial x_i} = \frac{1}{|Y|}[\boldsymbol{\chi}^{0(kl)} - \boldsymbol{\chi}^{kl}]^T \frac{\partial \boldsymbol{K}_i}{\partial x_i}[\boldsymbol{\chi}^{0(mn)} - \boldsymbol{\chi}^{mn}] \tag{4-73}$$

式中，单元刚度矩阵如下

$$\boldsymbol{K}_i = \int_{V_i} \boldsymbol{B}_i^T \boldsymbol{D}_i \boldsymbol{B}_i \mathrm{d}V_i \tag{4-74}$$

结合式（4-70），将式（4-72）代入式（4-71），容易得到：

$$\frac{\partial D_{klmn}^H}{\partial x_i} = \frac{px_i^{p-1}}{|Y|}[\boldsymbol{\chi}^{0(kl)} - \boldsymbol{\chi}^{kl}]^T \boldsymbol{K}_i^0 [\boldsymbol{\chi}^{0(mn)} - \boldsymbol{\chi}^{mn}] \tag{4-75}$$

式中，$\boldsymbol{K}_i^0$ 为实单元刚度矩阵，$\boldsymbol{K}_i^0 = \int_{V_i} \boldsymbol{B}_i^T \boldsymbol{D}_0 \boldsymbol{B}_i \mathrm{d}V_i$。

结合式（4-69）和式（4-73），可以得到单元灵敏度 $\alpha_i^e = \partial f(x_i)/\partial x_i$。

假定微结构代表性元胞的设计域为一立方体，边长为 26 个单位长度，并被离散为 $26 \times 26 \times 26$ 个八节点六面体单元，元胞基体材料为各向同性材料，材料杨氏模量为 200GPa，泊松比为 0.3，BESO 的进化率 ER 取 2%、滤波半径 r_{min} 取 1.5。根据上述设计流程，图 4-39（见彩插）及图 4-40（见彩插）给出了不同基体材料体积分数约束下，具有最大剪切模量的周期微结构材料内部结构形式及其宏观等效弹性参数。

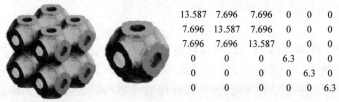

a) 2×2×2元胞阵列　　b) 代表性元胞拓扑　　c) 宏观等效弹性矩阵 D^H

图 4-39　材料体积分数为 30% 时剪切模量最大的材料微结构形式

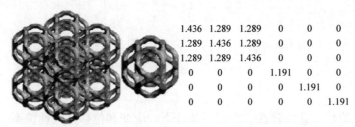

a) 2×2×2元胞阵列　　b) RUC拓扑　　c) 宏观等效弹性矩阵 D^H

图 4-40　材料体积分数为 10% 时剪切模量最大的材料微结构形式

4.4.2　基于力学原理的均质化理论

由于渐近均质化方法可建立宏观尺度下材料的等效性能与细观尺度下微结构之间的数学关系模型，与其他微结构材料类似，内凹八边形微结构也可运用均质化理论进行宏观尺度下性能的预测。但基于数学原理的渐近线均质化理论对于解决非连续性微结构材料具有局限性，值得注意的是，基于数学原理的渐近线均质化方法是基于无限小的单胞假设得出的，多数情况下考虑高阶参数 ε，并不能得到满意的结果，这意味着该方法中的泰勒展开并不能收敛。另外，该方法缺少对于边界约束条件确定的详细阐述，且在均质化建模过程中，往往会忽略"力学逻辑"，使得宏观力学性能预测不精确，与等效性能理想值相比会产生偏离和误差，但基于力学原理的均质化方法对分析元胞的大小无要求。为了使均质化理论更具有广泛适用性且更准确地预测非连续性微结构材料的整体宏观等效性能，下面详细介绍一种基于力学原理的均质化建模方法[65]，该方法能准确有效地求出反映负泊松比离散结构宏观力学性能的等效弹性参数。

假设该将离散结构的微元胞为弹性连续体，采用以下弹性动力学方程描述出通过虚位移原理所得到的基础虚功方程，如下：

$$\int_{\Omega_\varepsilon} \delta\varepsilon^T D^\varepsilon \varepsilon \mathrm{d}\Omega + \int_{\Omega_\varepsilon} \delta u^T \rho^\varepsilon \ddot{u} \mathrm{d}\Omega = \int_{\Omega_\varepsilon} \delta u^T f^\varepsilon \mathrm{d}\Omega + \int_{\Gamma_t} \delta u^T t \mathrm{d}\Gamma_t \qquad (4\text{-}76)$$

式中，左边表示内力在虚位移上所做的虚功，右边表示外力所做的总虚功。$\int_{\Gamma_t} \delta u^T t \mathrm{d}\Gamma_t$ 是面力（接触力）所做的虚功；t 是单位面积上的面力；$\int_{\Omega_\varepsilon} \delta u^T f^\varepsilon \mathrm{d}\Omega$ 是体力所做的虚功；f 是单位体积上的体力；u 是位移矢量；$\ddot{u} = \dfrac{\partial^2 u}{\partial t^2}$ 是加速度矢量；f^ε 是体力矢量；$\delta\varepsilon$ 是虚应变矢量；δu 是虚位移矢量；D^ε 是均质化之前的弹性刚度矩阵；ρ^ε 是均质化之前的密度；Ω_ε（$\Omega_\varepsilon \subset R^3$）是结构域；$\Gamma_t$ 是 Ω_ε 的边界；ε 是应变矢量，可由式（4-77）表示：

$$\varepsilon = \{\varepsilon_x, \varepsilon_y, \varepsilon_z, \gamma_{yz}, \gamma_{zx}, \gamma_{xy}\}^T = \begin{Bmatrix} \varepsilon_x \\ \varepsilon_y \\ \varepsilon_z \\ \gamma_{yz} \\ \gamma_{zx} \\ \gamma_{xy} \end{Bmatrix} \tag{4-77}$$

需要注意的是，在线弹性、小变形条件下，应变和位移呈线性关系，则：

$$\varepsilon_x = \frac{\partial u}{\partial x}, \varepsilon_y = \frac{\partial v}{\partial y}, \varepsilon_z = \frac{\partial w}{\partial z} \tag{4-78}$$

$$\gamma_{xy} = \frac{\partial u}{\partial y} + \frac{\partial v}{\partial x}, \gamma_{yz} = \frac{\partial v}{\partial z} + \frac{\partial w}{\partial y}, \gamma_{zx} = \frac{\partial w}{\partial x} + \frac{\partial u}{\partial z} \tag{4-79}$$

结合式（4-78）、式（4-79），可用矩阵表示如下：

$$\begin{Bmatrix} \varepsilon_x \\ \varepsilon_y \\ \varepsilon_z \\ \gamma_{xy} \\ \gamma_{yz} \\ \gamma_{zx} \end{Bmatrix} = \begin{Bmatrix} \frac{\partial}{\partial x} & 0 & 0 & \frac{\partial}{\partial y} & 0 & \frac{\partial}{\partial z} \\ 0 & \frac{\partial}{\partial y} & 0 & \frac{\partial}{\partial x} & \frac{\partial}{\partial z} & 0 \\ 0 & 0 & \frac{\partial}{\partial z} & 0 & \frac{\partial}{\partial y} & \frac{\partial}{\partial x} \end{Bmatrix}^T \begin{Bmatrix} u \\ v \\ w \end{Bmatrix} \tag{4-80}$$

式（4-80）可简化成：

$$\varepsilon = E(\nabla)u \tag{4-81}$$

$E(\nabla)$称为拉普拉斯算子，

$$E(\nabla) = \begin{Bmatrix} \frac{\partial}{\partial x} & 0 & 0 & \frac{\partial}{\partial y} & 0 & \frac{\partial}{\partial z} \\ 0 & \frac{\partial}{\partial y} & 0 & \frac{\partial}{\partial x} & \frac{\partial}{\partial z} & 0 \\ 0 & 0 & \frac{\partial}{\partial z} & 0 & \frac{\partial}{\partial y} & \frac{\partial}{\partial x} \end{Bmatrix}^T \tag{4-82}$$

对于线弹性微结构材料，由广义胡克定律可得弹性体任意点应力与应变之间的关系。

$$\begin{cases} \varepsilon_x = \frac{1}{E}[\sigma_x - u(\sigma_y + \sigma_z)] \\ \varepsilon_y = \frac{1}{E}[\sigma_y - u(\sigma_z + \sigma_x)] \\ \varepsilon_z = \frac{1}{E}[\sigma_z - u(\sigma_x + \sigma_y)] \\ \gamma_{xy} = \frac{2(1+u)}{E}\sigma_{xy} \\ \gamma_{yz} = \frac{2(1+u)}{E}\sigma_{yz} \\ \gamma_{zx} = \frac{2(1+u)}{E}\sigma_{zx} \end{cases} \tag{4-83}$$

因此，用矩阵形式可以简写成

$$\sigma = D\varepsilon \tag{4-84}$$

式中，σ 是柯西应力矢量；$D = [D_{ij}]_{6\times6}$ 是弹性刚度矩阵。柯西应力矢量 σ 和柯西应变矢量 ε 分别表示如下：

$$\begin{aligned}\sigma &= \{\sigma_x \quad \sigma_y \quad \sigma_z \quad \tau_{xy} \quad \tau_{yz} \quad \tau_{zx}\}^T \\ \varepsilon &= \{\varepsilon_x \quad \varepsilon_y \quad \varepsilon_z \quad \gamma_{xy} \quad \gamma_{yz} \quad \gamma_{zx}\}^T\end{aligned} \tag{4-85}$$

位移场和应变场可依照 Guyan 缩减法的基本原理将其分别分成两个子集合[66]，当应变场分为两个子集合时，其中一个子集合被称为均质应变集合 ε_h；另一个被称为变量应变集合 ε_v，以上同样适用于位移场。均质应变在多胞宏观结构域中是连续的常量，并且变量应变 $\varepsilon_v = \varepsilon_v(y)(y \subset Y)$ 只有一个变量元胞细观坐标 y。所以，应变场量 ε 可由式（4-87）表示：

$$\varepsilon = \varepsilon_h + \varepsilon_v \tag{4-86}$$

与 ε_h 和 ε_v 相对应的位移场可分别表示成 u_h 和 u_v，同理，位移场 u 可由式（4-88）表示：

$$u = u_h + u_v \tag{4-87}$$

结合应变－位移关系 $\varepsilon = E(\nabla)u$ 可分别得到均质化应变场与均质化位移场、应变差异场与位移差异场之间的关系表达式：

$$\begin{aligned}\varepsilon_h &= E(\nabla)u_h,(\Omega \text{ 域}) \\ \varepsilon_v &= E(\nabla)u_v,(Y \text{ 域})\end{aligned} \tag{4-88}$$

将式（4-89）代入式（4-77），可得：

$$\int_{\Omega_\varepsilon}(\delta\varepsilon_h+\delta\varepsilon_v)^T D^\varepsilon(\varepsilon_h+\varepsilon_v)\mathrm{d}\Omega + \int_{\Omega_\varepsilon}\delta u^T \rho^\varepsilon \ddot{u}\mathrm{d}\Omega = \int_{\Omega_\varepsilon}\delta u^T f^\varepsilon \mathrm{d}\Omega + \int_{\Gamma_t}\delta u^T t\mathrm{d}\Gamma_t \tag{4-89}$$

由于 $\int_Y \delta\varepsilon_v^T D^\varepsilon(\varepsilon_h + \varepsilon_v)\mathrm{d}y = 0(\forall Y \subset \Omega_\varepsilon)$，则式（4-90）可分解为以下两个公式：

$$\begin{cases}\int_{\Omega_\varepsilon}\delta\varepsilon_h^T D^\varepsilon(\varepsilon_h+\varepsilon_v)\mathrm{d}\Omega + \int_{\Omega_\varepsilon}\delta u^T \rho^\varepsilon \ddot{u}\mathrm{d}\Omega = \int_{\Omega_\varepsilon}\delta u^T f^\varepsilon \mathrm{d}\Omega + \int_{\Gamma_t}\delta u^T t\mathrm{d}\Gamma_t \\ \int_Y \delta\varepsilon_v^T D^\varepsilon(\varepsilon_h+\varepsilon_v)\mathrm{d}y = 0(\forall Y \subset \Omega_\varepsilon)\end{cases} \tag{4-90}$$

从式（4-91）可看出，基于力学原理的均质化理论不限制微元胞的大小，因此比较适合大尺度离散非线性微结构。为了计算式（4-91）中的第二个公式，采用特征模态叠加的方法表示应变差异场 $\varepsilon_v = \varepsilon_v(y)$，即

$$\varepsilon_v(y) = \varphi(y)\varepsilon_h,(y \in Y) \tag{4-91}$$

式中，$\varphi(y)$ 是 d 模态矩阵，$\varphi = [\varphi^{(1)}, \varphi^{(2)}, \cdots, \varphi^{(d)}]$，对于三维固体，$d = 6$，对于

二维固体，$d=3$。

将式（4-91）代入式（4-90）的第二个公式可得：

$$\left[\int_Y \delta\varepsilon_v^T D^\varepsilon(I+\varphi)\mathrm{d}y\right]\varepsilon_h = 0 \tag{4-92}$$

或

$$\int_Y \delta\varepsilon_v^T D^\varepsilon(I+\varphi)\mathrm{d}y = 0 \tag{4-93}$$

利用连续性条件和周期性边界约束条件，位移场可表示为：

$$u_v = \theta(y)u_h, (y \in Y) \tag{4-94}$$

式中，$\theta(y)$满足$\varphi(y) = E(\nabla)\theta(y), (y \in Y)$。

将式（4-91）和式（4-94）代入式（4-90）可得：

$$\int_\Omega \delta\varepsilon_h^T D^H \varepsilon_h \mathrm{d}\Omega + \int_\Omega \delta u_h^T \rho^H \ddot{u}_h \mathrm{d}\Omega = \int_\Omega \delta u_h^T f^H \mathrm{d}\Omega + \int_\Gamma \delta u_h^T t^H \mathrm{d}\Gamma_t \tag{4-95}$$

式中，Ω是均质化区域Ω_ε，且

$$D^H = \frac{1}{|Y|}\int_Y D^\varepsilon(I+\varphi)\mathrm{d}y \tag{4-96}$$

$$\rho^H = \frac{1}{|Y|}\int_Y [I+\theta(y)]^T \rho^\varepsilon [I+\theta(y)]\mathrm{d}y \tag{4-97}$$

$$f^H = \frac{1}{|Y|}\int_Y [I+\theta(y)]^T f_v^\varepsilon \mathrm{d}y \tag{4-98}$$

$$t^H = \frac{1}{|L|}\int_{\Gamma_{tY}} [I+\theta(y)]^T t \mathrm{d}s, \Gamma_{tY} = \Gamma_t \cap Y \tag{4-99}$$

式中，D^H是刚度矩阵；ρ^H是等效密度；f^H是等效体力；t^H是等效面力。若要获取各参数，将所求得的$\theta(y)$和$\varphi(y)$依次代入公式即可。

基于以上描述可知，对于三维微结构固体材料而言，微结构材料的特征应变模态$\varphi = [\varphi^{(1)}, \varphi^{(2)}, \varphi^{(3)}, \varphi^{(4)}, \varphi^{(5)}, \varphi^{(6)}]$。事实上，式（4-91）还可转化为：

$$\varepsilon_v = \sum_{i=1}^d \varphi^{(i)} \varepsilon_h^{(i)} \tag{4-100}$$

式中，$\varepsilon_h^{(1)} = \varepsilon_x, \varepsilon_h^{(2)} = \varepsilon_y, \cdots, \varepsilon_h^{(d)} = \gamma_{xy}$，则$\varepsilon_h$可以用应变坐标系统$e^{(i)}(i=1,2,\cdots,d)$来表示

$$\varepsilon_h = \sum_{i=1}^d e^{(i)} \varepsilon_h^i \tag{4-101}$$

对于三维微结构材料，$d=6$，则

$$e^{(1)} = \begin{Bmatrix} 1\\0\\0\\0\\0\\0 \end{Bmatrix}, e^{(2)} = \begin{Bmatrix} 0\\1\\0\\0\\0\\0 \end{Bmatrix}, \cdots, e^{(6)} = \begin{Bmatrix} 0\\0\\0\\0\\0\\1 \end{Bmatrix} \quad (4\text{-}102)$$

将式（4-100）和式（4-101）代入式（4-90）的第二个公式，可得每个特征应变模态 $\varphi^{(i)}$ 的表达式

$$\int_Y \delta\varepsilon_v^T D^\varepsilon \varphi^{(i)} \mathrm{d}y + \int_Y \delta\varepsilon_v^T D^\varepsilon e^{(i)} \mathrm{d}y = 0 \quad (i = 1,2,\cdots,d) \quad (4\text{-}103)$$

接下来，若要获得均质化后的结构等效性能参数，将求得的特征应变模态矩阵 $\varphi(y)$ 代入式（4-96）~式（4-99）即可。通过式（4-103）也了解第 i 阶特征应变模态向量 $\varphi^{(i)}$ 的物理意义：使元胞产生第 i 阶单位应变的单位应力。图4-41 展示了二维结构为例，各阶单位应变 $e^{(i)}(i=1,2,3)$ 的形式描述如图4-41所示[67]，且所对应的各阶应变分别为 $\varepsilon_h^{(1)} = \varepsilon_x, \varepsilon_h^{(2)} = \varepsilon_y, \varepsilon_h^{(3)} = \gamma_{xy}$。

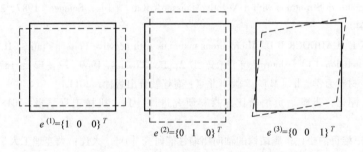

图 4-41 二维结构元胞单位应变形式

4.5 小结

本章详细介绍了微结构材料的力学特性与结构特性，并总结了国内外在负泊松比微结构材料分类、原理、特性等相关研究的最新进展和成果，对目前负泊松比材料所存在的问题提出了可能的解决方案，希望能够为相关研究者提供参考和依据。除此之外，还对微结构材料的载荷位移曲线进行了说明。为解决大尺度非连续微结构材料的等效力学性能分析不精确的问题，在传统均质化理论基础上，将大尺度非连续性微结构视为连续体，提出了一种基于力学原理的均质化方法。在所述均质化方法中，位移场和应变场可依照 Guyan 缩减法的基本原理分别分离成两个子集合，再利用应变变换矩阵将两者叠加并代入求解虚位移平衡方程，从而可获得均质化后微结构的等效密度、等效弹性模量和等效泊松比等表征负泊松比微结构面内宏观力

学性能的等效弹性参数。

　　结构虽千奇百怪、各有特性，但最终都要面临着实际应用，那么设计何种结构形式的微结构材料才能够满足部件的性能需求就显得尤为重要。因此，对人工微结构材料发展趋势有一个全局的了解迫在眉睫。

参考文献

[1] ZHAO Y, MA F W, YANG L F, et al. Study on Engine Hood with Negative Poisson's Ratio Architected Composites Based on Pedestrian Protection [J]. SAE International Journal of Engines, 2017, 10 (2)：391 – 404.

[2] 刘培生. 多孔材料引论 [M]. 北京：清华大学出版社，2004.

[3] 多胞金属材料的动力学特性及微结构设计 [D]. 北京：北京交通大学，2011.

[4] LARSEN, U. D, SIGMUND, et al. Design and fabrication of compliant micromechanisms and structures with negative Poisson's ratio [J]. Journal of Microelectromechanical Systems, 1997, 6 (2)：99 – 106.

[5] 新型负泊松比结构关键技术研究及其在车身设计中的应用 [D]. 湖南大学，2015.

[6] LAKES R. Foam Structures with a Negative Poisson's Ratio [J]. Science, 1987, 235 (4792)：1038 – 1040.

[7] EVANS K E, CADDOCK B D. Microporous materials with negative Poisson's ratios. II. Mechanisms and interpretation [J]. Journal of Physics D Applied Physics, 1989, 22 (12)：1877.

[8] 刘鸿文. 材料力学. II [M]. 5 版. 北京：高等教育出版社，2011.

[9] 于靖军，谢岩，裴旭. 负泊松比超材料研究进展 [J]. 机械工程学报，2018，54 (13)：1 – 14.

[10] 张伟. 三维负泊松比多胞结构的轴向压缩性能研究 [D]. 大连：大连理工大学，2015.

[11] MA F, ZHAO Y, WANG G, et al. Crash worthiness optimization design of thin – walled tube filled with re – entrant triangles honeycombs [J]. Automotive Innovation, 2019.

[12] ODACI, I K, GÜDEN M, KILIÇASLAN C. The varying densifcation strain in a multi – layer aluminum corrugate structure：direct impact testing and layer – wise numerical modelling. int. [J]. Impact ENG, 2017, 103, 64 – 75.

[13] CHOI J B, LAKES R S. Analysis of elastic modulus of conventional foams and of re – entrant foam materials with a negative Poisson's ratio [J]. Int. j. mech. Sci, 1995, 37 (1)：51 – 59.

[14] EGLI E A. Design Properties of Structural Foam [J]. Physica Status Solidi, 1972, 3 (4)：776 – 779.

[15] SMITH C W, LEHMAN F, WOOTTON R J, et al. Strain dependent densification during indentation in auxetic foams [J]. Cellular Polymers, 1999, 18 (2)：79 – 101.

[16] 于靖军，谢岩，裴旭. 负泊松比超材料研究进展 [J]. 机械工程学报，2018，54 (13)：1 – 14.

[17] GIBSON L J, ASHBY M F. Cellular solids：Structure and properties [M]. New York：Cambridge University Press, 1997.

[18] MASTERS I G, EVANS K E. Models for the elastic deformation of honeycombs. Composite Structures, 1996, 35 (4), 403-422.

[19] 张丽. 蜂窝结构优化设计及其力学性能研究 [D]. 北京: 中国科学院大学, 2018.

[20] SMITH C W, GRIMA J, EVANS K E. A novel mechanism for generating auxetic behaviour in reticulated foams: missing rib foam model [J]. Acta Materialia, 2000, 48 (17), 4349-4356.

[21] GASPAR N, REN X J, SMITH C W, et al. Novel honeycombs with auxetic behaviour [J]. Acta Materialia, 2005, 53 (8): 2439-2445.

[22] GRIMA J N, GATT R, ALDERSON A, et al. On the potential of connected stars as auxetic systems [J]. Molecular Simulation, 2005, 31 (13), 925-935.

[23] YANG L, HARRYSSON O, WEST H, et al. Compressive properties of Ti-6Al-4V auxetic mesh structures made by electron beam melting [J]. Acta Materialia, 2012, 60 (8): 3370-3379.

[24] WANG X T, WANG B, LI X W, et al. Mechanical properties of 3D re-entrant auxetic cellular structures [J]. International Journal of Mechanical Sciences, 2017, 131: 396-407.

[25] GRIMA J N, GATT R, FARRUGIA P S. On the properties of auxetic meta-tetrachiral structures [J]. Physica Status Solidi B, 2008, 245 (3): 511-520.

[26] ALDERSON A, ALDERSON K L, ATTARD D, et al. Elastic constants of 3-, 4- and 6-connected chiral and anti-chiral honeycombs subject to uniaxial in-plane loading [J]. Composites Science and Technology, 2010, 70 (7): 1042-1048.

[27] GRIMA J N, GATT R. Perforated sheets exhibiting negative Poisson's ratios. Advanced Engineering Materials, 2010, 12 (6): 460-464.

[28] ELIPE J C, LANTADA A. Comparative study of auxetic geometries by means of computer-aided design and engineering [J]. Smart Materials and Structures, 2012, 21 (10): 105004.

[29] DIRRENBERGER J, FOREST S, JEULIN D. Effective elastic properties of auxetic microstructures: Anisotropy and structural applications [J]. International Journal of Mechanics and Materials in Design, 2013, 9 (1): 21-33.

[30] HA C S, PLESHA M E, LAKES R S. Chiral three-dimensional isotropic lattices with negative Poisson's ratio [J]. physica status solidi (b), 2016, 253 (7): 1243-1251.

[31] WU L, LI B, ZHOU J. Isotropic Negative Thermal Expansion Metamaterials [J]. ACS Applied Materials & Interfaces, 2016, 8 (27): 17721-17727.

[32] FU M H, ZHENG B B, LI W H. A novel chiral three-dimensional material with negative Poisson's ratio and the equivalent elastic parameters [J]. Composite Structures, 2017, 176: 442-448.

[33] GRIMA J N, EVANS K E. Auxetic behavior from rotating squares [J]. Journal of Materials Science Letters, 2000, 19 (17): 1563-1565.

[34] GRIMA J N, EVANS K E. Auxetic behavior from rotating triangles [J]. Journal of Materials Science, 2006, 41 (10): 3193-3196.

[35] JOSEPH N G, ALDERSON A, Kenneth E. Negative Poisson's ratio from rotating rectangles. Computational Methods in Science and Technology, 2004, 10 (2): 8.

[36] ALDERSON A, EVANS KE. Rotation and dilation deformation mechanisms for auxetic behaviour in

the α – cristobalite tetrahedral framework structure. Physics and Chemistry of Minerals, 2001, 28 (10): 711 – 718.

[37] RAFSANJANI A, PASINI D, Bistable auxetic mechanical metamaterials inspired by ancient geometric motifs. Extreme Mechanics Letters, 2016, 9: 291 – 296.

[38] 李笑, 李明. 折纸及其折痕设计研究综述 [J]. 力学学报, 2018, 50 (3): 23 – 32.

[39] LIU S C, LU G X, CHEN Y, et al. Deformation of the Miura – ori patterned sheet. International Journal of Mechanical Sciences, 2015, 99: 130 – 142.

[40] HOU Y, NEVILLE R, Scarpa F, et al. Graded conventional – auxetic Kirigami sandwich structures: Flatwise compression and edgewise loading. Composites Part B: Engineering, 2014, 59: 33 – 42.

[41] NEVILLE R M, SCARPA F, PIRRERA A. Shape morphing Kirigami mechanical metamaterials. Scientific Reports, 2016, 6: 31067.

[42] GRIMA J N. Tailoring graphene to achieve negative Poisson's ratio properties. Advanced Materials, 2015, 27 (8): 1455 – 1459.

[43] ZHANG Z K, HU H, LIU S R, et al. Study of an auxetic structure made of tubes and corrugated sheets. Physica Status Solidi (B), 2013, 250 (10): 1996 – 2001.

[44] GRIMA J N, MIZZI L, AZZOPARDI K M, et al. Auxetic perforated mechanical metamaterials with randomly oriented cuts. Advanced Materials, 2016, 28 (2): 385 – 389.

[45] EVANS K E, ALDERSON A. Auxetic materials: Functional materials and structures from lateral thinking. Advanced Materials, 2000, 12 (9): 617 – 628.

[46] SMITH C W, GRIMA J N, EVANS K E. A novel mechanism for generating auxetic behaviour in reticulated foams: Missing rib foam model. Acta Materialia, 2000, 48 (17): 4349 – 4356.

[47] DIRRENBERGER J, FOREST S, JEULIN D. Effective elastic properties of auxetic microstructures: anisotropy and structural applications. International Journal of Mechanics and Materials in Design, 2013, 9 (1): 21 – 33.

[48] GRIMA J N, RAVIRALA, GALEA R, et al. Modelling and testing of a foldable macrostructure exhibiting auxetic behaviour. Physica Status Solidi (B), 2011, 248 (1): 117 – 122.

[49] PASTERNAK E, DYSKIN A V. Materials and structures with macroscopic negative Poisson's ratio. International Journal of Engineering Science, 2011, 52: 103 – 114.

[50] BABUŠKA I. Homogenization approach in engineering [J]. Computing Methods in Applied Sciences and Engineering, 1976, 134: 137 – 153.

[51] 刘会珍, 茹忠亮. 均匀化有限元方法预测复合材料弹性性能 [J]. 河南城建学院学报, 2018, 27 (1): 56 – 62.

[52] KESAVAN S. Homogenization of elliptic eigenvalue problems, Part I [J]. Applied Mathematics &Optimization, 1979, 5: 153 – 167.

[53] 严锐. 复合材料力学综述 [J]. 工程与建设, 2017, 31 (2): 159 – 161.

[54] GRECO F, LUCIANO R. A theoretical and numerical stability analysis for composite micro – structures by using homogenization theory [J]. Composites Part B Engineering, 2011, 42 (3): 382 – 401.

[55] GHOSH S, LEE K, RAGHAVAN P. A multi-level computational model for multi-scale damage analysis in composite and porous materials [J]. International Journal of Solids & Structures, 2001, 38 (14): 2335-2385.

[56] SANCHEZ-PALENCIA E, ANDRÉ Zaoui. Homogenization Techniques for Composite Media [J]. Lecture Notes in Physics, 1987, 272 (6).

[57] HASSANI B, HINTON E. A review of homogenization and topology optimization I-homogenization theory for media with periodic [J]. Computers & Structures, 1998, 69: 719-738.

[58] YANG XY, HUANG X, RONG JH, et al. Design of 3D orthotropic materials with prescribed ratios for effective Young's moduli [J]. Computational Materials Science, 2013, 67: 29-237.

[59] XU YJ, ZHANG W H. A strain energy model for the prediction of the effective coefficient of thermal expansion of composite materials [J]. Computational Materials Science, 2012, 53: 241-250.

[60] HUANG X, XIE Y M, JIA B, et al. Evolutionary topology optimization of periodic composites for extremal magnetic permeability and electrical permittivity [J]. Struct Multi Optim, 2012, 46: 385-398.

[61] XIE Y M, STEVEN G P. A simple evolutionary procedure for structural optimization [J]. Computers & Structures, 1993, 49: 885-896.

[62] HUANG X, XIE Y M. Evolutionary topology optimization of continuum structures methods and applications [M]. Chichester: John Wiley and Sons, 2010.

[63] HARBER R B, JOG C S, Bendsøe M P. A new approach to variable-topology shape design using a constraint on the perimeter [J]. Structural and Multidisciplinary Optimization, 1996, 11: 1-11.

[64] HAUG E J, CHOI K K, KOMKOV V. Design sensitivity analysis of structural systems [M]. Orlando: Academic Press, 1986.

[65] MA Z D. Macro-architectured cellular materials Properties, characteristic modes, and prediction methods [J]. 机械工程前沿: 英文版, 2018 (3).

[66] GUYAN R J. Reduction of stiffness and mass matrices [J]. AIAA Journal, 1965, 3 (2): 380-380.

[67] 王陶. 负泊松比结构力学特性研究及其在商用车耐撞性优化设计中的应用 [D]. 南京: 南京理工大学, 2018.

第5章 人工微结构材料

5.1 引言

通过前四章内容的详细介绍，我们了解到微结构材料具备广阔的轻量化设计空间，优异的吸能、隔声和降噪等特性。相比于传统实体材料，微结构复合材料创新性地开拓了新的设计维度。通过对材料内部微结构的参数设计，达到对材料的进一步优化，更加充分利用材料的价值，实现了由量变到质变的过程，将材料的轻量化空间发挥到极致。可依据"合适的结构和材料用于合适的部位"理念，改变内部整体或局部结构构型满足部件整体或局部强度、刚度、模态等性能要求的同时，达到轻量化的目的。同时，也可通过设计等密度、变密度构型来提高汽车产品或其他领域部件的NVH和碰撞吸能特性，真正实现功能导向性设计。

目前，人工微结构材料的研究处于集中发展阶段，依据微结构材料的内在特性、设计机理，多种不同形状填充、不同特性需求的微结构复合材料应运而生。本章将微结构复合材料分为多孔金属、多孔陶瓷、泡沫材料与夹心结构，其中夹心结构按照内部填充样式和构型种类，分为蜂窝类型、桁架类型、有序夹心结构、无序夹心结构、均匀夹心结构和非均匀夹心结构。本章即将打开通往人工微结构材料的一扇窗。

5.2 多孔固体

传统意义上，材料的性质由固体的成分、实体与孔隙的空间分布决定，如多孔架构。而随机架构（如泡沫）会导致强度和刚度迅速下降，某些有序结构的比例与固体体积分数成比例。通过改变微观结构和组成，是得到理想材料特性的最有效办法和途径。通过改变孔隙材料的局部架构，材料性能可得到调整以满足局部特定的要求。

多孔固体是一种内部包含大量孔隙的固体，它是由形成孔隙的孔棱或孔壁组成的相互联结的网络体，孔隙中则包含着气态或液态物质。然而，并不是所有含有孔隙的固体都称为多孔固体，只有其中包含的孔隙能够发挥功能时才属于多孔固体，如在固体材料使用过程中经常遇到的孔洞、裂隙等以缺陷形式存在的孔隙，这些孔隙的出现会降低材料的使用性能，这些固体材料就不能称为多孔固体。可见，多孔固体要具备两个要素：①固体中包含大量孔隙；②所含孔隙可以用来满足某种或某些使用性能或功能。

自然界中处处存在多孔固体的影子，如树叶、木材、软木、海绵、珊瑚和浮石等。随着技术的发展，涌现出许多多孔结构，最常见的是蜂窝结构，由于多孔结构具有轻质、隔热、耐撞击等优点，广泛应用于车辆座椅、碰撞冲击件、航天飞机座椅的冲击垫上。多孔固体是一类重要的工程材料，若将木材包含在内，其商业经济性可与铝或玻璃相媲美。但目前关于多孔固体的研究少之又少。本书将详细阐述多孔固体的分类及研究前景。

多孔固体的区别在于不同的相对孔隙含量即孔隙体积分数、孔隙形状和孔隙排列方式。多孔固体分为天然多孔固体和人造多孔材料两大类。天然多孔固体十分普遍，如动物和人类用来支撑肢体的骨骼、植物用来进行光合作用的叶片，还有木材、海绵、珊瑚、浮石和火山岩等。多孔固体材料的另一种分类形式是封闭结构和开孔结构。在封闭结构中，气体存在于孔内，因此材料呈现连续的固相和不连续的气相。相反，开孔结构的特征在于固相中连续散布着气相。在实践中，大多数材料处于中间状态，即一部分气相被封闭在孔内，而另一部分气相相互连接。因此，大多数多孔材料的特征在于开孔结构含量或开孔互连部分分数，其表示连续气相占整体含量的多少，图5-1将多孔固体分为三类：晶格材料、近似规则多孔材料和不规则泡沫材料。

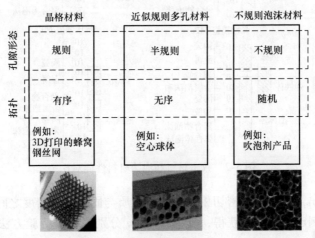

图 5-1　多孔固体分类

作为天然多孔材料，木材、软木和人体骨骼是最好的例子。人工多孔材料可以模仿这类呈现出优异性能的天然结构进行开发和制造。对于人造三维多孔材料，还可按材质组成成分的不同分为多孔金属、多孔陶瓷和泡沫塑料等类型。目前，工业化已经生产了不同的多孔结构，如二维蜂窝结构（在结构中用作夹芯板中心结构）和泡沫（由固相材料处于液态时产生）。多孔材料中的"泡沫"具有局限性，它是指液体或熔融状态下产生的材料,因此意味着具有随机性质的多孔结构。从该意义上讲,生产路线对多孔结构(多孔形态和拓扑结构)有巨大的影响。

气相的存在使得多孔材料比其以前的固体更轻。这个简单的事实涉及重量的减少以及所用原材料数量的减少,最终意味着节约成本。相对密度 ρ_{RD} 通常用于表示结构使用的材料数量相对于 100% 致密固体的比值,取值范围一般为 0.02~0.9。类似地,孔隙度 P 被定义为被气相取代的固体部分:

$$\rho_{RD} = \frac{\rho_{\text{foam}}}{\rho_{\text{solid}}} \tag{5-1}$$

$$P = 1 - \rho_r \tag{5-2}$$

此外,多孔材料扩展了其各自致密固体材料本身的各种性质的范围,如图 5-2(见彩插)所示。一般而言,多孔固体材料的特征是具有致密固体本身所不具备的较好性质,表现出极低的热传导性能,较高的能量吸收能力,以及在存在大量开孔的情况下具有较强且可调的吸声特性[1]。

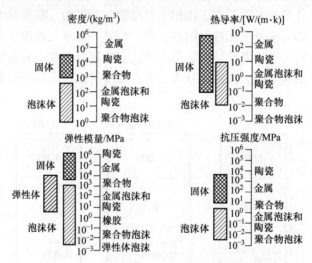

图 5-2 致密材料和泡沫材料性能对比

相对密度 ρ_{RD} 和性质 P 密切相关,任何性质与固体相对密度之间的关系模型可通过简单的比例定律粗略地获得,其中,A 和 n 分别为通过经验方法获得的系数和指数:

$$P_{\text{foam}} = A \times P_{\text{solid}} \times \left(\frac{\rho_{\text{foam}}}{\rho_{\text{solid}}}\right)^n \tag{5-3}$$

除了相对密度对性质有影响之外,孔隙形态和拓扑对性质也会对性质产生影响。因此,材料配方和加工参数的严格控制将通过改变相对密度和结构调节最终性能,多孔固体材料被认定为可定制材料,因为它们可通过调整密度和结构进行设计以满足部件的某些性能要求。例如,考虑具有密度约束的特定应用,通过选择固体模型和处理方法来确定特定的多孔结构。

5.3 多孔金属

多孔金属材料是 20 世纪 40 年代发展起来的一种新型材料,由金属基体和大量空隙组成,孔隙将金属相分割成许多小单元,又称为多孔泡沫金属,具有与传统材料不同的新型结构,拥有以下三方面的优点:①密度小、孔隙率高、比表面积大;②强度高、韧性好、导电/热性好、抗冲击;③能量吸收性好及特殊的传热和声学特性。

多孔金属在能源环保、石油化工等领域实现了快速发展,可解决生产过程中液体、气体原料和贵重资源的回收、产品提纯净化等问题,推动了现代工业技术的进步。多孔金属是一种同时具备功能和结构两种属性的新型工程材料,依据其孔洞的连通性可分为闭孔和开孔两大类,其中闭孔的孔洞独立存在,互不干扰;而开孔的孔洞互相连接。如图 5-3(见彩插)所示,闭孔材料具有密度小、刚性和比强度好、吸振及吸声性好等特点。开孔材料除了具有上述特点之外,还具有渗透性和通气性好等优点。

a) 三维闭孔材料　　　　b) 三维开孔材料

图 5-3　三维多孔金属

表征多孔金属的结构特征主要包括以下 4 个方面:

(1) 孔径　孔径分为体孔径和面孔径。体孔径是孔的等效直径,不容易直接测量;面孔径是截面上孔的截面多边形的等效直径。

(2) 孔隙率　孔隙率与相对密度之间存在着一定的关系,相对密度越大,孔隙率越小;相对密度越小,孔隙率越大。

(3) 比表面积　多孔金属的比表面积值为 $10 \sim 40 cm^2/cm^3$。

(4) 气孔形状　根据不同的制备方法,多孔金属的气孔存在许多形状,包括球形、胞状、多边形和不规则形状等[2]。

相比致密金属材料而言,多孔金属材料具有体积密度小、比表面积大、能量吸收性好、比强度和刚度高等优点,其通孔体的换热散热能力强、吸声性能佳、透过性和渗透性优良。此外,多孔金属可根据部件或构件的功能和结构需求进行针对性设计,同时还担负着结构和功能的双重需求。因此,对多孔金属的研究和应用是国际材料界的前沿和热点。多孔金属特性主要包括密度小、比强度大、热物理性能、力学性能、能量吸收性能、声学性能、电磁波屏蔽性能和渗透性能。

(1) **密度小、比强度大** 在轻量化过程中,形状因子是多孔金属满足轻量化和强度要求极其重要的因素。在进行材料轻量化设计时,可得出形状因子是宏观形状因子与微观形状因子的乘积[3-5]。作为形状因子的一种,宏观形状因子可以指导结构在设计时采用空心还是实心,采用何种结构形式的横截面可满足设计要求。而将材料内部根据制备方法的不同制成多孔即改变材料的微观形状因子。若能将这两种形状因子同时考虑用于轻量化设计,会大幅度降低重量的同时,满足强度要求。由于多孔金属材料密度小、比强度大,可将其制备成板材,广泛应用于车辆蒙皮、机械与交通运输领域上。

(2) **热物理性能** 多孔金属材料的导热系数随着孔隙率的增加而减小,多孔金属是一种骨架或薄膜结构,具有很高的耐热性能。当热量流经多孔金属时,其巨大的比表面积使散布在其中的流体产生复杂的三维流动,从而具有较高的散热能力。

(3) **力学性能** 多孔金属的抗拉强度比较低,但是抗压强度和抗弯强度较高。在静态压力载荷作用下,多孔金属在名义应变0.5%~75%之间的应力几乎与水平轴平行,保持恒值不变。应力-应变曲线与应变轴所围成的面积代表多孔金属在受压过程中所吸收的能量,如图5-4所示[6,7]。

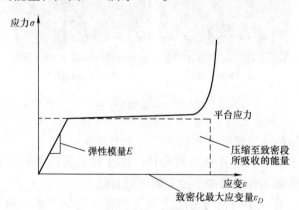

图5-4 多孔金属材料静态压缩应力-应变曲线

(4) **能量吸收性好** 多孔金属的能量吸收性能表现出两种特性:阻尼特性和抗冲击特性。在交变应力作用下发生振动时,会造成内部的应力和应变分布不均匀,引起孔洞发生膨胀(缩小)和扭曲,产生膨胀能和畸变能,使能量损失,因此多孔金属表现出良好的阻尼特性。多孔金属的抗冲击特性表现在其具有显著的吸收碰撞能量的能力。基于这一特点，可将其应用于能量吸收器、减振缓冲器等结构，在剧烈冲击情况下，可有效保护乘员和行人。

（5）声学性能　当声波传到多孔金属时，孔内介质（通常为空气）在声波作用下，产生振动并引起声波向孔壁表面发射，进而产生漫射并干涉消声。同时，孔内介质由于声波的影响会产生压缩伸张变形，使得孔内的介质与孔壁之间产生摩擦将声能转化为热能，达到吸声、消声的效果。如果声波能进入多孔金属内（通孔），会使其内部的骨架振动吸收声能再通过机械运动转换为热能[8]。此外，多孔金属还具有优异的吸能特性，广泛用于制造隔绝噪声源的隔声材料。由于多孔金属具有不同的结构特征，一般情况下闭孔多孔金属具有吸声、隔声性能；而开孔多孔金属的吸声、消声性能更好。

（6）电磁波屏蔽性能　多孔金属可以很好地屏蔽电磁波，尤其对于使高频电磁波。高频电磁场通过多孔泡沫金属时会产生与原磁场反向的涡流磁场，抵消原磁场，达到电磁屏蔽的效果，其屏蔽效果远高于导电性材/涂料。

（7）渗透性能　渗透性能是多孔金属的一种特性，渗透性根据孔隙率的增大而提升，并且随两端压力差的增大而增加。通过对多孔金属孔结构（例如孔隙率、孔径、开孔度）的控制，可获得不同透过性能的多孔金属材料。

多孔金属属于一种应用结构材料，也可作为特定场合的功能材料，在多数情况下使用能同时起到功能和结构双重作用，是一种性能优异的多功能工程材料，在汽车领域中具有很广泛的应用，如图 5-5 所示。

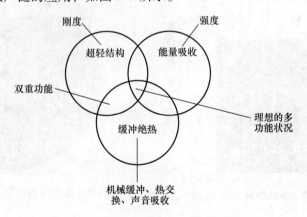

图 5-5　多孔金属在汽车工业中的应用

目前，多孔金属主要应用于减振、吸声方面，减重方面还没有得到广泛的应用，减重结构材料是潜在的一种未来发展趋势。作为多孔材料中的一员，多孔金属相对于泡沫塑料具有强度高、耐热等优势，相对于多孔陶瓷则具有抗热/振、导电/热、加工性和安装性好等优势，另外还可回收再利用。多孔金属材料不仅因良好的声性能、热性能、电性能和渗透性能等物理指标而应用于多种功能，并且由于其比刚度大、比强度高、体积密度低、热导率良好、能量吸收多、阻尼性能好等多个特点而广泛地应用于结构方面。正因为多孔金属材料同时具备结构材料及功能材料的特点，未来将广泛应用于航空航天、交通运输、建筑工程和机械工程等领域。

5.4 多孔陶瓷

多孔陶瓷以刚玉砂、碳化硅、堇青石等优质原料为主料，经过成型和特殊高温烧结工艺制备而成。其不仅耐高温、耐高压、抗酸、碱和有机介质腐蚀，还具备良好的生物惰性、可控的孔结构及高开口孔隙率，使用寿命长、产品再生性能好，在精密过滤与分离各种介质的精密过滤与分离、高压气体的排气消声、气体分布及电解隔膜等领域具备良好的实用性。

如图5-6（见彩插）所示，多孔陶瓷按孔隙形态可分为粒状陶瓷烧结体、泡沫陶瓷和蜂窝陶瓷；按孔径大小可分为微孔陶瓷（孔径小于2nm）、介孔陶瓷（孔径介于2~50nm）和宏孔陶瓷（孔径大于50nm）。多孔陶瓷不仅具备陶瓷材料特有的耐高温、耐腐蚀、高化学和尺寸稳定性等特点，还分布着均匀的微孔和孔洞，且孔隙率较高、体积密度小，这些优点可使其在吸声减振、保温隔热等方面具有广泛的应用空间和推广价值[9]。如图5-7（见彩插）所示，微孔减振玻璃的应用和推广大大提升了车用玻璃的使用寿命。

图5-6 多孔陶瓷

图5-7 微孔减振玻璃

5.5 微结构声子晶体

相对于自然材料而言，声学超材料具有传统人工结构和复合材料所不具备的优异特性。声学超材料由多种材料或结构按照特定形式周期性排列而成，具有自然材料所不具备的超常特性的人工结构或复合材料。声学超材料和声子晶体没有明显的边界,声子晶体是一种声学超材料。声子晶体是光子晶体概念的拓展和延伸。与天然晶体原子的排列方式类似,两者的结构都呈现周期性排布。声子晶体是具有声子带隙的周期性结构功能材料,它通过材料组分-散射体弹性常数的周期性调制来实现声子带隙。根据散射体周期排列形式,声子晶体可以分为一维、二维和三维三种类型。一维声子晶体通常呈杆状或层状。二维声子晶体通常是柱状散射体材料埋入基体材料中所形成的周期性点阵结构。其中,柱状散射体材料的中心轴线都与空间中的某一个方向平行。柱状散射体可以是中空的,也可以是实心的,其横截面一般是方形或圆形。三维声子晶体,通常是由方形或球形散射体埋入某一基体材料而形成的周期性点阵结构。图5-8(见彩插)所示为一维、二维和三维声子晶体结构。如图5-9和图5-10所示,一维声子晶体分为两种:①由同种材料组成但几何参数成周期性变化;②在相同的几何参数下,两种材料的周期变化情况。

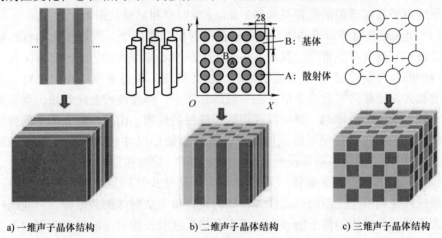

a) 一维声子晶体结构　　　b) 二维声子晶体结构　　　c) 三维声子晶体结构

图 5-8　三种类型的声子晶体结构

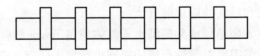

图 5-9　一维声子晶体:由同种材料组成但几何参数成周期性变化

图 5-10　二维声子晶体:相同几何参数的两种材料周期变化

声子晶体的主要特性如下:物质组成上具有周期性结构;声波能带结构具有禁带特性,如果弹性波落入禁带中,那么弹性波将会被禁止传播,如图5-11所示,某些频率的声波不能从声子晶体中通过,便形成了声禁带;相反,声波能通过的频率则称为声通带。声学超材料的性能受其宏观和微观结构参数的影响较大。改变结构参数,可有效地调控声学超材料带隙和负材料属性等[10,11]。

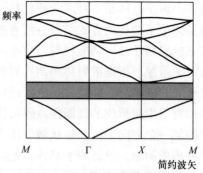

图5-11 典型声子晶体带隙图

研究表明,有许多因素能够影响声子晶体的结构和位置,可以分为物理参数影响和结构参数影响。物理参数包括复合材料密度和声波速度,而结构参数则包括周期拓扑形式、填充比、缺陷态(缺陷态包括点缺陷、线缺陷和面缺陷)等。

形成声子晶体带隙的机理有两种:Bragg散射型和局域共振型。

(1) Bragg散射型声子晶体 在布拉格散射机理作用下,周期变化的材料特性与弹性波相互耦合产生带隙。其中,最低带隙的中心频率大约为 $f = c/2a$,c 代表基体材料中的弹性波波速,a 代表晶格常数,由此可知,最低带隙中心频率对应的弹性波波长大约是晶格常数的2倍。在一般的介质中,弹性波的波速较快,当需要使用尺寸较大的声子晶体时,就可以获得频率较低的带隙。由于一般介质中的弹性波波速较快,因而要获得频率较低的带隙,就需要使用尺寸较大的声子晶体,所以Bragg散射型声子晶体在低频段的实际应用受到了一定的限制。

(2) 局域共振型声子晶体 单个元胞的运动模式是局域共振机理的核心。局域共振机理强调单个元胞的运动模式,如何设计单个散射体的共振特性是问题的关键。为了使元胞结构的振子能够在远低于晶格尺度波长所对应的频率范围内发生共振并阻断波的传播,一般情况下是在基体和散射体中之间加入柔软的包覆层。局域共振机理的优势在于减小结构尺寸,在生产低频带隙时不需要大尺寸结构。局域共振机理具有重要意义和巨大的应用前景[12]。

无论研究的主要方向是局域共振型声子晶体还是Bragg散射型声子晶体,是一维、二维还是三维,都需要对带隙形成的机理进行深入研究,应该先设计并构造出能够产生带隙的材料或结构,在此基础上从多个方面去尝试改进。可以通过改变材料参数、晶格类型、散射体形状、填充率等,来找到带隙变化的规律,从而找到产生更宽的带隙的方法。

声子晶体的带隙特性可用于减振降噪,这种材料既可以在噪声的传播途中隔离噪声,又可以在噪声源处控制噪声。声子晶体所具有的带隙、缺陷态以及其他特性使它在抑制振动、隔离噪声及声功能器件等方面有着潜在的广阔应用前景。

声子晶体具有缺陷特性,按其维数缺陷可分为点缺陷、线缺陷和面缺陷。有缺陷的声子晶体同样可以通过能带结构和传输特性来研究弹性波在其中的传播特性。造成一维声子晶体缺陷的主要原因是层状周期结构中局部周期性的改变;有研究指出,带隙频率范围的局域态会产生传输特性共振的峰值。当二维声子晶体的缺陷既有点缺陷又有线缺陷时,弹性波在禁带中要么被局域在点缺陷处,要么只沿线缺陷的方向传播。

声子晶体的缺陷特性使它在声功能器件方面有着广阔的应用前景。利用缺陷特性,可以设计出新型的高效、低耗声滤波器。

可以通过将声子晶体这一新结构引入到车辆盘式制动装置中来降低高频的制动噪声。首先在车辆制动噪声频谱中找到高频噪声比较集中的频段。然后设计出能将高频噪声集中的频段(2000~2500Hz)落在声子禁带中专用的二维空气柱/刚体系正方格子声子晶体结构(其体积占有率约为40%),以此来实现降噪。声子晶体结构降噪与传统降噪技术相比具有频带宽和降噪量大的优点[13],如图5-12和图5-13所示。

图5-12 声子晶体结构在汽车制动降噪中的应用

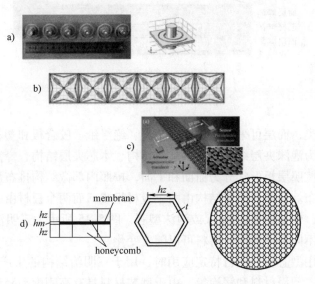

图5-13 蜂窝型声学超材料-低频隔声技术

通过研究车辆车内噪声产生原因可知，800Hz以上的中、高频噪声主要通过空气传入车内，400Hz及其以下的噪声主要是沿着车的结构传入车内的。可以通过改良车身的密封性、合理设计新车身、采用一些吸声和隔声材料等方法来控制高频段的噪声。中低频噪声在汽车结构中随距离增加而衰弱的程度较小。

然而，声子晶体带隙理论研究的深入为解决低频噪声提供了新的思路——将声子晶体材料用于车辆制造。我们可以将声子晶体材料加工成一些基础结构件，例如梁、板之类。然后将这些结构件用于车辆一些部件的构造，例如用于构造发动机端盖、壳体、隔振元件、车顶、车的内部装饰以及一些结构零件。将声子晶体材料融入车辆制造后，便可以依靠声子晶体的带隙特性，来抑制发动机的振动并且控制振动在车身中的传播，以此来达到降噪的目的。

5.6　夹层结构

夹层结构是由高强度的蒙皮（表层）与轻质芯材组成的一种结构材料。加入芯材的目的是维持面板之间的距离，使夹层面板截面的惯矩和弯曲刚度增大。夹层复合结构又称为三明治复合结构，面层厚度薄，具有一定的强度和刚度，而芯材重量轻，在一定荷载下，要保证面层材料位置的相对固定可以采用芯材结构，如图5-14（见彩插）所示。

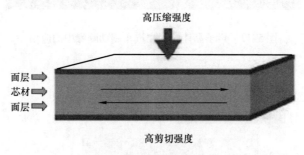

图 5-14　夹层复合结构

按面层分类，面层可采用玻璃钢、金属、绝缘纸、胶合板和塑料板；按芯层构型分类，可分为泡沫夹层结构、波板夹层结构、木芯夹层结构、蜂窝夹层结构和桁架夹层结构。按照层板形状分为曲面和平面，按照内部微结构排布形式可分为有序排布和无序排布。通常，夹层结构由两个板材组成，而两个板材由一个相对较厚的轻质型芯隔开，例如蜂巢、Balsa或泡沫型芯，图5-15所示为三明治夹层结构分解示意图。根据不同部件需求，材料可以随之变化。

当考虑使用型芯材料进行特定应用时，用于三明治结构的生产技术至关重要，例如湿法叠涂、预浸材料和浸泡等。由于型芯材料具有高刚度和轻量化等优点，在许多行业中得以使用，例如赛车运动项目中使用型芯材料来保护驾驶员，在减轻重

第 5 章 人工微结构材料

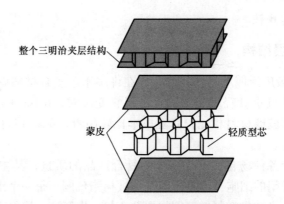

图 5-15 三明治夹层结构分解示意图

量的同时在最有效的地方分配重量。基于以上所述，型芯材料的优势在于它在一侧具有良好的刚度和强度，另一侧具有轻量化特点。在不大幅度增加重量的前提下，就可达到更高的刚度和强度。此外，三明治结构的功能是热绝缘还是热传递，取决于所使用的材料。同时，型芯材料还可对振动和噪声产生抑制作用。

型芯材料在许多行业中都必不可少，可用于生产船体、汽车罩和其他车身部件、飞机面板等。由于其具备高刚度、高强度、轻量化、热绝缘/热传递、有效抑制振动和噪声、可防水等优点，根据产品需求改变材料的可能性，型芯材料将更受青睐。

5.6.1 泡沫夹层结构

轻质泡沫芯材与蒙皮组成的层状复合结构称为泡沫夹层结构，其中，以铝板、玻璃纤维、碳纤维、玻璃纤维、芳纶复合材料板为主的面板较多，泡沫芯材主要为泡沫塑料。弯曲刚度大、重量轻、材料强度可充分利用是泡沫夹层结构的优点。面板材料和泡沫芯材料对于泡沫夹层结构的性能有着决定性作用，一般地，泡沫夹层结构的力学性能较优于二泡沫夹层结构，其制备方法主要有两种，主要是面板成型的顺序不同。泡沫夹层结构不仅在飞机舵面、舱门、直升机的旋翼等方面可以被广泛应用，还可以用于汽车隔声、隔热、减振构件。与软质泡沫夹层结构不同的是硬质泡沫夹层结构多为承载作用，例如作用于汽车承载件上等，而前者因其结构受力变形大，适用于减振。为了达到吸声的目的，车门立柱内部多填充发泡材料，进行车门立柱一体化，提高性能同时吸声降噪、减轻重量，图 5-16（见彩插）所示为

图 5-16 填充微结构的汽车 B 柱

填充微结构的汽车 B 柱。

5.6.2 木芯夹层结构

Balsa 木芯是最广泛使用的木芯之一，在许多木芯复合材料中得到应用，由于成本廉价、强度高且重量轻，主要缺点是当它变湿时，Balsa 木芯比较容易腐烂。此外，与固体纤维玻璃材料相比，修复成本比较昂贵，图 5-17（见彩插）所示为典型木芯夹层结构。

泡沫芯可用于各种场合，可提高整体复合产品的质量，其主要用于三明治结构，是刚性并且封闭的细胞。这意味着气体被树脂包围，每一个细胞都与其他细胞分离。泡沫塑料由多种材料制成，例如聚苯乙烯、聚氨酯、聚氯乙烯或聚甲基丙烯酸酯。所有的材料都有不同的特点，但共同点是轻量化。Armacell 公司将展示其 ArmaShape 技术，用于 3D PET 泡沫芯材的大规模生产，如图 5-18（见彩插）所示。其设计旨在为许多行业带来益处，轻质而坚固的塑料部件是产品成功设计的先决条件，这包括车身或汽车底盘等大批量汽车应用。ArmaShape 将结构泡沫芯的高力学性能与泡沫颗粒的优点结合在一起，提供轻质且强大的 3D 形泡沫部件，几乎可以生产任何形状。

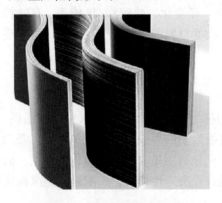

图 5-17　典型木芯夹层结构　　　图 5-18　3D PET 泡沫芯材

泡沫铝作为一种新型防护材料，广泛应用于航空航天、汽车制造等领域。泡沫铝相对密度小，又具有一定的强度，其独特的泡孔结构在受到冲击时能够吸收大量的能量，具有优良的防护能力。泡沫夹芯板主要包括以下优点：

（1）具备优异的防火性能　聚氨酯双侧封岩棉夹芯板已通过国际标准化组织意大利检测机构 GIOROANO S. P. A 的测试，并通过实验表明，它具有超过 1000℃的耐火能力，这一能力与其采用的原材料、生产工艺及配方等密不可分。

（2）保温隔热性能优越　以岩棉的导热系数为依据，并通过相应比例的岩棉芯材的厚度计算，可求得聚氨酯双侧封岩棉夹芯板的保温隔热性。

（3）隔声吸音效果显著　聚氨酯双侧封岩棉夹芯板具备显著削减噪声传递的

能力，适用于噪声强烈的地方。

5.6.3 蜂窝夹层结构

众所周知，蜂窝是用来构造三明治结构的最常见型芯，其来源于蜜蜂用来储存蜂蜜的蜂巢结构，图5-19所示为蜂窝芯结构。在许多应用中都使用了蜂窝和flex芯，例如现代一级方程式赛车的底盘使用蜂窝夹层结构。蜂窝、flex芯和nomex被夹在两层碳皮之间，形成非常坚固的结构，在发生严重碰撞时为驾驶员提供保护。

图5-19 蜂窝芯结构

蜂窝是一种比较有竞争力的芯材料，其具有高强度重量比、较好的抗压强度、轻量化和选用材料多样性等特点。蜂巢的薄片可选用不同的厚度和密度，并且可依据工具的形状变形，在这个工具中，组件将被层压。它的主要缺点是成本太高，同时比较容易腐蚀。例如，铝蜂窝可在不同的铝等级中使用，具有特定的材料性能。然而，所使用的材料对价格有显著影响。在不同市场中，将等级调整为所需产出的可能性是一个巨大的优势。它在一级方程式赛车和航空航天领域中使用的趋势正在逐步增加。

蜂窝结构是覆盖二维平面的最佳拓扑结构。一个个房口全朝下或朝向一边、背对背对称排列组合的正六角形单房组合而成的结构是蜂巢的基本结构。该结构几何力学性能优越，所以在材料学科应用广泛。

据估计，工蜂分泌1kg蜂蜡，需要消耗16kg花蜜，而采集1kg花蜜，蜜蜂必须飞行32万km才得以完成，距离相当于绕行地球8圈。因此，蜂蜡对蜜蜂而言是极其珍贵的。正六角形的建筑结构，密合度最高、所需材料最简、可使用空间最大。因此，可容纳数量高达上万只蜜蜂居住。蜂巢结构呈现正六角形的结构特性，无疑展现出惊人的数学才华，令许多建筑师们自叹不如、佩服有加。蜜蜂凭着智慧选择了角数最多的正六边形，用等量的原料，使蜂巢具有最大的容积，因此能容纳更多的蜂蜜。蜜蜂建造的蜂巢精巧神奇，十分符合现实需要，是一种最经济的空间架构和令人赞叹的天然建筑物。如果将整个蜂巢底部分为三个菱形截面，则每个锐角和每个钝角的角度相等（锐角约为72°、钝角约109°）。更令人惊奇的是，蜜蜂为了防止蜂蜜外流，每一个蜂巢的建筑，都是从中间向两侧水平展开；每个蜂房从内室底部到开口处，都呈现13°的仰角。

在自然蜂巢的启迪以及人类对自然蜂窝结构特点的长期研究分析情况下，各种创造性的蜂窝结构技术和蜂窝材料制品不断问世，在新材料和新产品的研发和现有产品特性的改善方面被广泛应用，结构设计中面临的难题有时也可用蜂窝结构技术来进行求解。由于蜂窝材料结构优越，这一技术最早被用于航空航天领域，可以说，它是应航空航天工业的特殊需要而发展起来的一种超轻型、高强度的复合材料，其应用对航空航天工业的发展起到了极为关键的推动作用。美国波音公司在其研发的大型波音747飞机上率先使用了非金属蜂窝材料作为飞机地板、内装饰板等的结构材料，开创了蜂窝复合材料应用的新领域。如今，蜂窝复合材料已在飞机、火箭及太空飞船等航空航天器上得到广泛的应用。

蜂窝复合材料是一种典型的夹层结构，它是一种由上下两层薄板、中间夹六角型的蜂窝状芯材、用胶粘剂胶接而成的轻质高强板材。根据薄板曲率的大小，也可分为平面、弧形、球面和圆筒状等，如图5-20（见彩插）所示。

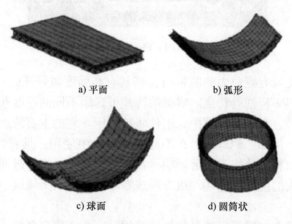

a) 平面　　　　　　　　b) 弧形

c) 球面　　　　　　　　d) 圆筒状

图5-20　各种形状面板的蜂窝复合材料

根据不同用途，夹层结构蜂窝芯可以采用金属箔、纤维纸、塑料管等薄层材料制成，面层材料则采用薄板类板材（例如金属板、纤维密度板、纸板、玻璃纤维布、防火装饰板、胶合板、刨花板、塑料板和纸面石膏板等）。根据不同芯材、面层材料和复合板材的技术要求，还可采用不同类型的胶粘剂作为粘合介质。由于蜂窝材料的特殊六边形结构，其使用的材料与实体材料相比不仅节省了大量的原材料，而且可以改善板材的技术性能。理论上，蜂窝复合材料是介于实体材料和空心材料之间的一种可连续变化的结构材料，它依据使用场合和结构强度的要求进行设计，实现材料的最优化和最有效应用。

蜂窝结构材料具有以下七个基本特征：①使用最少的有效材料；②强度重量比

最高；③刚性重量比最高；④良好的结构稳定性；⑤在压力作用下，可以预知的和均匀的缓冲强度；⑥良好的抗疲劳特性；⑦优良的隔热和保温性能[14]。基于这些特征，每一件航空航天器的问世与运行都离不开蜂窝复合材料，而它所提供的完整性和可靠性也是其他材料无法替代的。如图 5-21（见彩插）、图 5-22（见彩插）和图 5-23 所示，可以采用类蜂窝结构制作汽车座椅、汽车免充气轮胎和其他汽车部件，重量减轻的同时大大提升汽车部件性能。

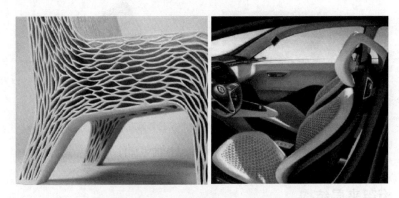

图 5-21　类蜂窝夹层汽车座椅

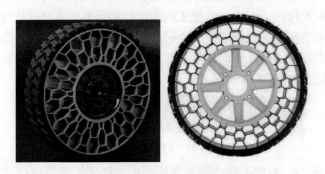

图 5-22　汽车蜂窝免充气轮胎

a）填充蜂窝结构的汽车尾鳍

图 5-23　汽车可填充蜂窝结构的零部件

b) 填充蜂窝结构的汽车后视镜

c) 填充蜂窝结构的汽车冷却风扇

图 5-23 汽车可填充蜂窝结构的零部件（续）

5.6.4 桁架夹层结构

上下两层面板和中间的梁式矩形结构组成微桁架夹层结构，其中，上下两层面板起到分散载荷的作用，而中间的梁式矩阵结构起到承受主要载荷的作用。一种由直杆组成的具有三角形单元的平面或空间结构可称为梁式矩阵结构的单胞，轴向拉力或压力主要由杆件承受，从而材料强度可被充分利用从而节省材料，减轻自重和提高刚度的作用，如图 5-24 所示。

图 5-24 桁架夹层结构

如图 5-25 所示，根据不同结构的性能需求，微桁架的局部或全局可以进行优化设计，最终达到结构所需性能的目的。图 5-26（见彩插）所示为局部优化设计的微桁架结构。在 3D 打印技术日趋完善的今天，对于这种多功能一体化轻质结构的桁架夹层结构而言，因其面内、面外力学性能优良、导热散热性能良好，可设计性较强，将来会得到广泛的应用。

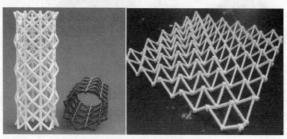

图 5-25 微桁架结构

根据所设计的桁架夹层结构，我们可将优化设计的桁架结构填充在汽车夹心件上，更好地实现"合适的结构用在合适的部件"理念。图 5-27（见彩插）所示为桁架微结构应用在汽车保险杠上，在减轻重量的同时提升了碰撞吸能特性。图 5-28 展示了车身可用镂空粗细不一的桁架结构搭建，在大幅度减重的同时提升车身的承载性能。

图 5-26　局部优化设计的微桁架结构

图 5-27　桁架微结构填充型汽车保险杠

图 5-28　车身镂空骨架

当然，桁架结构可有序排布，也可无序排布；可均匀排布，也可梯度分布（均匀密度分布、变密度分布）；可单层罗列，也可多层叠加；可采用平面构型，也可采用空间立体构型。图 5-29（见彩插）和图 5-30（见彩插）描述了变幻莫测的桁架结构形式和排布方式大幅度拓展了性能的可利用空间。

图 5-29　均匀和非均匀桁架结构

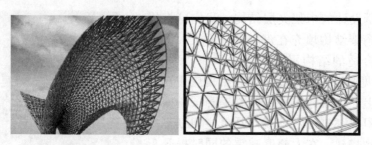

图 5-30　梯度分布桁架结构

5.7　人工微结构特例

鲜有结构系统像桁架一样具有标志性，建筑物内的桁架通常被保留用于屋顶形式。不同的桁架具有各种形状和尺寸，多个单元和节点组成不同系统。路思义教堂就属于桁架微结构建筑中的一种，它以六角形底座像"倒船底"的形状，逐步修改形成于屋脊分开，构成了一线形天窗的造型，周围的四片曲面组成了教堂外观。圆锥体双曲面是由四片曲面之屋基与屋脊，两边为直线，所形成的曲面，看上去更具美感。曲面内部交叉增加用以承受复杂结构力量的补助小梁，由于曲面内部应力沿曲度方向进行，使内部无弯折力产生，因此可降低曲面厚度。教堂结构材料在教堂屋面外部采用黄色的瓷砖瓦，月部交叉的格子梁和菱形瓦的格子梁，表现出了形状呼应的视觉美。所采用的瓦有两种，一种带有凸出的钉头，另一种没有，两种瓦片交替形成线条增强双曲面的曲度，如图5-31（见彩插）所示。

图 5-31　路思义教堂

以超轻多孔材料为核心的高孔隙率多孔夹芯复合结构具有轻质高强、高比刚度、良好的能量吸收和缓冲性能，以及多功能 - 结构一体化的复合特性，能够满足轻量化、抗冲击和多功能集成等方面的重要需求,作为核心的高孔隙率多孔芯材更是成为研究的热点领域。美国纽约大学在 2015 年开发出一种密度低于水的泡沫镁材料,可用于美国海军陆战队开发的超重型两栖登陆艇。2015 年 10 月 6 日,波音公司赫尔实验室宣布开发出世界最轻的金属材料,密度仅为 $0.9mg/cm^3$,比空气还低($1.29mg/cm^3$),兼具高刚度、良好的耐冲击韧性和高能量吸收率等性能,是一种极具潜力的先进轻质多功能材料,如图 5-32 所示。先进轻质材料按结构有序性主要分无序和有序两类,前者包括气凝胶、聚合物泡沫和金属泡沫;后者包括二维点阵材料和三维点阵材料。气凝胶、聚合物泡沫和金属泡沫等具有无序结构的材料缺陷较多、整体性能不稳定,强度较低。

超轻金属也属于先进轻质材料,具有高孔隙率(大于 80%)、高强韧、耐撞击(塑性变形阶段的应力几乎保持不变)、优良的导热性等特点,目前主要包括泡沫金属和点阵材料两类。超轻金属具有千变万化的微结构,在保持高孔隙率的前提下,孔径可逐渐由毫米级减小到微米甚至纳米级,因此具有良好的可设计性,可根据不同应用需求在制备前对其微细观结构进行优化设计及多功能改进。这些材料已接近制造极限,难以继续降低密度,而且存在超低密度与所需强度和弹性之间无法平衡的问题。为此,研究人员一直致力于通过结构设计开发出新的超轻金属材料。

波音公司赫尔实验室研制出的新型超轻金属的设计灵感来源于人类的骨骼。这种超轻金属由镍-磷空心管组成,具有独特的金属微晶格结构,如图 5-32 所示。有望实现超低密度与所需强度和弹性的恰当平衡。新型超轻金属具有气孔率高、密度低、刚度高、耐冲击、可设计性等特点。在气孔率和低密度方面,该新型超轻金属的气孔率高达 99.99%,具有极低的密度,低于目前常用的先进轻质材料,例如二氧化硅气凝胶、碳纳米管气凝胶、聚合物泡沫、泡沫金属和蜂窝

图 5-32 新型超轻金属材料

铝。在刚度方面,该超轻金属经反复多次体积压缩(50%)后,仍能恢复原状。这主要归功于有序的微晶格结构,使其弹性模量与密度的二次方成正比,而气凝胶和泡沫结构的弹性模量则与密度的三次方成正比,在相同超低密度下,该超轻金属具有更大的弹性模量,即有更高的刚度。在耐冲击方面,该超轻金属具有类似人造橡胶的能量吸收特性,能保护鸡蛋从 25 层楼掉落而不摔碎,是非常理想的抗冲击材料。在可设计性方面,目前三维金属点阵材料的微结构主要为毫米级,而超轻金属的微结构可达到微米甚至纳米级,在微观尺度具有更强的可设计性,可根据要求进行设计和制备。

该新型超轻金属的制备步骤如下:首先通过紫外光固化技术制备出在微观尺度

上呈有序结构的聚合物模板（相互连通的三维光敏聚合物）；其次在模板上沉积厚度可控的镍-磷薄膜，再利用刻蚀技术除去聚合物模板，最终形成了由100nm厚的镍-磷空心管组成的多孔微晶材料。

金属微晶格的概念由波音公司赫尔实验室于2007年提出，并研发微观尺度上具有特定微结构的新型金属材料，该研究受到了美国国防先期研究计划局"具有可控微结构材料"项目的资助。2011年，新型超轻金属首次由波音公司赫尔实验室开发成功，金属微晶格概念的可行性得到验证。在此基础上，波音公司的赫尔实验室继续对超轻金属的结构和性能进行探索。

波音公司的赫尔实验室宣布会将该材料应用于波音客机的地板、座椅与墙壁，以减轻飞机重量；同时还表示可利用目前研制成的超轻金属材料制备夹芯板，实现减重40%是未来需要争取的目标，图5-33所示为超轻金属夹芯板。超轻金属兼具极低的密度、优越的力学和良好的能量吸收等性能，在武器装备和民用领域都有巨大的应用潜力：①可满足当前装备飞速发展对材料轻量化的需求，提高结构的承载效率，改善武器装备的灵活性和稳定性，增加战略武器的射程，降低飞机、舰船的能耗，增加其续航能力，从而显著提升武器装备的作战效能；②可用于军事装甲车、坦克、舰船、战机等军事装备防护装甲结构，起到缓冲作用，还可防止结构因裂纹和缺陷的扩展而失效；③用作航空发动机内衬的声衬材料和舰艇的外层的吸声材料，起到良好的减振降噪作用；④用作热防护材料可使航天结构隔热部件、计算机芯片等遭受高密度热流时迅速散热和隔热；⑤通过微结构设计，实现多功能集成，如通过优化微结构的多孔材料与表面吸波材料相结合，可更好地实现飞机和舰船的隐身和降噪。

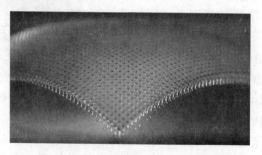

图5-33　超轻金属夹芯板

5.8　未来超轻智能微结构材料

随着世界"绿色环保、持续发展"的号角响起，轻量化材料已不仅仅是汽车领域的一枝独秀，而是逐渐活跃于各个行业，并向结构化、简单化、智能化方向发展。本书所讲述的微结构材料，作为轻量化材料中的特殊存在，也会向人工智能方向发展,它打破了传统材料的实体概念,将微观结构进行有规律的阵列堆积,在减少材料的同时,可获得优异的力学性能,并借助结构可变性和多样性,实现智能监测、智能反馈、智能控制和轻量化。下面简要介绍一下吉林大学马芳武教授团队所研发设计的几款填充微结构材料的汽车智能部件,包括环形智能汽车车灯控制装置、新型智能汽车转向盘和免充气自行车轮胎。

(1)环形智能汽车车灯控制装置　团队发明了一款以负泊松比微结构为载体的智能汽车车灯控制装置[15],该装置以滚轮和按钮的触发模式对汽车车灯进行实时控制,并设有防误操作提醒功能。这种装置外部的环形壳体的容纳腔内部有一系列微元胞外疏内密梯度分布,如图 5-34 所示,该装置通过环形壳体的变形能够十分有效地消除外部由于触碰带来的外力,保护手指不受伤害。

图 5-34　装置容纳腔内部结构

(2)新型智能汽车转向盘　以负泊松比微结构为载体,如图 5-35(见彩插)所示,其中有两个镶嵌于转向盘内对车灯、刮水器、车窗进行控制的环形装置,通过旋转与推拉实施控制,简单快捷,将位于转向盘下方的杆系控制装置取消,外观看起来简洁大方,同时降低了制造成本。在智能转向盘内部填充微元胞结构,如图 5-36所示,在微元胞结构内部布置应变片来感受微结构的结构形变,进而对驾驶员施加在转向盘上的力作出分析,判断驾驶员的驾驶状态,实现智能监测,减少交通事故的发生[16]。

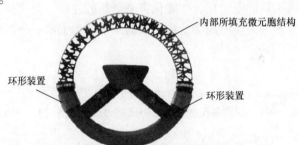

图 5-35　新型智能汽车转向盘

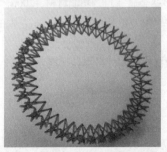

图 5-36　智能转向盘内部微元胞结构

(3) 免充气自行车轮胎　该款免充气轮胎采用仿鸡蛋形镂空结构,如图5-37(见彩插)所示,该轮胎以人字形构造进行布置,通过合理调节内外侧孔的尺寸比例,可大幅度实现轻量化,提高轮胎抗压能力和平顺性[17]。

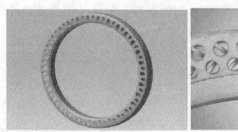

图 5-37　免充气自行车轮胎

5.9　小结

固体的多孔化赋予其崭新的优异性能。这种广阔的性能延伸,使多孔固体具备了致密固体难以胜任的用途,同时也提供了工程创造的潜力,大大拓宽了其在工程领域中的应用范围。多孔固体与致密体相比具有相对密度小、比表面积大、比强度高、热导率低、吸能性能好等特点。低密度多孔固体可以作为轻质刚性部件,低热导率多孔固体可进行隔热,多孔固体的吸能特性可以起到减振、缓冲等作用。

微结构材料技术不仅可以颠覆传统汽车轻量化技术的思维,带来革命性的影响,还可以给交通工具的电动化、智能化带来全新的注解。而这些人工微结构材料如何制造,如何生产为人类所用呢?接下来的章节将为大家一一揭晓。

参考文献

[1] 卢天健,张钱城,金峰. 轻质多孔材料与结构研究的最新进展 [J]. 中国材料进展,2012,31(1):13-25.

[2] 曾卫. 超轻多孔金属材料的多功能特性及应用 [J]. 科技传播,2016,8(14):218-219.

[3] 中岛英雄. 轻而强度好的多孔金属 [J]. 功能材料,2000,20(4):27-33.

[4] 相泽龙彦,金桥秀豪,TANTIKOM K. 微观网格构造体的制造 [J]. 铸造工学. 2002,74(12):805-811.

[5] 染川英俊,东健司. 三维网格构造体材料的设计理念和其变形特性 [J]. 铸造工学. 2002,74(12):789-794.

[6] 付全荣,张依纷,段滋华,等. 多孔泡沫金属及其在化工设备中的应用 [J]. 化工机械,2010(6):805-810.

[7] 康锦霞. 多孔金属材料应力/力增强现象的研究 [D]. 太原:太原理工大学,2012.

[8] 杜孝文,陈天宁,王小鹏,等. 多孔金属材料吸声性能仿真研究 [C] // 第二十七届全国振动与噪声应用学术会议, 2016.

[9] 杨涵崧,朱永长,李慕勤. 多孔陶瓷材料的研究现状与进展 [J]. 2005, 23 (1):88-91.

[10] KEE C S, KIM J E, PARK H Y, et al. Essential parameter in the formation of photonic band gaps [J]. Appl. Phys., 2000, 87 (4):1593.

[11] 刘聪. 基于声学超常材料的声能量调控研究 [D]. 南京:南京大学, 2015.

[12] 王艳锋. 含共振单元声子晶体的带隙特性及设计 [D]. 北京:北京交通大学, 2015.

[13] 沈礼,吴九汇,陈花玲. 声子晶体结构在汽车制动降噪中的理论研究及应用 [J]. 应用力学学报, 2010 (2):79-83, 225.

[14] 刘杰,郝巍,孟江燕,等. 蜂窝夹层结构复合材料应用研究进展 [J]. 宇航材料工艺, 2013, 43 (3):25-29.

[15] 马芳武,赵颖,梁鸿宇,等. 一种环形智能汽车车灯控制装置:CN205819043U [P]. 2016-12-21.

[16] 马芳武,赵颖,张鹏,等. 一种新型智能汽车方向盘:CN205971051U [P]. 2017-02-22.

[17] 马芳武,王佳伟,赵颖,等. 鸡蛋形镂空人字结构免充气轮胎:CN206485136U [P]. 2017-09-12.

第6章 微结构材料制备方法

6.1 引言

从仿生起源到人工设计，我们对天然微结构材料和人工微结构材料的结构形式和功能特性有了一定的认识。当驾车高速行驶时，经常看到公路两侧有吸声墙，其实吸声墙内部放置的吸声材料就是泡沫铝；工业上对熔融金属进行过滤的过滤器所使用的是多孔陶瓷；工程中用于外墙保温的夹层是泡沫塑料；飞机为了提供足够的动力，会燃烧大量的燃料，因此采用复合材料的机身将有利于减轻飞机的重量，但是考虑到机身还需满足强度要求，具有增强型复合材料的夹芯结构就得到了大量应用。同样，这在汽车上也有诸多应用案例，如图6-1（见彩插）所示。这些微结构材料贯穿于我们的衣食住行之中，那它们是如何制备的呢？本章将对这些微结构材料的常见制备方法进行介绍，并结合新制造技术的发展，简要说明3D打印工艺对微结构材料的推动作用。

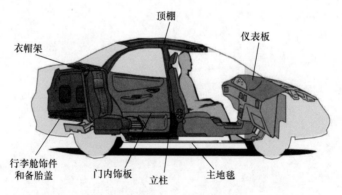

图6-1 多孔材料在汽车上的应用部位示意图

6.2 多孔金属制备

最早获得多孔金属的方法是通过对金属粉末进行简单松装烧结。随着人们对工艺特点的掌握，更多的制备工艺也逐渐被应用，例如纤维烧结法、渗流法、金属沉积法等，下面将对这些方法进行简要介绍。

1. 粉末冶金法

金属粉末烧结属于粉末冶金工艺，很早就被应用在多孔金属的制备中。此工艺的原材料使用金属粉末、金属粉末与非金属粉末的结合材料，通过成型和烧结来制造复合材料和多孔金属材料，如图 6-2（见彩插）所示。在烧结过程中是否对金属粉末加压可视情况而定。最终多孔金属的形态可能是高孔率的连通性开孔结构，也可能是低孔率的孤立性闭孔结构。

粉末烧结多孔材料时，采用的粉末通常呈球形，究其原因主要考虑到所制备多孔材料的孔径透过性能。但有些多孔材料对孔径和透过性要求很高，需要分离出粉末中的不规则形状的颗粒。对于非球形粉末，可在粉末中添加合适的造孔剂，例如尿素、碳酸氢铵、甲基纤维素等，同样可以提高透过性。近几年，高孔率粉末金属产品越来越受重视，多孔金属所具备的重量轻、比强度高、可再循环等优点有益于工业产品的开发。

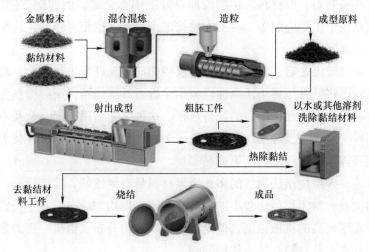

图 6-2　粉末射出成型

2. 纤维烧结法

从名字上看，纤维烧结法与粉末烧结法的区别就是纤维与粉末，实际也是如此，它是将粉末金属用纤维金属代替，如此就可以制备出金属纤维多孔材料。下面我们来介绍金属纤维的制备方法以及纤维烧结法的制备过程。

制备金属纤维的方法主要包括镀覆金属烧结法、纺丝法、拉拔法和切削法等，拉拔法如图 6-3 所示。其中，拉拔法又分为两种：单线拉拔法和集束拉拔法。采用单线拉拔法，可以得到表面光滑、尺寸精准的细纤维，同时其表面的形态与断面形状都可以达到最佳状态，但不足之处是生产模具的费用比较高、同时生产效率低。采用集束拉拔法，可以提高生产效率，所谓"集束"是可以同时对很多线进行拉拔，这个数量在数十根到数百根不等，具体步骤是先将原材料放在一包套中，反复多次地对其进行拉拔,为了提高加工性,中间会进行退火工序,待集束达到一定直径时,将其裁成段再装于包套材料内进行拉拔,如此重复直至达到要求尺寸,最后用酸溶液将外层的包套材料溶解即可。

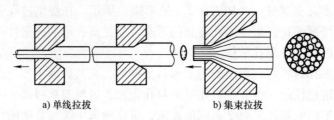

a) 单线拉拔　　　　b) 集束拉拔

图 6-3　引线拉拔制造金属[1]

拉拔法主要用来制作细长纤维,对于一些对截面光滑度要求不高的短纤维,可以采用切削法来制备,原材料为切削性能良好的固态金属,例如铜、铝、碳钢等。拉拔法的优点在于生产周期短,对工人的技术水平要求也相对较低,只需利用刀具将其切削成纤维屑即可。

获得了金属纤维之后,将各种直径和长径比的金属纤维进行混合,均匀分布成纤维毡,然后再将纤维毡置于还原性气体中,进行纤维烧结,最终得到金属纤维多孔材料,这就是金属纤维烧结法的制备过程。这种工艺适用于镍合金及不锈钢等多孔金属的制备,采用金属纤维烧结法制备的多孔金属的孔隙率可以在较大范围内进行控制,使得连通的高孔率产品更容易实现。

综上所述,纤维烧结法制备的多孔金属材料具有弹性好、柔韧性高、耐伸缩和循环性好的优点,对于长径比较小的短纤维可以实现均匀分布,对于长径比较大的长纤维可以实现较高的机械强度,但是不能实现均匀分布。值得一提的是,短纤维和长纤维都存在大孔隙与孔径不均的问题。

3. 熔体发泡法

如图 6-4 所示,熔体发泡法是先将熔融金属进行黏度调节,然后添加释气发泡剂进行搅拌混合,在保温作用下发泡剂会释放气体,气体经受热膨胀进入起泡过程,发泡结束后进行冷却,最终形成泡沫金属,通过切割可获得复合板。可以采用熔体发泡法的有铅、锡、铝等低熔点金属材料。所采用的发泡剂同样有一定要求,要求发泡剂与熔融金属搅拌混合时释放的气体较少,在混合停止至冷却开始这段时间内尽可能多地分解气体,保证足够的发泡量。常用的发泡剂一般为粉状金属氢化物,例如 CaH_2、ZrH_2、MgH_2、ErH_2、TiH_2 等,主要用于泡沫铝和泡沫锌的发泡,发泡温度一般在 400℃左右,发泡量大并且发泡速度快。熔体发泡法制成的泡沫铝如图 6-5 所示。为了进一步增强熔体的黏度,在熔体中加入适当的合金化元素或陶瓷细粉可形成稳定化粒子。

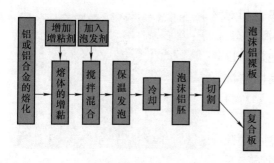

图 6-4　熔体发泡法工艺流程图　　　　图 6-5　熔体发泡法制成的泡沫铝

4. 熔体吹气法

熔体吹气法与熔体发泡法的区别在于，一个是吹气，一个是发泡。从技术程度上来看，吹气要比发泡更容易控制，因为发泡温度与发泡时间相对来说难以控制，相比较而言，控制吹气时间和吹气量更容易一些，基于此，前者比后者的制作方法更简单、更省成本。通过从外部向熔融金属底部进行吹入气体（包括二氧化碳、空气、氧气等）进而产生发泡效果，所制备出的多孔金属具有很高的孔隙率。虽然操作比较简单，但是对熔体的要求相对较高。为保证所产生的泡沫具有良好的稳定性和不易破碎熔体，需保证恰当的黏度和较宽的发泡温域。为了满足这一要求，一般将固态稳定剂与金属基体进行复合，使得加热温度可以达到金属基体的液相线温度以上，然后再吹入气体，气体会实现由底部到顶部的上浮过程，进而保证能产生大量闭孔泡沫，使其在后期冷却后形成闭孔泡沫金属，在整个过程中，可以通过控制吹入气体的速度来对孔隙的尺寸进行调控，图 6-6 展示了由熔体吹泡法制备的泡沫铝。

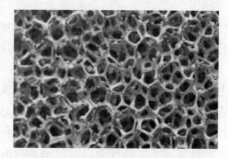

图 6-6　熔体吹泡法制备的泡沫铝

熔体吹气法制备的多孔金属孔隙率大，因此相对密度较低、重量较轻，同时这种方法可用于生产大体积的泡沫金属。缺点是最后的切割工序会导致一些孔隙被割开，而不能保证完全闭孔。另一方面，增强型颗粒可能会导致金属基复合材料的脆性增加，最终影响使用性能。

5. 渗流铸造法

渗流铸造法是先将有机颗粒、无机颗粒或低密度的中空球放在耐高温的铸造模具中，再向空隙中渗入金属溶液，然后通过热处理的方法去除一开始放入的颗粒物，最终制作出多孔金属材料。其中去除颗粒的方式有两种：①溶解滤除法：采用合适的溶解剂对颗粒物进行溶解；②热处理法：向多孔金属材料中添加耐高温的可溶性无机盐颗粒。

渗流铸造法制造成本低，孔隙率也相对较低。渗流铸造法制备的泡沫金属呈海绵态，部件的特殊形状可通过模具针对性地设计出来。在渗入压力低或块料的比热容高的情况下，为了防止金属熔体过早凝固，需要对将要加工的块料预热或热熔。

采用预制型是为了能够更好地控制孔隙尺寸的分布，它由填料颗粒的尺寸分布决定。采用渗流铸造法制备的泡沫结构，如图 6-7 所示。

图 6-7 渗流铸造法制备的泡沫结构

6. 金属沉积法

金属沉积法分为电沉积、金属蒸发沉积、反应沉积等。此法主要采用特定方法将气态金属或气态金属化合物以及金属离子溶液沉积，从而获得多孔金属。

电沉积技术工艺与熔模铸造法相似，并没有金属态真正发泡的过程。目前金属沉积法是国内外使用最多的用于大规模制备高孔率金属材料的方法，其孔隙率高达 80%~99%，且孔分布十分均匀，孔隙相互连通。该法可采用三维网状的有机泡沫作为基体，一般有乙烯基聚合物和苯乙烯聚合物及聚酰胺、聚氨酯、聚酯等，也可采用纤维毡类。主要的制备步骤包括以下四个步骤：基材预处理、导电化处理（常用方法是化学镀和涂布导电胶）、电镀、还原烧结。电镀过程采用连续电镀技术。电沉积法可以改变镀液组成，从而镀制大量的金属以及金属合金的多孔材料，对于一些不适宜用水溶液电镀的金属，可以使用有机镀液中的电解或熔盐电解方法。

还原烧结过程存在以下两种方式：①先烧除多孔复合体中的有机基体，再对氧化层进行还原烧结；②采用还原性气体对电镀好的多孔复合体的有机体进行热解烧结，还原烧结过程可以消除镀层的应力，将结晶颗粒间隙进行融合，并消除残余的有机成分和一些有害杂质。热分解的温度与还原烧结的温度分别基于基体有机物的分解温度与氧化物种类以及镀层金属的退火规律，两者分别以金属熔点作为上限。

以聚氨酯泡沫塑料为基体，采用电沉积法制备了适合于用作多孔电极的泡沫镍，如图 6-8 所示。

金属蒸发沉积的真空蒸镀法是先在真空环境下对欲蒸镀的物质进行加热形成蒸气，再将其沉积于冷态聚合物泡沫多孔基材表面，形成具有一定厚度的金属膜层。加热可以采用电子束、电弧、电阻加热等方式。镀层厚度取决于蒸气密度和沉积时间。蒸镀完成后，将其置于还原性气体中进行热分解，消除多孔基材，最后烧结成多孔金属材料。基体可以是合成树脂、有机材料以及无机材料。镀

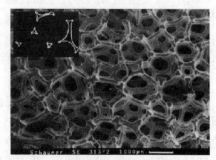

图 6-8 泡沫镍显微图[1]

层可以是金属镀层或合金镀层。

反应沉积是通过加热手段将金属化合物中的金属元素分离出来,再将其沉积于开孔泡沫结构体上,形成产生金属镀层的泡沫结构,进而烧结成开孔的金属网络,例如从羰基镍中制取泡沫镍。羰基镍是一种气体,当温度超过120℃时,羰基镍会分解成金属镍和气态的CO,也就是说羰基镍气体流过泡沫塑料基体,就会在基体上镀上一层固态镍,并且随着气体的连续通过,其表面的镍层会累积增厚。

7. 中空球烧结法

采用金属中空球制备而成的金属材料与传统开孔或闭孔泡沫金属不一样,它们是开孔和闭孔性质的混合体,烧结球之间留有间隙孔隙,球内的孔隙也占据了一定的空间。它既具备低密度特性,又兼顾良好吸能特性、热交换和高比强度等特性。薄壁中空球可以采用气体雾化的方法制备,目前已经制备出的中空球有钛合金、镍合金、不锈钢等。

利用中空球烧结法制备得到的多孔金属材料可通过对中空球尺寸的选择改变其孔隙的大小,同时其所形成的孔洞尺寸也是稳定的,有利于评估其部分物理化学性能。此外,中空球结构同样可以应用于高温场合。

8. 定向孔隙多孔金属制备

固-气共晶凝固法通称 GASAR 法,属于铸造法的一种,是近年用于制备多孔金属的较新工艺,铸造腔中氢气压力值可以直接定向决定其孔隙率的大小,孔隙率由氢在熔体中的溶解度控制决定,处于 5% ~ 75% 之间。GASAR 法是对溶解于氢气的液态金属进行共晶点冷却,此时气态氢由于溶解度低而析出形成气孔形核。孔径一般为 $5\mu m \sim 10mm$,具体大小由氢在材料中的扩散系数决定。GASAR 法可以将紧密层与多孔结构交叠构成的部件制成单一铸件。这就意味着无需黏结就能生产出具有优异吸能能力的金属夹芯结构。

孔隙形貌可以通过改变凝固过程中的工艺来控制,制备出固体层和多孔层交替或梯度密度的材料。可能出现的孔隙形貌如图6-9所示。所得制品的孔隙分布有一定规律,孔隙率不超过80%,孔径为 $10\mu m \sim 10mm$。

a) 球形孔隙   b) 径向孔隙   c) 圆柱形孔隙

图 6-9 由 GASAR 法制得的孔隙形貌[1]

定向凝固法与固-气共晶凝固法,都是借助气体在熔体内的溶解度与在固体内溶解度的差异,因此在生产多孔金属的方法上,两种方法原理上大致相同。不同之处在于,固-气共晶凝固法要求原材料组成是共晶系统,并且冷却凝固时共晶点凝固,而定向凝固法不要求为共晶系统,且不经过共晶点析出。定向凝固法用加压的方式提高气体在金属熔体的溶解度,然后在金属熔体冷却时,使熔体沿特定方向(由四周向中心)凝固,冷却时气体溶解度降低,从熔体中以气泡的形式析出。开始时由于气体析出的速率大于固液凝固速率,气泡不断长大,向上运动。当二者速率相等时,气泡不再变大,并停止向上运动,只能以缓慢的速率逐渐沿凝固方向伸长,即气液界面被逐渐拉长,最终形成沿凝固方伸长的圆柱形空隙。为了控制空隙的形状和数量,需要确定恰当的金属体熔化温度,计算惰性气体相对发泡气体的混合比,测算气体压力,考虑凝固速率等。除此之外,考虑到气泡在成长的过程中会从固体中逸出,还存在气泡相互粘连等情况,所以应杜绝熔体的对流,控制凝固时熔体温度下降的速率,使金属中的杂质含量控制在合理的范围之内。

利用定向凝固法制备的多孔铜的结构如图 6-10(见彩插)所示,其中孔隙形貌、孔隙方向、孔隙尺寸以及孔隙率等会受到熔化温度、气体分压比率、凝固速率等因素的影响。因此,通过控制这些因素可制备出特定的多孔金属。

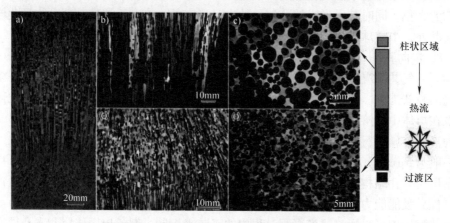

图 6-10 定向凝固法制备的多孔铜的结构[2]

9. 其他工艺方法

其他工艺方法还包括粉体熔化发泡法,与金属粉末烧结法不同的地方在于其加热温度在金属熔点以上,属于液相烧结,而金属粉末烧结加热温度在熔点以下,属于固相烧结。还有熔模铸造法,先将通孔泡沫塑料填入具有一定几何形状的容器中,然后将耐火浆料充入,经过风干、硬化后焙烧,最终形成复现原泡沫塑料三维网状结构的预制型。获得预制型后,向其中浇入熔融金属,冷却凝固后除去模材料,最后获得预期的泡沫金属材料。图 6-11 所示

图 6-11 熔模铸造法制备的泡沫铝

为熔模铸造法制备的泡沫铝。

除此之外,制备多孔金属的方法还有燃烧合成法、占位填料法、气体捕捉法等,但主要以上述工艺为主。

6.3 多孔陶瓷制备

多孔陶瓷制备方法也有很多种,相对传统的方法有颗粒堆积烧结法、添加造孔剂法、有机泡沫浸渍法、发泡法、溶胶-凝胶法等,新的方法包括冷冻干燥、木质陶瓷化、自蔓延高温合成等。

1. 颗粒堆积烧结法

通过将陶瓷骨料颗粒堆积烧结而连接形成多孔陶瓷的方法叫作颗粒堆积烧结法。骨料颗粒之间的连接靠添加剂的作用。一种方式可以添加细微颗粒进入大颗粒中,控制一定温度,将颗粒与颗粒之间进行联接;另一种方式是添加一些添加剂,使其在高温条件下可与骨料颗粒发生固相反应,抑或使用一些能在高温条件下与骨料间发生固相反应或者形成浸润的物质作为添加剂,以达到将颗粒连接起来的目的。例如,在制备多孔氧化铝时,将超细氧化硅颗粒加入到粗大的氧化铝颗粒中,利用两者的反应生成莫来石从而将颗粒与颗粒之间连接起来。

2. 添加造孔剂法

添加造孔剂法广泛用于多孔陶瓷的制备,该方法主要是将具有挥发性或可燃性的造孔剂添加于陶瓷配料中,使其在高温下挥发或燃烧尽后在陶瓷体上形成孔隙。制备出来的多孔陶瓷形状不一,复杂程度也大不相同,这取决于添加剂的种类和用量。除此之外,还可以向配料中添加难熔而易溶的无机盐混合成型,最终采用溶剂侵蚀的方式将其消除而得到多孔陶瓷制品。同时,可以通过提高烧结温度和延长保温时间来进一步提高孔壁强度,图6-12展示了具有代表性的泡沫陶瓷。

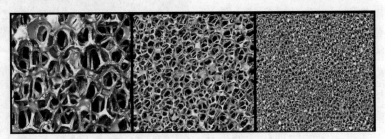

图6-12 泡沫陶瓷

3. 有机泡沫浸渍法

有机泡沫浸浆法是当前应用多孔陶瓷制备工艺中应用最多的技术之一。多孔陶瓷产品可利用此方法得到,其主要步骤为利用配制好的陶瓷浆料或者溶胶-凝胶或者胶体溶液，浸渍具有开孔结构的有机泡沫，随后对有机物进行烧除处理，并烧结陶瓷体。在制备高气孔率、开口气孔的多孔陶瓷工艺中，该方法具有良好的适用性，但不能制造小孔径闭气孔制品，而且形状受限制，密度不易控制。除了较大的孔隙率外，此种材料还具有较低的基体导热系数，在隔热设备中应用较为广泛。

4. 发泡法

发泡法发明于20世纪70年代。采用的发泡剂成分为硫酸铝、碳酸钙、氢氧化钙和过氧化氢等。在一定的氧化条件和压力条件下加热到一定温度，使预先放到模具中的原料颗粒相互黏结，此时发泡剂释放出一氧化碳和二氧化碳气体，留下孔隙，冷却后就得到多孔陶瓷。工业中，一般将陶瓷粉末与樟脑、增塑剂等混合后挤压成管、棒、块等各种形状，最后烧成多孔陶瓷制品。

5. 溶胶-凝胶法

溶胶-凝胶法用于制备高规整度的亚微米尺度多孔性陶瓷质材料。如图6-13所示，其基本工艺过程如下：首先将金属醇盐溶解于低级醇中，再利用水解反应获得金属氧化物溶胶；通过调节pH值，利用缩聚反应形成无定形网络结构的凝胶；然后进行干燥，热分解消除有机物，最终得到多孔陶瓷材料。

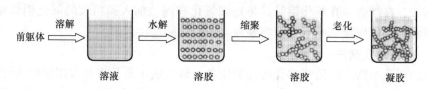

图6-13 溶胶-凝胶法工艺过程

6. 多孔陶瓷新型制备工艺

凝胶注模工艺属于一种新型制备工艺，主要是通过陶瓷浆料自身内部或者加入少量添加剂后发生化学反应，使浆料发生原位凝固，从而获得浆料的泡沫化和浆料泡沫的原位聚合固化，最终形成具有良好均匀性和较高强度的网状多孔陶瓷结构。

木质陶瓷化是以木材、竹材和甘蔗为原材料，通过一定的物理化学处理获得木质陶瓷的一种工艺过程。图6-14展示了多孔C/C-SiC复合材料，该材料是通过化学蒸气渗透反应工艺获得的。

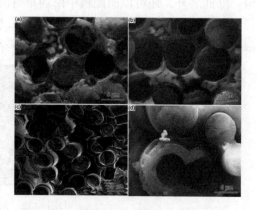

图6-14 化学蒸气渗透反应工艺制得的多孔C/C-SiC复合材料

冷冻干燥工艺是利用冰冻作用将陶瓷浆料中的水分结冰，并控制其生长方向，然后通过减压干燥消除结冰，最后烧结获得复杂孔隙结构的多孔陶瓷。孔隙率由浆料浓度决定，最高可达90%，孔隙大小与结构由结冰温度和烧结温度共同决定，图6-15为冷冻干燥工艺制得的多孔氧化铝陶瓷微观结构状态。

自蔓延高温合成工艺可用来制备孔隙率较高的多孔陶瓷，基本原理是高放热反应：先向体系提供初始能量诱发化学反应，然后通过反应释放的热量使反应持续进行，直到蔓延至整个体系，最后形成制品。为了进一步提高孔隙率，可以适当添加造孔剂。

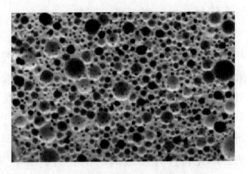

图6-15 冷冻干燥工艺制得的多孔氧化铝陶瓷微观结构

闭孔泡沫陶瓷还可采用原位发泡工艺或中空球烧结技术来制备。其中，中空球烧结技术是利用适当压力将陶瓷微球（可与黏结剂、甘油进行混合）压入模具制取坯件，然后进行微波加热。

7. 蜂窝陶瓷制备

挤出成型工艺用于制备具有蜂窝结构的陶瓷。先制作混合泥料，泥料组分包括陶瓷组分、增塑剂、润滑剂、黏结剂等，然后置于练泥机中进行均匀混合，利用陈化处理进一步增加均匀度，从而使得到的泥料塑性较好；随后将泥料利用具有网格结构的模具进行挤压，就可获得均匀美观的蜂窝陶瓷素坯；最后经过干燥、脱胶烧结，获得形状规则的多孔蜂窝陶瓷（图6-16，见彩插）。蜂窝结构的形状和大小可由网格模具所决定，可以制作成三角形或四边形等。

图6-16 蜂窝陶瓷

6.4 泡沫塑料制备

泡沫塑料（图6-17，见彩插）的制备工艺相对多孔金属与多孔陶瓷要简捷。它主要包括两大步骤：混料和成型，利用成型过程中产生的气孔形成多孔泡沫制品。常用注射发泡、模压发泡、反应注射、旋转发泡、挤出发泡和低发泡中空吹塑等塑料成型技术。

1. 挤出发泡成型

挤出发泡成型所采用的设备是挤出机，主要分为三大工序：混料、挤出发泡成型和冷却定型。这种工艺是加工泡沫塑料制品的常见方法，适用范围广，板材、管材、棒材、异形材都可以制备。

2. 模压发泡成型

模压发泡成型所采用的混合设备有捏合机、塑炼机、密炼机等，成型设备则有液压机、蒸缸和模具。通过将可发性物料直接置于模腔后进行加热加压，从而发泡成型，这属于一步法。根据发泡过程的不同还有两步法，即先将含有发泡剂的塑料进行预发泡，然后再置于模腔进行加热加压，完成发泡成型。两步法主要用于塑料的高发泡成型。模

图6-17　泡沫塑料

压发泡成型工艺操作相对简单，产品质量好，生产效率较高，主要用于PS、PE、PVC等热塑性塑料的制备生产，在建筑和包装领域应用较为广泛。

3. 注射发泡成型

注射发泡成型技术属于一次性成型法，其工艺条件取决于原料性能和制品的使用，其加工工艺比较复杂，包含原料配制、喂料、加热塑化、计量、闭模、注射、发泡、冷却定型、开模顶出制品及后处理等多个子流程。该技术具有较高的生产效率，可用于加工形状复杂且有严格尺寸要求的泡沫塑料制品，主要用于隔声隔热材料和家具用材等领域。

此外，反应注射成型是近年来发展的一项新工艺，主要用于生产结构泡沫塑料。首先将多种组分的高反应性液状可塑原料在高压下进行高速混合，然后注入模腔内进行反应聚合并发泡，从而形成泡沫制品。在反应注射成型的基础上，还可通过添加增强剂的方法来进一步增强制件的力学性能。反应注射成型可用于脲醛、聚氨酯、苯乙烯类树脂、环氧树脂等品种的泡沫塑料加工。该方法应用范围广、成型周期短、加工成本低，在汽车零部件中得到广泛的应用。

4. 浇注发泡成型

浇注发泡成型技术是先将原料充分混合，再在一定的压力下进行浇注，此时高聚物的缩聚反应与发泡成型同时进行。浇注发泡成型工艺可现场浇注，对设备和模具的强度要求较低，适合于生产大型制品。浇注发泡成型技术由于制品强度较低且尺寸精度较差，不能用于制备结构件，现主要用于高发泡热固性塑料的发泡成型。

5. 微波烧结成型

微波烧结是为了缩短传统烧结制备技术的时间周期，传统的烧结方法是先将高聚物粉末和分解型造孔剂或水溶性造孔剂等混合均匀，再将混合粉料置于金属模具后在炉内烧结。这种方法不仅时间周期长，而且模具需求量大，最重要的是不能进行连续性生产。微波技术在保证均匀性的前提下，可将烧结时间减少到几分钟。

6.5 夹芯结构制备

本书讨论的夹芯结构制备主要包括缝纫泡沫夹芯结构、Z-Pin 增强泡沫夹芯结构、三维中空夹芯结构、复合夹芯结构。下面将对这四种夹芯结构逐一介绍。

1. 缝纫泡沫夹芯结构

复合材料层合板的研究与复合材料连接接头处缝纫是缝纫技术在复合材料领域的应用[3],该技术目前已经得到广泛应用,且可以通过电脑控制来对缝纫针距、缝线张紧力和行距进行调整。随着这一研究的成功,人们就想将缝纫技术也应用到泡沫夹芯结构上是否会有什么独特的效果,大量的研究表明缝合泡沫夹芯结构在静态弯曲性能、芯子剪切、面外拉伸、冲击之后压缩性能及侧压性能方面表现突出。图 6-18(见彩插)所示为一种典型的缝纫泡沫夹芯结构[4]。所用缝线为高强 Kevlar 缝线,采用垂直缝合和角缝合两种缝合角度[5],利用改进的锁式缝纫或锁式缝纫[6]将碳纤维面板和硬质泡沫芯材进行缝合。最后,共固化成型采用真空辅助液体模塑成型(VARTM)技术或真空辅助树脂注射(VARI)技术。

a) 正面示意图   b) 横截面示意图

图 6-18 一种典型的缝纫泡沫夹芯结构

泡沫夹芯结构采用缝纫技术可使结构具有很强的抗分层能力,基本不会出现 I 型断裂,然而它们也存在以下缺点:①制备结构一般小尺寸、形状简单;②缝线附近靠近两端处存在富脂区,易形成初始微裂纹;③缝纫会增加面板厚度,减少面板纤维含量,降低上下面板整体刚度和强度。

2. Z-Pin 增强泡沫夹芯结构

常用的 Z-Pin 是 10^{-1} mm 量级的预浸碳纤维杆,通过手工缠绕形成碳-Pin(碳销钉),再经固化、裁剪加工得到特定长度和直径的碳纤维杆。按照预先设计的角度将碳纤维杆植入泡沫芯材[7],同时在两头预留出一小段,在两面铺上干纤维布或预浸带,使露出的碳纤维杆部分插入到面板纤维铺层中。然后,采用真空辅助树脂注射技术（VARTM）或树脂传递模塑成型（RTM）[8]进行共固化，如图6-19所示。相对于蜂窝夹芯结构，Z-Pin 增强泡沫夹芯结构兼具复合材料夹芯结构的优势，同时显著提高抗分层破坏的能力。

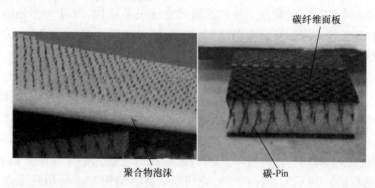

图6-19　碳-Pin 在泡沫中的示意图（左）以及 X-cor 增强泡沫夹心结构（右）[9]

3. 三维中空夹芯结构

三维中空夹芯结构是在多功能设计的背景下产生的，传统的夹芯结构以蜂窝、泡沫为主，可设计性及多功能性有限，一般只作为承载结构，无法满足结构和多功能一体化的需求。通过对传统二维织机工艺进行改造[10]，形成了三维立体织物，原材料为环氧树脂与玻璃纤维，纤维不仅在层内连续而且在层间联接，为能够提高面芯分层的抵抗力，从而进一步增强吸能性，将面芯做成一体。工艺一般分为四个流程：织物干物、浸入树脂、真空炉固化、修整成型[11]。图6-20 所示分别为三维中空夹芯结构在经纬线两个截面的示意图。

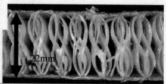

a) 纬线截面示意图　　　b) 经线截面示意图

图6-20　三维中空夹芯结构在经纬线两个截面的示意图[12]

4. 复合夹芯结构

夹芯结构拓宽了微结构材料的应用范围，微结构材料作为芯体将外面板分隔开，增大了整体结构的惯性矩，可承受剪切载荷。同时，外面板相对于单一多孔材料，提升了整体的抗弯能力，得到了既抗弯曲又抗屈曲的轻量化结构。

夹芯材料有多种结构形式，包括泡沫、蜂窝或点阵。图6-21（见彩插）所示为典型夹芯结构示意图。依据应用需求的差异，芯体材料与面板材料可采取不同的材料组合，同时采用的连接技术也各不相同。常见的制备工艺有焊接连接、粘接连接、粉末复合轧制法和模具预压成型法等。

焊接连接的方式有多种，主要包括激光焊接、钎焊连接和超声焊接。该连接方法对泡沫铝表面的氧化层比较敏感，容易导致夹芯结构表面发生腐蚀，从而降低结构强度；粘接连接则相对比较简单，利用环氧树脂等胶粘剂将金属芯体与面板粘接起来，产品精度也比较高，但在粘接泡沫材料时，由于只在泡沫材料胞孔的骨架处实现了结合，使得结合处的热稳定性较差，容易产生分层现象；粉末复合轧制法解决了胶粘法遇到的问题，其先将粉末与外面板复合轧制得到夹芯预制体，然后置于电阻炉进行适温加热，发泡剂分解使芯体获得良好的泡沫结构；与粉末复合轧制法类似，采用模具预压成型法所制备出的产品大小受限于模具的大小，该方法先在模具中加入粉末与面板并对其进行冷压，再进行450℃恒温热压1h得到预制体，最后将其放入发泡模具中进行加热，待发泡完毕后，冷却凝固获得泡沫金属夹芯结构。

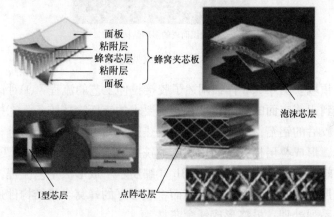

图 6-21　典型夹芯结构[13]示意图

6.6　多胞材料制备

多胞材料是指相对密度小于0.3的固体材料，而多孔材料一般指相对密度大于0.3的固体材料，两者在孔隙率概念上有所区别。本章所讲的多胞材料特指由许多胞元组成，且胞元具有一定自重复性或统计规律的固体材料。多胞材料多为简单胞元结构，其相对容易制造，可由传统的工程方法制造，如冲压技术、焊接技术等，如图6-22a所示的多胞结构，每一层双箭头结构采用冲压技术形成，层与层之间的连接采用焊接方式，若是塑料材质的多胞结构，还可考虑胶粘技术等。图6-22b所示为拉拔而成的蜂窝多胞结构，图6-22c为编织而成的多胞结构。

图6-23（见彩插）展示了六边形蜂窝多胞结构的两种常见制备工艺：拉伸法与成形法[15,16]。该两个方法都需要六个子步骤完成，两者之间的区别在于，拉伸法一般适用于强度要求比较低的场合，而成形法可加工成强度较高的蜂窝构件，用

a) 钢制三维双箭头负泊松比多胞结构

b) 拉拔而成的蜂窝多胞结构

c) 编织而成的多胞结构

图 6-22 多胞材料成型实例[14]

于航空航天等领域。图 6-23a 详细阐述了胶接拉伸工艺的流程：①对铝箔的表面进行处理，以达到铝箔表面的要求；②在达到要求的表面涂抹胶条；③按一定的长度间断并叠合涂胶后的铝箔；④采用热压罐或热压机对叠合后的铝箔进行加压加热使得胶粘剂固化，形成叠层板；⑤利用锯床或铣床裁剪蜂窝板成条状；⑥使用蜂窝拉伸机拉伸每条蜂窝板成蜂窝芯。图 6-23b 详细展示了成形法工艺流程，该工艺首先将铝箔滚压成形为蜂窝半格结构件，继而将成形好的蜂窝半格结构件进行涂胶、叠合、固化等一系列处理，最终形成蜂窝芯材。

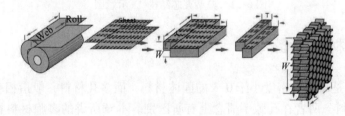
a) 胶接拉伸工艺流程

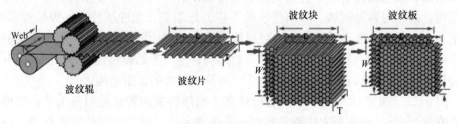
b) 成形法工艺流程

图 6-23 六边形蜂窝多胞结构的常见制备工艺[16]

此外,多胞材料与快速成型工艺密切结合,当其内部多胞结构的形状比较复杂时,传统的工程方法可能显得较繁琐,而快速成型技术成功地解决了这一难题。并且随着未来快速成型技术的不断攻克,将会在精度上进一步满足微结构的设计需求。

无论是复杂的零部件,还是简单的零部件,3D打印技术都高质量地完成加工过程。同时其还适用于高熔点、高强度等难加工材料,后续机加工少。目前存在四种较为成熟的3D打印技术(图6-24,见彩插),如下:

1. 光固化成型技术(Stereo Lithography Apparatus,SLA)

该技术是采用立体雕刻的原理对固体部件进行光固化成型操作。图6-24a详细展示了操作过程,首先需要将液态光敏树脂材料放入加工模具里,使工作台与液面保持一个截面层的高度差,按照计算机预定的程序聚焦激光对扫描光敏树脂表面进行扫描、液体固化,循环往复,最终形成所需要的固体工件。

2. 选择性激光烧结技术(Selected Laser Sintering,SLS)

利用高能激光束的热效应使粉末材料软化或熔化,粘接形成一系列薄层,并逐层叠加获得三维实体零件。图6-24b所示为其操作原理,在温度已经达到粉末熔点

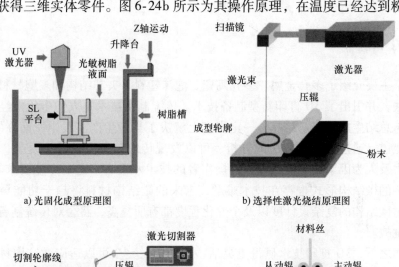

a) 光固化成型原理图　　　　　　b) 选择性激光烧结原理图

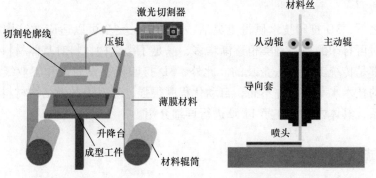

c) 叠层实体制造原理图　　　　　　d) 熔融沉积制造原理图

图6-24　四种成熟的3D打印技术

的加工台上，把粉末按照横截面积的轮廓逐层烧结，让固体粉末熔化后再迅速凝结，形成预先设计的工件，之后再进行几个小时的冷处理。

3. 叠层实体制造技术（Laminated Object Manufacturing，LOM）

利用激光或刀具切割薄层纸、塑料薄膜、金属薄板或陶瓷薄片等片材，通过热压或其他形式层层粘接，叠加获得三维实体零件。图 6-24c 所示为其工作原理，首先将只有一面涂有热熔胶的纸片用加热单辊加热使其粘接在一起。位于正上方的激光器根据 CAD 分层建模得到的数据，用激光束切割纸片成为零件的内外轮廓，再叠加新的纸于其上通过热压装置将其于下面已切割层粘接在一起，再用激光切割，重复上述步骤直到零件模型制作完成。

4. 熔融沉积制造技术（Fused Deposition Modeling，FDM）

将丝状材料放入电加热等热源中使其融化，利用电加热法等热源熔化丝状材料，采用三轴控制系统搬动熔丝材料，使其逐层堆积成三维实体。原理如图 6-24d 所示，热熔喷头将热塑性丝状材料加热融化使其熔化成半液态，喷头挤压出工件的横截面轮廓，随着喷头在工作台上的往复运动使其逐层形成薄片。重复上述过程，即可得到所需产品。

6.7　小结

本章主要介绍了多孔金属、多孔陶瓷、泡沫塑料、夹芯结构和多胞材料的传统制备方法，并引出了 3D 打印新型制备技术。传统制备技术是人们多年来经历无数次失败与总结生成的智慧结晶，一定程度上解决了当代生产实践中所面临的问题，但客观上讲，通过对每种方法的分析，可以发现传统制备方法较为复杂，其受温度、压力及人为因素的影响较大，对操作者的技术水平有一定的专业要求。同时，结构复杂的微结构形式也存在技术难题，未来的微结构材料将趋于功能导向性设计，这对微结构的复杂设计度以及个性化程度都有所提高，将会对传统制备工艺提出技术挑战。

相比之下，3D 打印技术显得更灵活、更简捷，完全可以适应微结构材料的复杂度，同时可打印的材料种类也逐渐增多，满足了微结构材料对基体材料性能的需求，这些都是传统工艺无法企及的。此外，3D 打印机有桌面级和工业级之分，对于操作者的技术水平要求并不高，自动化程度很强，可以说和微结构材料之间有着密切的联系，具体内容将在第 11 章进行详细介绍。

参考文献

[1] 刘培生，陈国锋. 多孔固体材料［M］. 北京：化学工业出版社，2014.
[2] LI Fei, LI Zaijiu, TIAN Juanjuan, et al. Effect of Nucleation and Growth of Pores, and Solidifica-

tion Mode on Pore Structure and Distribution of Lotus – type Porous Cu［J］. Chinese Journal of Material Research，2017，31（9）：641 – 649.

［3］ 吴林志，熊健，马力，等. 新型复合材料点阵结构的研究进展［J］. 力学进展，2012，42（1）：41 – 67.

［4］ XIA F, WU X Q. Study on impact properties of through thickness stitched foam sandwich composites. Composite Structures［J］. 2010，92（2）：412 – 421.

［5］ ADAMS D O, Stanley L E. Development and evaluation of stitched sandwich panels［D］. Salt Lake City：University of Utah，2001.

［6］ POTLURI P, KUSAK E, REDDY T Y. Novel stitch – bonded sandwich composite structures［J］. Composite Structures，2003，59：251 – 259.

［7］ MARASCO A I, CARTIE D D R, PARTRIDGE I K, et al. Mechanical properties balance in novel Z – pinned sandwich panels：Out of plane properties［J］. Composites Part A，2006，37（2）：295 – 302.

［8］ VAIDYA U K, NELSON S. Processing and high strain rate impact response of multi – functional sandwich composites［J］. Composite Structures，2001，52：429 – 440.

［9］ BRIEN T K, PARIS L L. Exploratory investigation of failure mechanisms in transition regions between solid laminates and X – cor truss sandwich［J］. Composite Structures，2002，57（1 – 4）：189 – 204.

［10］ KAMIYA R, CHEESEMAN B A, POPPER P, et al. Some recent advances in the fabrication and design of three dimensional textiles perform：a review［J］. Composites Scienceand Technology，2000，60：33 – 47.

［11］ HOSUR M V, ABDULLAH M, JEELANI S. Dynamic compression behavior of integrated core sandwich composites［J］. Materials Science and Engineering A，2007，445：54 – 64.

［12］ VAIDYA A S, VAIDYA K, UDDIN N. Impact response of three – dimensional multifunctional sandwich composite［J］. Materials Science and Engineering A，2008，472：52 – 58.

［13］ 敬霖，王志华，赵隆茂. 多孔金属及其夹芯结构力学性能的研究进展［J］. 力学与实践，2015，37（1）：1 – 24.

［14］ MA Z D. Macro – architectured cellular materials：Properties，characteristic modes，and prediction methods［J］. Frontiers of Mechanical Engineering，2018，13（3）.

［15］ 梅明. 高强度蜂窝半格结构件滚压成形技术研究［D］. 长沙：中南大学，2013.

［16］ LORNA J G, ASHBY M F. Cellular materials in nature and medicine［M］. Cambridge：Cambridge University Press，2010.

第7章 微结构材料在汽车安全中的应用

7.1 引言

前6章从仿生起源、微结构力学结构特性、人工微结构材料设计和微结构材料制备方法四个方面介绍了微结构材料的优异性能和应用可行性。从本章开始，本书将从微结构材料在汽车安全中的应用展开详细介绍。据调查数据表明，随着汽车保有量的不断增加，我国每年交通事故的发生率在不断上升[1]。由此看出，汽车行驶过程中的安全性极其重要，而汽车安全技术作为汽车技术很重要的一个课题，已经受到国内外许多学者的关注和研究。汽车安全主要包括主动安全和被动安全两方面。随着科技的进步和新型材料的出现，汽车安全技术也实现了更全面的发展。放远眼光，不论是在理论方面还是在实际应用方面，汽车安全技术都应该有更宽广的发展空间。主动安全技术和被动安全技术是安全技术两个重要的研究点，两者需多层次结合、相互联系、相互保护，以更好地发挥汽车安全效能，更好地保护行人和乘员。

7.2 汽车安全

7.2.1 主动安全和被动安全

汽车主动安全技术可从根源上防止事故的发生，有效地保护汽车安全。现有主动安全技术主要包括：防抱死制动系统、胎压监测系统、车道偏离预警系统、自动巡航系统、紧急制动稳定系统和盲点监测系统等[2]。这些系统的使用可提高汽车行驶时的稳定性和可操作性，有效保障汽车更加安全地运行，从而降低交通事故发生率。未来主动安全技术的发展趋势需有效整合汽车安全技术、实时监测驾驶员的工作状态，精准判断车辆、路面和行人的状态，将主动安全技术和智能化技术深度融合，最终实现"零事故"的愿景[3]。

在主动安全性设施完备以及驾驶员尽量努力的前提下，仍然会发生交通事故，这就需要提高被动安全性以降低交通事故的危险等级，被动安全性的目标首先是保护驾驶员和乘客的人身安全；其次是保护车身安全；最后是保护环境不被污染。被动安全可提供最低线的安全保护，是主动安全技术的一个补充，当发生交通事故时，主动安全设备和驾驶员都已经尽全力的情况下，这时被动安全就开始发挥作用。被动安全和主动安全协同合作，才能真正起到保护乘员、车辆和外部行人的作用。

从主动安全角度出发，可得出事故判别的时间越延迟，越容易增加事故的发生率；反之，则可有效降低事故发生率。基于此，可通过提高驾驶安全性的方法来解决。在被动安全性方面，首先分析事故所发生的部位和碰撞位置，通过开发新型抗撞结构、采用新型材料和先进工艺以及降低安全气囊的响应时间[4]有效提高汽车安全性。迄今为止，被动安全的概念已经从碰撞时对车内乘员的保护扩展到对行人及外部所有障碍物的保护，从压溃吸能件的设计、夹芯微结构材料发动机罩的开发、安全气囊的安装到儿童安全座椅的使用，都是为确保碰撞安全事故中车内乘员和车外行人的安全。

7.2.2 行人保护

由中国汽车技术研究中心 C-NCAP 管理中心可知，各种类型的事故分析中，行人事故占比最大为20%，因此车外行人的碰撞安全不可忽略，如图7-1（见彩插）所示。车外行人保护主要包括行人头部保护和行人小腿保护[5]，在车辆与行人发生碰撞的过程中，车前端极易造成行人腿部伤害和头部伤害。

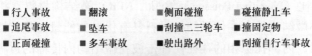

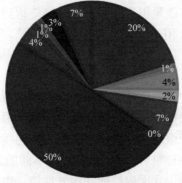

图 7-1　各种类型事故所占比例

由于各国的路况和国情不尽相同，世界上各个汽车大国对汽车安全的研究也不一样，例如在地广人稀、车速较高的美国，需要侧重于对车内乘员的保护；而在欧洲，则更倾向于行人保护的研究。为了更好地保护乘员和行人，适合各国的汽车法规也应运而生。美国和欧洲都已有相应成熟的法规体系形成，中国的道路法规形成较晚。随着道路设施和高速公路的不断发展，我国乘员伤害的比例在逐步升高。对于轿车和越野车而言,保险杠距离地面的高度一般小于行人大腿的高度,但由于这些类型车的速度比较快,在碰撞过程中会产生较大的撞击力,一般行人会被撞飞或者被撞后扑向前风窗玻璃甚至拥抱车顶,有的会滑过车顶摔到地面,对行人造成致命的伤害。为解决这一问题,设计了一种行人保护机构,当行人被撞扑向发动机舱盖或者前风窗玻璃时,该机构会启动,进而抱紧行人阻止其在车顶滑行。汽车被动安全一直以来都是供应商与购买客户最关心的汽车性能。为了同时兼顾轻量化与被动安全性能,以碳纤维为代表的复合材料以及镁铝合金材料逐渐进入了各大厂商与研究机构的视野,但由于成本制约,它们并没有被大规模使用。因此,寻找价格合理且性能符合标准要求的新材料是一项重要的研究课题,其中微结构材料正是一个重要的发展方向,接下来将着重介绍负泊松比微结构材料的吸能原理及在车辆部件中的应用。

7.3 负泊松比微结构材料能量吸收特性研究

7.3.1 面内压缩应力-应变曲线

按照力学性能的不同,微结构材料可分为正泊松比(Positive Poisson's Ratio, PPR)与负泊松比(Negative Poisson's Ratio, NPR)微结构材料。相比于传统实体材料,内部拓扑微结构的存在使微结构材料具有优异的能量吸收特性。当微结构受冲击载荷作用时,内部孔隙相的存在使冲击波在微结构内传播的过程中,产生折射和反射,冲击波逐渐衰减,能量也逐渐被耗散,最终达到吸收冲击能量的效果,可将该优异的能量吸收特性应用于吸能结构中[6]。因此,了解微结构材料在面内压缩的变形机理和能量吸收机理,对了解其变形模式和吸能特性具有至关重要的作用[7]。

蜂窝结构可看作是一种正泊松比微结构,具有内凹特点的微结构一般称为负泊松比微结构。当受到外部载荷时,两种类型微结构的变形也不同,这主要归功于其内部不同的结构构型。由于微结构材料属于大尺度非连续性元胞组合,在分析其性能时,一般假定其为连续性材料[8-10]。通常,在不同的方向上,微结构呈现的性能不同。微结构材料的性能包含面内性能和面外性能,由于面内性能对微结构材料的整体性能起到至关重要的作用。因此,本书仅讨论其面内性能。将一般蜂窝材料和负泊松比微结构材料的应力-应变曲线进行对比分析,假设基体材料采用的是弹塑性材料,可分别得出如图7-2所示的两种材料在面内压缩载荷作用下的应力-应变曲线。从图中可看出,曲线a和曲线b分别代表蜂窝材料和负泊松比微结构材料的面内压缩应力-应变曲线。对于曲线a来说,其主要包含三个阶段:线弹性阶段、应力平台阶段和密实化阶段。当刚性墙开始压缩蜂窝结构时,组成蜂窝结构的胞壁开始产生弯曲,在该阶段应力-应变曲线的斜率可用来描述结构弯曲变形的程度,斜率越大,表明结构弯曲变形越明显;斜率越小,表明结构弯曲变形越不显著。随着压缩的继续进行,蜂窝结构开始进入应力平台阶段,该阶段的应力-应变曲线比较特殊,随着压缩应变的大幅度增加,蜂窝所受的应力保持一恒定值不变,称之为平台应力。对于弹塑性材料而言,蜂窝结构在该阶段一般产生塑性坍塌,通过一层层的元胞压溃直至所有的微元胞发生坍塌。继续对蜂窝结构进行压缩,当所有的微元胞被压溃后,微元胞胞壁发生接触相互重叠在一起,材料的应力在较小的应变变化下急剧上升。曲线 b 为负泊松比微结构材料的应力-应变曲线,从广义上讲,负泊松比微结构材料也可看作一种特殊的蜂窝结构,因为两者的应力-应变曲线趋势类似,也包含三个阶段:弹性区、平台区(平台应力区和平台应力增强区)和密实区。但从刚开始的弹性区看出,该曲线在弹性阶段的斜率随着应变的增加而逐渐增大,即结构刚度逐渐增大,抵抗变形的能力也逐渐增大。随着压缩的继续进行,负泊松比微结构材料进入应力平台区,从图 7-2 中看出,在该阶段应变相同的情况下,负泊松比微结构材料的应力要远远大于蜂窝结构的应力,即更远离应变轴。这主要是因为压缩使得负泊松比微元胞胞壁间的夹角逐渐变小,导致微元胞胞壁不易产生弯曲,从而使结构的失效载荷急剧增大,进而表现出更大的平台应力。由于负泊松比微结构材料的应力平台区包含平台应力区和平台应力增强区,平台应力增强区的出现使得负泊松比微结构材料的吸能特性大大提升。依据力

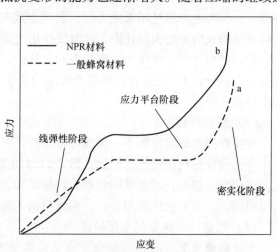

图 7-2 蜂窝材料和负泊松比微结构
材料单向压缩应力-应变曲线

学的概念,应力-应变曲线与水平方向应变轴所包围的面积为面内压缩载荷作用下微结构材料的单位体积吸能量,若所围面积越大,则吸能量约到;反之,则越少。

7.3.2 碰撞能量吸收机理

《冲击动力学》[11]一书明确地指出了六项基本能量吸收原理。它们适用于所有有关碰撞的应用问题,而微结构材料的设计与评价也正是基于这些原理来展开研究的。微结构材料自身具有优异的能量吸收特性,因而其也成为学者所感兴趣的研究热点。

(1) 不可逆能量转换

汽车碰撞事故往往是大变形工况,输入车体的碰撞动能将会以结构材料的塑性

变形或其他耗散过程（摩擦能等）转化为非弹性能，这种能量转换是不可逆的，否则将会对人体造成回弹冲击，相当于承受了两次伤害。而微结构材料内部的大量孔隙为能量吸收提供了大量的缓冲变形空间，为这种能量转化机理提供了基本条件。

（2）峰值有限、尽可能恒定的反作用力

直观理解，车体碰撞的加速度越大，对人体越不安全。以严重伤害概率作为碰撞星级评定的重要指标，其中碰撞加速度峰值对严重伤害概率有着直接影响。因此，在冲击能量吸收过程中，能量吸收结构/材料的峰值力及加速度应当保持低于引起损伤的阈值。同时，能量吸收过程是一个减速过程，为了避免过高的减速度，一般反作用力能尽可能保持恒定。

本书曾在第 4 章提到过典型微结构材料的应力－应变曲线，在微结构材料受到冲击时，当冲击力超过屈服强度时，曲线出现初始峰值，其后进入材料屈服阶段，材料开始填充内部的大量孔隙，此时反作用力曲线处于围绕某固定值上下波动的状态，最后材料压实，反作用力骤然上升。其中，在材料填充空隙进行缓冲吸能的过程（平台区阶段），正符合反作用力恒定的要求，同时初始峰值相对于传统实体结构也将有所降低。

（3）较长行程

在反作用力恒定前提下，吸能行程越长，吸收的能量越多，同时这里还包含着一个降低碰撞损伤所遵循的原则，即"以时间换距离"的概念。当初始动能给定，反力作用时间越长，所要求的制动力就越柔和，可能造成的损伤就越小。对于微结构材料而言，其平台区相对较长，曲线包围的面积更大，所吸收的能量越多。

（4）稳定、可重复的变形模式

车体碰撞工况一般较为复杂，常见碰撞工况有正面碰撞、侧面碰撞、偏置碰撞，但这也仅仅是将其按大致位置进行了分类。在实际事故处理中，对于冲击载荷的具体位置、冲击力大小和方向，往往存在着随机性与不确定性。因此，基于不同的碰撞工况，期望所采用的能量吸收结构具有普适性，能起到很好的碰撞吸收作用。

大多数微结构材料为各向异性材料，对于不同方向的冲击载荷有着不同的变形模式与变形机制，因此大量学者研究了随机分布的微结构材料，将数学中的随机理论与微结构材料设计结合起来，开发了宏观各向同性的微结构材料来使其更好地适应碰撞随机性。

（5）质量轻、比能量吸收率高

随着全球对汽车百公里油耗控制的要求越来越严苛，轻量化作为其重要的解决方案，获得了各大厂商的认可。这就对吸能材料的比能量吸收率提出了较高的要求，在提高车辆耐撞性的同时，必须仔细考虑吸能材料质量的控制，这一要求也正是研究学者对微结构材料展开大量研究的根本原因。与实体材料相比，微结构材料具有较低的相对密度,重量相对来说大大减轻,在比能量、比强度方面具有很大的优势。

(6) 低成本、便于安装

车体碰撞时有发生,常常伴随着不可修复的大变形工况,因此成本与安装是必须考虑的两个方面,针对微结构材料,可以采用的加工工艺较多,在第 6 章已有所提及,待未来 3D 打印技术成熟,这将变得更加快捷方便。

接下来,将对负泊松比微结构的能量吸收机理进行详细阐述。当承受动态冲击与准静态轴向压缩时,负泊松比微结构材料的变形过程不尽相同。通过对上述应力-应变曲线分析可知,负泊松比微结构在外力作用下所吸收的能量,可用应力-应变曲线与坐标轴之间所围成的面积表示,如下:

$$W = \int_0^{\varepsilon_s} \sigma(\varepsilon) d\varepsilon \tag{7-1}$$

式中,W 是结构所吸收的总能量;ε_s 是负泊松比微结构材料即将进入密实化阶段时所对应的结构应变。

根据 7.3.1 小节可知,负泊松比微结构在密实化阶段吸收的能量较少,因此式 (7-1) 求取结构吸收的能量时对该部分能量进行了忽略。应力-应变曲线中,等效弹性模量 $\overline{E}$ 与等效应力 $\overline{\sigma}$ 及等效应变 $\overline{\varepsilon}$ 之间存在如下关系:

$$\overline{\sigma} = \overline{E}\,\overline{\varepsilon} \tag{7-2}$$

应力-应变曲线中,曲线斜率即结构的等效弹性模量。$\overline{E}_A$ 为负泊松比微结构的平均弹性模量,求解过程中假设曲线在弹性阶段内为线性,则弹性阶段内负泊松比微结构的平均弹性模量 $\overline{E}_{A1}$ 可表示为:

$$\overline{E}_{A1} = \frac{\overline{E}_0 + \overline{E}_{A2}}{2} \tag{7-3}$$

式中,$\overline{E}_0$ 是负泊松比微结构的初始弹性模量;$\overline{E}_{A2}$ 是结构在应力平台区的平均弹性模量。

负泊松比微结构在线弹性阶段内,应力-应变曲线与坐标轴围成的面积可表示为:

$$W_1 = \frac{1}{2}\sigma_2\varepsilon_2 \tag{7-4}$$

式中,σ_2 是结构在应力平台区的应力大小;ε_2 是结构在线弹性阶段结束时的应变。结合式 (7-2)~式 (7-4) 可求得线弹性阶段内,负泊松比微结构所吸收的能量为:

$$W_1 = \frac{\sigma_2^2}{\overline{E}_0 + \overline{E}_{A2}} \tag{7-5}$$

由于负泊松比微结构的应力平台阶段分为应力平台区和应力平台增强区，因此该阶段负泊松比微结构吸收的能量由两个区间内吸收的能量共同组成。在应力平台区，结构的应力基本保持不变，因此该区间吸收的能量可表示为

$$W_2 = \sigma_2(\varepsilon_3 - \varepsilon_2) \tag{7-6}$$

式中，ε_3 是应力平台阶段结束时负泊松比结构的应变。假设 $\overline{E}_{A3}$ 为负泊松比结构在应力平台区的平均弹性模量，结合式（7-2）可知

$$W_2 = \frac{\sigma_3 \sigma_2}{\overline{E}_3} - \frac{2\sigma_2^2}{\overline{E}_0 + \overline{E}_{A2}} \tag{7-7}$$

在应力平台增强区，负泊松比结构的应力随着应变的增大而逐渐增大。采用结构在线弹性阶段中的近似方法，假设结构在应力平台增强区为线性，则负泊松比结构在该区间吸收的能量可表示为

$$W_3 = \frac{1}{2}(\sigma_4 + \sigma_3)(\varepsilon_4 - \varepsilon_3) \tag{7-8}$$

式中，σ_4、ε_4 分别是应力平台增强区结束时负泊松比结构的应力和应变，结合式（7-2）可知，应力平台增强区吸收的能量可表示为式（7-9）。

$$W_3 = \frac{(\sigma_4 - \sigma_3)(\sigma_4 \overline{E}_3 - \sigma_3 \overline{E}_4)}{2 \overline{E}_3 \overline{E}_4} \tag{7-9}$$

尽管负泊松比结构在密实化阶段的应力较大，但由于持续时间很短，该阶段结构吸收的能量可以忽略不计。通过对负泊松比结构在不同阶段的应力-应变曲线进行分析，对一般蜂窝结构和负泊松比结构吸收的能量进行了研究。负泊松比结构因为外力作用过程中增加了应力平台增强区，将显著增强结构的能量吸收能力，这对于负泊松比结构广泛应用于设计空间极为有限的汽车设计中具有重要意义。在负泊松比结构零件的设计过程中，为了尽可能地提高部件的能量吸收能力，应使结构具有较高的应力水平，同时结构的应力-应变曲线具有较长的应力平台区和应力平台增强区。

负泊松比结构的相对密度对于结构的能量吸收具有较大的影响。当结构相对密度较小时，由于微元胞之间的间隙较大，结构可变形空间较大，因而应力平台区的范围较大，相对较难进入密实化阶段，应力平台阶段持续时间较长，同时当结构的相对密度较低时，在变形过程中容易产生较大的应力水平，因此单位结构吸收的能量较多。但负泊松比结构的相对密度较低，使结构的刚度和强度等降低，且应用时需要较大的空间，因此需要在负泊松比结构的各性能之间进行平衡。负泊松比结构的能量吸收能力不仅与自身的材料和结构有关，研究表明当负泊松比结构所受冲击速度增大时，结构的惯性效应将更加明显，等效平台应力将更大，因而结构在冲击过程中吸收的能力也将增强。综合以上分析可知，负泊松比结构设计过程中，不仅需要考虑结构的能量吸收、刚度和成本等，也需要对结构在实际过程中所受冲击

速度的主要范围有详细的了解,这样才能最大化地利用负泊松比结构的优点来提升结构性能。

7.4 NPR 微结构碳纤维发动机舱盖行人保护研究

均质材料的泊松比一般为正值,即轴向受压时在径向上会产生膨胀现象。而负泊松比材料与此相反:若纵向受压,则会在横向上收缩。图 7-3(见彩插)所示为负泊松比微结构的压缩-收缩现象。因此负泊松比材料具有更好的抗压与能量吸收性能,可有效吸收汽车碰撞时产生的能量,同时保护行人。

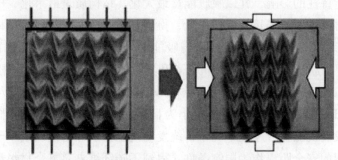

图 7-3 负泊松比微结构的压缩-收缩现象

由于各个微结构单元之间在承载路径上存在横向牵引作用,因此材料被压缩时,压力会分散至各个部分,使各部分都承受较小的压力。在载荷作用下,其整体结构会被逐步压缩成实体,这种特性保证材料在集中载荷作用下仍具备较高的刚度和完整性。这种刚度递增的结构特性非常符合"前软后硬"的车辆碰撞刚度分布设计准则,这有利于车辆在纵向空间布置受限的情况下,缩小压溃空间,从而利用微结构吸能并保证乘员安全。特别是在小面积重叠(25%)碰撞工况下,NPR 微结构单元能为集中撞击能量提供扩散传递路径,这有助于在保证轻量化结构的同时,提高材料的承载参与度。这种现象称为 NPR 独有的"加载硬化"现象,且加载越快,其硬化速度越快。这与高强钢 AHSS 和镁合金的"应变率敏感性"有异曲同工之妙,所以非常适合应用到耐撞结构中[12]。目前,作者团队正与美国密歇根大学马正东教授在负泊松比微结构材料性能及应用研究方面进行合作,下面将以负泊松比微结构碳纤维发动机舱盖为例展开介绍。

众所周知,在车祸中死亡的人至少有一半是因为头部受伤。当行人受到碰撞时,行人头部极易与汽车发动机舱盖甚至风窗玻璃相撞从而造成致命伤害。因此,提高发动机舱盖的行人保护功能至关重要。目前,全球技术法规已经对发动机舱盖行人头部保护提出了具体的要求。

夹芯结构具有质量小、强度高、耗能系数低等优点,从而使车身具有更高的性能和更小的质量,降低燃油消耗的同时提高碰撞安全性。因此,这吸引了越来越多的学者来研究蜂窝结构的拓扑结构和性能[13-16]。综合考虑以上要求,设计了一种新型夹芯复合材料发动机舱盖,即负泊松比微结构碳纤维发动机舱盖。该新型发动机舱盖对行人保护要求与结构刚度要求进行了解耦设计,采用三维微结构复合材料作为夹芯结构,填充到发动机舱盖中来吸收碰撞能量。夹芯内、外蒙皮采用高强度碳纤维材料,它能满足发动机舱盖结构强度的要求,同时也能达到轻量化的目的[17]。

通过对负泊松比微结构材料的元胞结构进行研究,探究了元胞结构参数对负泊松比材料吸能特性的影响,并以吸收能量最大化、结构质量最小化、HIC 值最小化三个性能为目标进行了多目标优化设计,得出了满足最大吸能与最小相对密度要求的元胞结构参数。考虑到要满足轻质与吸能的要求,微元胞材料选择铝合金。在 Hyperworks 中建立了传统钢制发动机舱盖和具有相同外形尺寸的负泊松比微结构碳纤维发动机舱盖有限元模型,并且在软件 Ls-dyna 中进行分别了成人和儿童的头碰仿真,以 HIC 值最小、整体质量最小为目标,同时以新型发动机舱盖整体刚度不低于传统发动机舱盖、厚度不高于传统发动机舱盖、冲击侵入量小于发动机舱盖与发动机之间的安全距离作为限制条件,得到了碳纤维夹芯复合材料最优的各层厚度。最终将该新型发动机舱盖与传统发动机舱盖的 HIC 值和质量进行比较,以此来探究该新型发动机舱盖对行人保护和轻量化的影响以及刚度大小。

7.4.1 NPR 微结构应力-应变关系模型构建

物体受力产生变形时,体内各点处变形程度一般并不相同。用以描述一点处变形的程度力学量就为该点应变。为了探究应力应变对 NPR 微结构的影响,需要构建 NPR 微结构的应力-应变关系模型。如图 7-4 所示,应力-应变曲线中的弹性区域指初始和最大等效弹性模量,恒定平台应力区可用等效平台应力和平台应力增强应变来描述,而平台应力增强区可用等效泊松比、等效平台应力和压缩应变来描述。

NPR 微结构在轴向压缩下的应力-应变曲线可用如下关系式描述:

$$\begin{cases} \sigma(\varepsilon) = \left(\dfrac{E_{R,inl} + E_{R,\max}}{2}\right)\varepsilon & (0 < \varepsilon < \varepsilon_0) \\ \sigma(\varepsilon) = \dfrac{K^2 \sigma_{ys} \alpha^3}{(\beta + \sin\varphi)^2 \sin\varphi} & (\varepsilon_0 \leq \varepsilon \leq 0.8\varepsilon_D) \\ \sigma(\varepsilon) = \left(\dfrac{0.2\varepsilon_D}{0.2\varepsilon_D - (1 + \varepsilon_0 \nu_R)^2 - (\varepsilon - 0.8\varepsilon_D)}\right)^{\frac{3}{2}} \dfrac{K^2 \sigma_{ys} \alpha^3}{(\beta + \sin\varphi)^2 \sin\varphi} & (0.8\varepsilon_D < \varepsilon < \varepsilon_D) \end{cases}$$

(7-10)

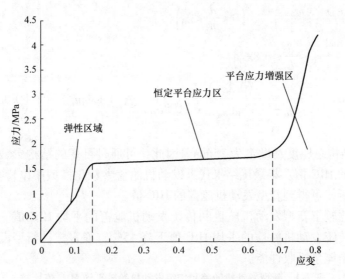

图 7-4 NPR 微结构应力 - 应变关系曲线

压缩应变与相对密度之间的关系式如下：

$$\varepsilon_D = 1 - A\rho_{RD} = 1 - 2.19\rho_{RD} \tag{7-11}$$

7.4.2 HIC 值估算与刚度分析

EEVC 和 Euro – NCAP 广泛认可的头部受伤标准（Head Injury Criterion，HIC）可用于评估行人头部受伤。HIC 值会因头部加速度和碰撞时间而变化[18]。此外，HIC 值是通过简化模型并建立碰撞微积分方程来进行估计的。同时，利用 Matlab 作为数值处理工具以可获得 HIC 值。

$$\mathrm{HIC} = (t_2 - t_1)\left(\int_{t_1}^{t_2} \frac{a}{g \mathrm{d}t} \middle/ t_2 - t_1 \right)^{2.5} \tag{7-12}$$

式中，a 是头部加速度（g）；t_1 和 t_2 是时间间隔（s），在这里，$t_1 - t_2 \leqslant 15\mathrm{ms}$。考虑头部运动，微分方程如下：

$$\begin{cases} d' = v \\ v' = a \\ a = \dfrac{S}{m}\sigma(d) \end{cases} \tag{7-13}$$

式中，d 代表头部位移；v 为头部速度；a 代表头部加速度；S 为头部撞击面积；m 为头部质量；$\sigma(d)$ 代表头部位移和头部压力之间的关系。根据 GB/T 24550—2009 标准，$S = 5.35 \times 10^{-3} \mathrm{m}^2$，$m = 4.5\mathrm{kg}$[19]。因此可得到以下微积分方程：

$$\begin{cases} \sigma(d)' = \left(\dfrac{E_{R,inl}+E_{R,\max}}{2}\right) & \left(0 < \dfrac{d}{h} < \varepsilon_0\right) \\ \sigma(d)' = 0 & \left(\varepsilon_0 \leqslant \dfrac{d}{h} \leqslant 0.8\varepsilon_D\right) \\ \sigma(d)' = 1.5\sigma_R \dfrac{(0.2\varepsilon_D)^{1.5}}{[0.2\varepsilon_D-(1+\varepsilon_0\nu_R)^2(\varepsilon-0.8\varepsilon_D)]^{2.5}}(1+\varepsilon_D\nu_R)^2 & \left(0.8\varepsilon_D < \dfrac{d}{h} < \varepsilon_D\right) \end{cases}$$

(7-14)

式中，h 是结构总厚度，设定为 25mm。因此，可通过可变的结构参数以获得结构化蜂窝材料的 HIC 值。将最优结果代入发动机舱盖参数化模型中以检查其有效性。经过冲击分析，可得到新型发动机舱盖的 HIC 值。

表 7-1 比较了新型发动机舱盖和传统发动机舱盖的平均 HIC 值。新型发动机舱盖相较于传统发动机舱盖的平均 HIC 值下降 45%，换言之，新型发动机舱盖具有更好的冲击能量吸收性能。

表 7-1 新型发动机舱盖和传统发动机舱盖平均 HIC 值比较

	A	B_1	C_1	D_1	E_1	F_1	G_1
新型发动机舱盖	268	211	321	405	372	365	320
传统发动机舱盖	494	442	897	742	604	489	479

传统发动机舱盖外板由厚度为 0.7mm 的 DC04 钢制成，而内板则采用与外板厚度相同的 DC05 钢，传统发动机舱盖的具体结构如图 7-5（见彩插）所示，具体的材料参数见表 7-2。

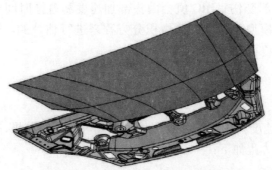

图 7-5 传统发动机舱盖的具体结构

表 7-2 传统发动机舱盖内外面板的材料参数

材料	密度 $\rho/\mathrm{g\cdot cm^{-3}}$	弹性系数 E/GPa	泊松比 ν
DC04	7.83	210	0.3
DC05	7.83	210	0.3

新型发动机舱盖内外层分别由碳纤维复合材料制成，芯层材料采用铝。根据等效板理论，可对新型发动机舱盖的结构进行简化，图 7-6 所示为基于等效板理论建

立的新型发动机舱盖结构示意图。

图 7-6　基于等效板理论建立的新型发动机舱盖结构示意图

接下来,分别对传统发动机舱盖和新型发动机舱盖的抗弯刚度和抗扭刚度进行分析。在分析弯曲刚度时,将 100N 的集中载荷施加到发动机舱盖底部,分别约束内板和铰链安装孔的六个自由度,约束支承的三个自由度,如图 7-7 所示。同样地,新型发动机舱盖也施加相同的负载条件。

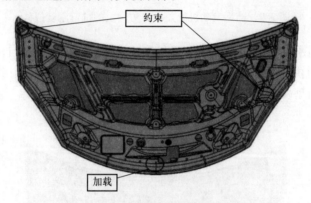

图 7-7　传统发动机舱盖的弯曲刚度分析

根据以上分析,可分别得到传统发动机舱盖和新型发动机舱盖在加载位置 Z 方向的位移分别为 8.683mm 和 5.797mm,如图 7-8(见彩插)和图 7-9(见彩插)所示。

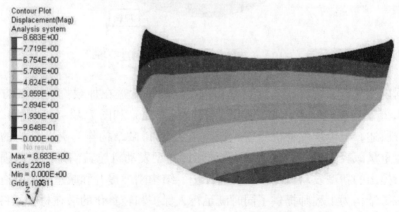

图 7-8　传统发动机舱盖在 Z 方向上的抗弯刚度位移

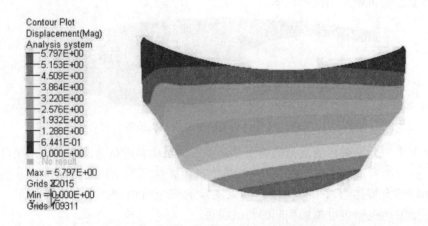

图 7-9　新型发动机舱盖在 Z 方向上的抗弯刚度位移

在分析抗扭刚度时,分别约束内板和铰链安装孔的六个方向自由度,限制左缓冲块 Z 方向的自由度,同时对右缓冲块施加沿 Z 方向的 100N 集中载荷,如图 7-10 所示。同样,新型发动机舱盖也施加相同的载荷。

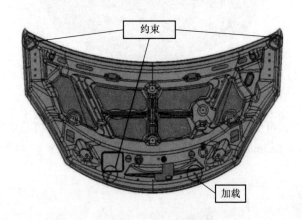

图 7-10　传统发动机舱盖的抗扭刚度分析

根据以上分析,传统发动机舱盖和新型发动机舱盖在加载位置的 Z 方向位移分别为 8.257 mm 和 2.672 mm,如图 7-11（见彩插）和图 7-12（见彩插）所示。

综上所述,与传统发动机舱盖相比,采用 NPR 微结构作为夹芯结构的新型发动机舱盖重量减轻了 18.95%,从而验证了该新型发动机舱盖满足刚度与强度性能要求。所提出的新型发动机舱盖在行人保护、结构刚度提升和减重方面具有显著的效果,该微结构为工程师提供了同时满足行人保护和轻量化的潜在材料,将来会得到进一步应用。

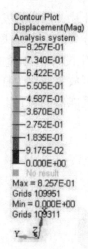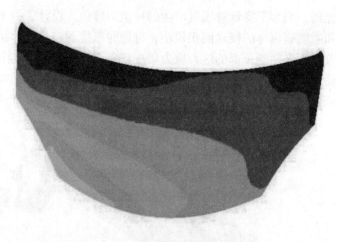

图 7-11　传统发动机舱盖在 Z 方向上的抗扭刚度位移

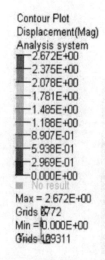

图 7-12　新型发动机舱盖在 Z 方向上的抗扭刚度位移

7.5　多孔微结构材料填充碰撞安全件研究

依据上述所提及的微结构材料具有优异的吸能特性，多孔微结构材料更多地应用于车辆碰撞安全件中，例如保险杠、车门、前纵梁和发动机舱盖。下面将对这些车辆部件进行详细描述。

(1) 保险杠

在汽车正碰过程中，保险杠是很重要的吸能设备，尤其是在低速碰撞情况下。吸能性好的保险杠能降低汽车的损毁程度，减少维修费用。为了提高保险杠的吸能能力，可以把多孔结构填充到内部。图 7-13 提出了一种带吸能装置的保险杠，吸能器可以采用填充泡沫的吸能元件（见图 7-14）。保险杠的支架和衬托板用来固定吸能器，而为了降低碰撞时产生的冲击力峰值，设计了一个触发叶片；因为触发叶片和吸能器顶部的接触面积很小，碰撞时吸能器在与叶片接触部分会产生应力集中现象，而吸能器顶部的这种应力集中现象会明显地减低碰撞时产生的冲击力峰值，从而避免车内乘员产生过大的加速度。填充了泡沫材料的吸能器可放置在保险杠的两端，也可放置在保险杠的中部。总之，可以根据需要随时增加吸能器的数目。

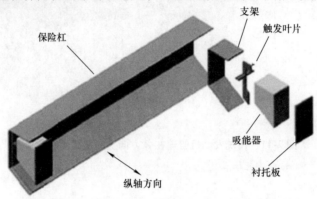

图 7-13　保险杠吸能装置设计图

图 7-14　填充了泡沫材料的吸能元件

（2）车门

汽车侧面碰撞不像正碰那样有一个比较大的变形吸能区域，所以侧面碰撞一旦发生，乘员的安全就会受到巨大的威胁。由于车门在碰撞过程中不允许有大的变形，蛋盒式结构材料在很小的变形范围内就能吸收大量的能量，而且蛋盒式结构是板式结构，面范围大、厚度小，很容易填充到车门内，如图 7-15 所示，因此是非常理想的填充材料。此外，把蛋盒式结构填充到汽车中柱也是可行的。不同于车门的是，中柱是很重要的承载部件，不但要支撑车顶盖，还要承受前后车门的支承力，所填充的材料必须不影响它的力传递性能。

（3）前纵梁

前纵梁为柱状，是典型的盒式柱状吸能元件。提高前纵梁吸能最简单的方法是在梁内填充多孔材料,蛋盒式材料从结构形状上看显然不适合填充进梁内,而蜂窝式材料比较合适。另外,如果能把蛋盒式结构材料层层焊接在一起,让多层蛋盒式结构堆起来形成一个柱状,也能填充进柱状前纵梁中。多孔材料独特的几何结构使它具有很好的吸能特性,若将其应用于车辆吸能防撞装置中,可提高整车耐撞性,同时多孔材料也有重量轻的特点,也正适应了汽车行业轻型化设计的需求,因此多孔材料正越来越多地应用于汽车领域。

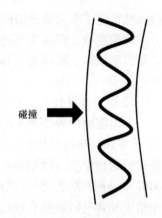

图 7-15 填充了蛋盒式结构材料的车门截面图

(4)发动机舱盖

通过设计发动机舱盖夹芯结构,可有效降低行人头部碰撞所受的伤害。通常情况下,是在上蒙皮和下蒙皮之间填充多孔结构。多孔结构的存在使得行人头部碰撞 HIC 值大幅度降低,并且有效地减少了二次碰撞的伤害。针对行人头部保护,提出一种新型发动机舱盖,该新型发动机舱盖包含上蒙皮、四韧带手性蜂窝芯体和下蒙皮三部分[20]。为探索该新型发动机舱盖的行人保护效果,将其与六边形蜂窝进行对比,结果表明:四韧带手性微结构材料的负泊松比特性可使夹芯发动机舱盖有效降低碰撞 HIC 值,较好地保护行人头部。未来有望将该结构应用于汽车发动机舱盖上。

7.6 NPR 微结构材料未来应用设计

(1)负泊松比仿生头盔

对头部的保护,在两种车辆形态(摩托车和赛车)下显得尤为重要。我国每年因摩托车死亡的人数占交通事故死亡总人数的 25%~28%。借助与上述负泊松比发动机舱盖的设计理念,提出一款以负泊松比结构为缓冲层、碳纤维为外壳的新型头盔(见图 7-16)。结合两种材料的力学性能,可以全面提升头盔的强度,增强吸能特性,并且降低头盔质量。同时将微结构层抽成真空环境,从而大幅度提升头盔的隔热、隔声性能。同时利

图 7-16 微结构头盔模型

用白鲸头部形状特点进行了头盔外形形状的仿生设计,进而提升了头盔的流体力学性能。

传统头盔内部为泡沫、聚乙烯等实心材料作为缓冲结构,以达到减震吸能的作用。而微结构填充方案还具有以下优点:①微结构材料特有的空隙结构,其相对密度可以通过改变微结构元胞而进行优化,因此该结构非常有利于新型头盔的轻量化设计,减轻乘员在驾驶当中头部的负担;②采用具有负泊松比特性的微结构材料,

极大地优化了头盔填充层的吸能特性,当头盔在发生强力撞击时,能够缓冲掉大部分的碰撞能量,提高头盔的安全性与可靠性,保护乘员生命安全;③由于声音传播需要借助固体、液体或气体,因此在微结构中抽真空可以阻断声音的传播,降低噪声。

(2) 新型复合负泊松比保险杠

美国密歇根大学 M A Z D 团队在 FAW A1 轿车保险杠上进行了材料替代研究。A1 轿车前端碰撞结构如图 7-17 所示。保险杠横梁原设计材料为低碳合金钢板,替换材料为仿生复合微结构;原设计碰撞吸能盒材料为低碳合金钢板,替换材料为 NPR 微结构材料[21,22]。同时,高吸能轻量化保险杠如图 7-18(见彩插)所示,其中仿生复合材料能够有效地提高结构的弯曲刚度和压缩刚度,在同样的刚度要求条件下,仿生复合材料能够有效减少结构的重量,从而实现结构的轻量化设计,故可用于制作车辆前防撞梁,能够有效提高防撞梁的弯曲刚度,从而实现防撞梁结构的轻量化设计。

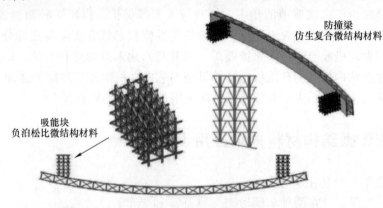

图 7-17　A1 轿车前端碰撞结构

图 7-18　高吸能轻量化保险杠

根据总成载荷目标,最后确定保险杠微结构方案:微结构由四部分组成:①金属、非金属或复合材料构成的上、下外覆盖件,起到包络和覆盖作用;②承受垂向压力载荷的金属支承管柱,通过调整金属强度来提升抗压特性;③承受横向拉伸载荷的金属梁或钢丝绳,使整体结构具备较好的抗弯特性;④空腔区域可以根据承载性能目标填充发泡材料,有助于提升吸能性和改善阻尼特性。吸能盒 NPR 微结构方案采用双箭头型微结构之间的相互搭接实现受力传递路径的交互。图 7-19 和图 7-20 所示分别为仿生复合微结构样件和 NPR 样件[23]。

图 7-19 仿生复合微结构样件　　　　　图 7-20 NPR 样件

对于吸能盒而言,其需要最大限度地吸收碰撞时的冲击能量。如图 7-21 所示,

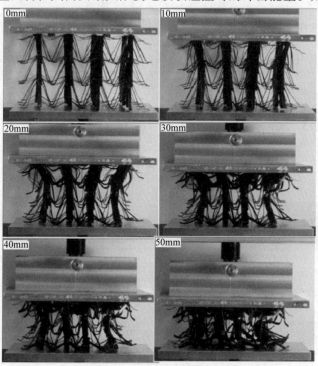

图 7-21 吸能块样件准静态试验

三维负泊松比材料（NPR）在相同的冲击载荷条件下，能够吸收更多的能量，并减少加速度的峰值，其变形更加均匀和有效。因而，ＭＡＺＤ团队选择三维负泊松比材料制作车辆吸能盒[24]。

高吸能轻量化保险杠与原保险杆系统的重量对比，如图 7-22 所示，高吸能轻量化保险杠能够大幅减轻保险杆的质量，其将保险杆总重从 4.926kg 减轻到 2.335kg，减重 53%，从而大大减轻结构重量，提高车型的轻量化水平和产品竞争力。

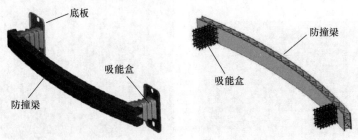

	原重量/kg	智能材料重量/kg	重量比(%) (智能材料重量/原重量)
防撞梁	4.476	1.945	43
吸能盒(块)	0.450	0.390	87
总重	4.926	2.335	47

图 7-22　高吸能轻量化保险杠与原保险杆系统的重量对比

高吸能轻量化保险杠的数值计算结果如图 7-23（见彩插）所示，其数值计算

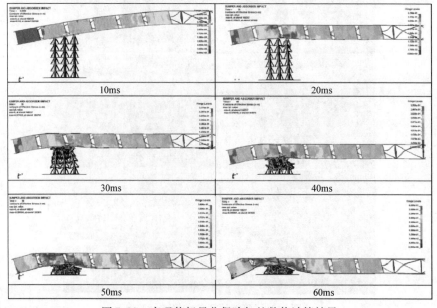

图 7-23　高吸能轻量化保险杠的数值计算结果

第7章 微结构材料在汽车安全中的应用

结果表明：高吸能轻量化保险杠能够充分利用仿生复合材料和三维负泊松比微结构材料的优点，通过分别采用较高的抗弯结构材料来抵抗结构的弯曲变形，并采用高吸能效率的微结构材料吸收碰撞时的冲击能量，充分利用微结构材料的特长，实现高吸能轻量化的保险杠。

高吸能轻量化保险杠试验和仿真结果均表明，通过发挥各种微结构材料优点，利用仿生复合材料高抗弯能力，和三维负泊松比材料的高吸收冲击能力。在提高防撞梁吸收冲击能力2.6倍能力的同时，实现结构总成53%的减重，与传统保险杠总成相比，具有明显的轻量化技术优势（见图7-24，见彩插）。

	旧防撞梁	新防撞梁	改善
防撞梁	1.5kJ(12%)	3.9kJ(30%)	150%
吸能盒(块)	6.8kJ(52%)	8.2kJ(63%)	21%
总吸能	8.3kJ(64%)	12.2kJ(94%)	47%

图7-24 新旧保险杠质量和吸能比较

7.7 小结

本章对微结构材料在汽车安全中的具体应用进行了详细概述。通过这些介绍，加深了对负泊松比材料、多孔结构材料、泡沫铝材料等微结构材料的理解，了解它们在碰撞过程中的能量吸收机理。通过对这些微结构材料应用实例的分析，可以预测今后汽车安全领域的发展方向。相信这些微结构材料将逐渐得到更大的发展并运用到汽车安全领域及其他领域，逐步解决有关汽车安全的各种问题，使汽车不再存在各样潜在问题，最终达到理想中的安全状态。

参考文献

[1] 肖仕昊，李迎辉．汽车主动安全技术应用与发展分析［J］．中国设备工程，2020（3）：45-46.

[2] 王珏．汽车主动安全技术及其发展方向［J］．时代汽车，2017（6）：32-34.

[3] 刘凯勋．中国汽车安全技术现状与展望［J］．中国新技术新产品，2017（23）：139-140.

[4] 裘臻，包崇美．汽车主被动安全性的改善方法研究［J］．时代汽车，2020（173）：173-174.

[5] 韩鹏．碳纤维复合材料发动机舱盖优化设计研究［D］．长春：吉林大学，2011.

[6] 卢子兴，刘强，杨振宇．拉胀泡沫材料力学性能［J］．宇航材料工艺，2011，41（1）：

7-17.

[7] 周冠. 新型负泊松比结构关键技术研究及其在车身设计中的应用[D]. 长沙：湖南大学, 2015.

[8] 陈杨科, 何书韬, 刘均, 等. 金属夹层结构的舰船应用研究综述[J]. 中国舰船研究, 2013, 8(6): 6-13.

[9] 胡玲玲, 陈依骊. 三角形蜂窝在面内冲击荷载下的力学性能[J]. 振动与冲击, 2011, 30(5): 226-229.

[10] 杨志春, 邓庆田. 负泊松比材料与结构的力学性能研究及应用[J]. 力学进展, 2011, 41(3): 335-340.

[11] 余同希. 冲击动力学[M]. 北京：清华大学出版社, 2011.

[12] 邱少波. 汽车碰撞安全工程[M]. 北京：北京理工大学出版社, 2016.

[13] SEELIGER H W. Application strategies for aluminum-foam-sandwich parts (AFS)[C]// Proceedings of the International Conference on Metal Foams and Porous Metal Structures. Bremen: MIT Press-Verlag, 1999: 29-36.

[14] BANHART J. Aluminum foams for lighter vehicles[J]. International Journal of Vehicle Design, 2005, 37(2-3): 114-125.

[15] BANHART J. Industrialization of aluminum foam technology[C]// Proceedings of the 9th International Conference on Aluminum Alloys. Brisbane: Institute of Materials Engineering Australia Ltd., 2004: 764-770.

[16] GIBSON L J, ASHBY M F, HARLEY B A. Cellular Materials in Nature and Medicine[M]// Cellular materials in nature and medicine. Cambridge: Cambridge University Press, 2010.

[17] ZHAO Y, M F, YANG L, et al. Study on Engine Hood with Negative Poisson's Ratio Architected Composites Based on Pedestrian Protection[J]. SAE Int. J. Engines 10(2): 391-404, 2017.

[18] VELTIN B A, GANDHI F. Effect of cell geometry on energy absorption of honeycombs under in plane compression[J]. AIAA Journal, 2010, 48(2): 466-478.

[19] MA Z D, CUI Y. US Patent, 20110117309[P]. 2011-05-19.

[20] 杨姝, 江峰, 丁宏飞, 等. 手性蜂窝夹芯概念发动机舱盖行人头部保护性能仿真[J]. 华南理工大学学报（自然科学版）, 2019(12): 38-42, 61.

[21] MA Z D, LIU Y Y, LIU X M, et al. US Patent/Chinese Patent, 8544515/201110401962.4[P]. 2013-10-01.

[22] MA Z D, LIU Y Y. US Patent, 20110029063[P]. 2011-02-03.

[23] MA Z D, BIAN H X, SUN C, et al. Functionally-Graded NPR (Negative Poisson's Ratio) Material for a Blast-Protective Deflector[J]. 2010.

[24] MA Z, WANG H, CUI Y, et al. Designing an Innovative Composite Armor System for Affordable Ballistic Protection[J]. Materials & Design, 2006: 71-79.

第8章 微结构材料在NVH领域中的应用

噪声与振动问题,一直是工业和交通发展中的难题。它不仅影响相关设备的使用效果,还会给人体健康造成巨大的威胁。微结构材料由于其特殊的结构,不仅在安全方面起着非常重要的作用,在吸声减振方面也有很大的应用价值。本章将详细介绍微结构材料的吸声、隔声和减振的基本原理以及常见微结构材料在NVH领域的相关应用。

8.1 微结构材料吸声与隔声原理

声是各种弹性介质中的机械波,即介质中传播的机械振动[1]。微结构材料具有孔结构丰富、比表面积大、密度低的特点,能够将声能转化为热能,在吸声和隔声方面具有优异的性能,是较好的声学材料。

8.1.1 吸声原理

声音吸收指的是入射声波不发生反射和穿透,微结构材料能完全吸收其能量的现象。能量吸收的形式主要包括材料自身的阻尼、热弹性阻尼及锐边的涡流发散等。声音在多孔材料内部的耗散主要包括两个部分,一个是几何因素引起的波动振幅的衰减,另一个是多孔材料内部的膜材和粘滞效应[2]。

微结构材料内部孔隙间相互贯通并经表面与外界相通的孔隙数量极多。当声波经过材料表面时,会分成两部分,一部分声波在材料表面会发生反射,而另一部分则会继续向前传播透入到材料内部。其后,由微孔进入材料内部的声波,孔中的空气发生振动会带动多孔材料的固体筋络边缘,使其产生一定的相对运动。空气的动能转化成热能,声能衰减的一个原因是在微孔内因为空气的粘滞性,也会产生相应的粘滞阻力,这时产生的相对运动会产生摩擦损耗;另一个原因是声能也可向热能转化,在空气绝热压缩时固体筋络与压缩的空气之间会不断地发生热交换,从而使声能衰减[3]。

吸声系数和吸声量是评价吸声材料吸收性能的主要参数。吸声系数定义为吸收声能和入射声能之比,其与吸声材料的性能以及声波频率和入射方向有关。可以用下式表示:

$$\alpha = \frac{E_a}{E_i} \tag{8-1}$$

式中，α 是吸声系数；E_a 是材料所吸收的声能；E_i 是入射到材料的总声能。

α 越大，则吸声性能越好。α 在 0 至 1 之间，当 α 为 1 时，声音能量被全部吸收；当 α 为 0 时，声波完全反射，微结构材料不吸声。

材料性质、材料结构、声波频率、使用条件以及声波的入射角度是影响吸声系数的主要因素。同种吸声材料对不同频率的声波的吸声系数不同，一般采用平均吸声系数 $\bar{\alpha}$ 对材料的吸声性能进行评价。在工程中，$\bar{\alpha}$ 通常可由下式表示：

$$\bar{\alpha} = \frac{\alpha_{125} + \alpha_{250} + \alpha_{500} + \alpha_{1000} + \alpha_{2000} + \alpha_{4000}}{6} \tag{8-2}$$

式中，α_{125}、α_{250}、α_{500}、α_{1000}、α_{2000}、α_{4000} 分别表示吸声材料对 125Hz、250Hz、500Hz、1000Hz、2000Hz、4000Hz 频率声波的吸声系数。吸声材料的 $\bar{\alpha}$ 在 0.2 以上。当 $\bar{\alpha}$ 达到 0.5 时，可将其称为理想的吸声材料。

吸声量在工程上常常被用来评价材料的实际吸声效果，吸声量（A）表示吸声系数（α）与吸声面积（S）的乘积，可用式（8-3）表示：

$$A = \alpha S \tag{8-3}$$

若组成吸声壁面不同部分使用的材料不同，壁面在某一频率下的总吸声量为：

$$A = \sum_{i=1}^{n} A_i = \sum_{i=1}^{n} \alpha_i S_i \tag{8-4}$$

式中，A_i 是第 i 种材料组成的壁面的吸声量；S_i 是第 i 种材料所组成壁面的面积；α_i 是在该频率下的吸声系数。

8.1.2 隔声原理

声波在空气中传播，当入射到匀质屏蔽物时，声波有三种去向：一部分声能被反射，一部分被吸收，剩余的部分可以透过屏蔽物。设置适当的屏蔽物质可以组织声能透过，从而降低减少噪声的传播。隔声的基本原理如图 8-1 所示。

隔声墙、隔声屏障、隔声罩、隔声间等都具有隔声能力，这些具有隔声能力的屏蔽物叫作隔声构件。

一般情况下，通过采用合适的隔声措施一般可以将噪声降低 15~20dB。对于物质的隔声能力，通常用隔声量（R）来表示。

构件的隔声量一般可用下式表示：

$$R = 10\lg \frac{1}{\tau} \tag{8-5}$$

式中，τ 是透声系数，是投射声功率（W_t）和入射声功率（W）的比值，隔声构件本身的透声能力大小能够由此透声系数反映得出。由式

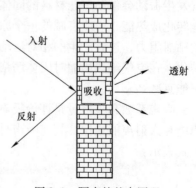

图 8-1 隔声的基本原理

(8-5) 可知，τ 值愈小，隔声量就愈大，对应的隔声性能也会更加好。透声系数 (τ) 可由下式表示：

$$\tau = \frac{W_t}{W} = \frac{I_t}{I} = \frac{P_t^2}{P^2} \tag{8-6}$$

式中，I_t 是透射声强；I 是入射声强；P_t 是透射声压；P 是入射声压。一般而言，构件的透声系数 τ 远小于1，大概在 $10^{-5} \sim 10^{-1}$ 之间。在工程中，常常用 125 ~ 4000Hz 六个倍频程或 100 ~ 3150Hz 的 16 个 1/3 倍频程的隔声量作为算术平均来求出平均隔声量（$\bar{R}$）。

而在现场用来评价隔声罩、隔声屏等构件一般都是采用插入损失（IL），插入损失（IL）表示离声源一定距离某处测得隔声构件设置前后的声功率级 L_{W1} 和 L_{W2} 之差。插入损失（IL）可由式（8-7）计算：

$$IL = 10\lg\left(1 + \frac{\alpha}{\beta}\right) \tag{8-7}$$

式中，α 是内壁材料的吸声系数；β 是构件的透射系数。由表达式可知，为使得插入损失更大，需要材料的隔透射系数更加小，吸声系数尽可能大一些。

单层均质隔声构件的隔声性能会随着构件的面密度和声波的频率不同而变化。其隔声效果服从质量定律。通常，可用下列经验公式对隔声量进行估算：

$$R = 18\lg\rho + 12\lg f - 25 \tag{8-8}$$

式中，ρ 是隔声构件的面密度（kg/m²）；f 是入射声波的频率（Hz）。

由于微结构材料内部存在着大量的孔隙，声波入射会在材料的内部发生反射、折射、散射和绕射，比一般隔声材料会强烈。当声波遇到填充颗粒时，由于基体和内部空气之间的密度差异，声波会发生多次散射及折射，使得传播路径增大、声能消耗增多。

当声波与大量的内部褶皱相碰撞时，相当于受到障碍物的阻挡，这样声波必须绕过内部的褶皱和凸起，使声波的传播路径增大，从而在很大程度上消耗了声能，能够实现良好的隔声效果[4]。

8.2 微结构吸声材料

声波与材料表面相遇时，一部分声波将被往回反射，另一部分则被吸收并转化成热能，这种具有吸收声波能量的材料称为吸声材料[5]，吸声材料的好坏用吸声系数表示。

严格意义上讲，任何材料都有一定程度的吸收声波的能力，通常将吸声系数大于0.3 的材料称为吸声材料。微结构吸声材料按照本身的构造一般可以分为多孔性吸声材料、共振吸声材料及其他吸声结构材料。

8.2.1 多孔性吸声材料

多孔性吸声材料内部具有大量互相贯通且向外敞开的微孔材料,其吸声机理为:当声波入射到多孔材料表面时会激发起微孔内部的空气振动,导致空气和固体筋络之间发生相对运动,使微孔中的空气由于其粘滞性而受到相应的粘滞阻力,阻力所做的功导致空气的动能不断向热能转化,声能不断减弱。

不仅如此,空气还在一边运动,一边与微孔壁之间发生着热交换,在此过程中声能不断向热能转化,从而不断地被减弱。按照性质不同,可将多孔吸声材料分为泡沫类材料与纤维类材料[6]。

(1) 泡沫类材料

泡沫塑料、泡沫玻璃、泡沫金属是最常见的泡沫类材料。

泡沫塑料是生活中常用的一种吸能材料,从分类上来看泡沫塑料可分为硬质塑料和软质塑料。

一般常见泡沫塑料的分类及作用见表8-1。

表8-1 常见泡沫塑料的分类及作用

分类	泡沫塑料	作用
开孔硬质泡沫塑料	酚醛塑料、脲醛塑料、聚氯乙烯薄片	隔声、过滤
闭孔硬质泡沫塑料	聚氯乙烯、聚苯乙烯、聚氨酯、脲醛塑料、环氧塑料	绝热、绝缘、减振
开孔软质泡沫塑料	聚氯乙烯、聚氨酯、聚乙烯醇缩甲基	隔声、减振
闭孔软质泡沫塑料	聚氯乙烯、有机硅塑料	绝热、绝缘、包装、室内装

一般使用较多的是聚氨酯泡沫,聚氨酯泡沫一般采用发泡的方式制成,具有很好的高频吸声特性,高频吸声系数可达0.9。由纯化学多元醇制成的聚氨酯泡沫如图8-2所示。纯化学基聚氨酯存在热稳定性差、力学性能差、挥发性有害物质多等问题。为了降低污染,提高聚氨酯泡沫的性能,一般采用一些方法进行改性。改性一般包括化学改性和物理改性。化学改性是在材料内添加一些物质,发生新的反应,改变原本的分子结构,形成一些互穿聚合物,从而改变材料的结构。例如,在化学剂聚氨酯的配方中加入环氧乙烷,即可制成一种聚氨酯–环氧树脂互穿网络泡沫,如图8-3所示。它能够提高聚氨酯在低频吸声效果,从而可为现有吸声材料对较低频段的声音吸收能力差的难题找到答案。

物理改性主要是加入一些功能性填料。加入填料后,既可以充分利用废弃物,又提升了化学基聚氨酯的性能。聚氨酯的无机填料主要包括无金属粉、蛭石粉、珍珠岩粉等粉末、碳–二氧化硅、碳纳米管等纳米结构,玻璃微珠、橡胶颗粒类、膨润土、有机黏土、蒙脱土等物质。有机填料主要包括农作物秸秆、树叶等。这些物质加入聚氨酯泡沫中增大了声波在传播过程中的能量损耗,易于提高材料的吸声性能。图8-4(见彩插)、图8-5(见彩插)和图8-6(见彩插)分别展示了加入不同填料后的聚氨酯泡沫复合材料及其吸声系数曲线。

第 8 章 微结构材料在 NVH 领域中的应用

图 8-2 纯化学多元醇制成的聚氨酯泡沫

图 8-3 聚氨酯–环氧树脂互穿网络泡沫

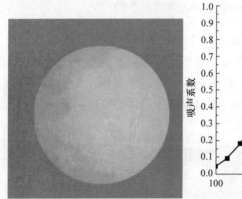

a) 加入聚乙烯纤维的聚氨酯泡沫

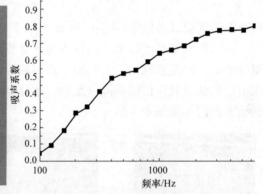

b) 对应吸声系数曲线

图 8-4 加入聚乙烯纤维的聚氨酯泡沫及其吸声系数曲线

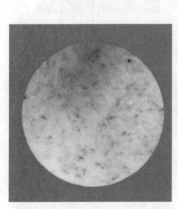

a) 加入麦秸的聚氨酯泡沫

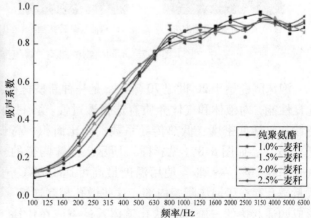

b) 对应吸声系数曲线

图 8-5 加入麦秸的聚氨酯泡沫及其吸声系数曲线

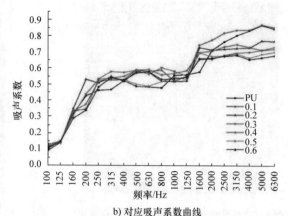

a) 加入橡胶颗粒的聚氨酯泡沫　　　　b) 对应吸声系数曲线

图 8-6　加入橡胶的聚氨酯泡沫及其吸声系数曲线

随着石油资源日益紧张，有关 VOC 的要求也愈发严格，聚氨酯朝着绿色方向进行，一些绿色聚氨酯泡沫都采用植物油部分替代石油原料的方式进行制作。添加到聚氨酯中最多的是蓖麻油、大豆油、棕榈油等。通过添加植物油，可以普遍提高聚氨酯泡沫的低频吸声性能和隔声性能，还可以减少刺激性气味。加入不同植物油制备的聚氨酯泡沫如图 8-7 所示。

a) 大豆油基聚氨酯泡沫　　b) 桐油基聚氨酯泡沫　　c) 亚麻油基聚氨酯泡沫

图 8-7　不同植物油制备的聚氨酯泡沫

泡沫陶瓷始于 20 世纪 70 年代，是一种新型材料，兼具阻尼特性和能量吸收等优良性能，对液体和气体介质有选择透过性。该材料具有"两低两高"四种主要特性，包括低密度、低热传导系数、高比面积、高气孔率[7]，如图 8-8（见彩插）所示。泡沫陶瓷的气孔率在 20%～95%，使用温度最高可达 1600℃。大量微孔存在于泡沫陶瓷内部，这些微孔相互连接，形成四通八达的三维迷宫状孔道体系，声波在传播过程中，经过这些孔道体系从表面深入到材料内部，孔隙内的空气也将一起振动。但是孔隙中心和靠近

图 8-8　泡沫陶瓷

孔壁表面的空气质点的受力情况不同，前者对声波的压缩和稀疏可以进行自由的相应，而后者会因为自身较慢的振动速度，所以它会对声波施加粘滞阻力；其次，在声波传播的同时，孔隙内的质点和孔壁间发生的相对运动产生摩擦阻力。声能就在粘滞和摩擦这两个过程中逐渐转化为热能，从而其逐渐衰弱，最终材料吸收声波的目标得到实现。

泡沫陶瓷制备工艺主要有下列 6 种：①有机（聚合物）泡沫浸渍工艺；②发泡工艺；③添加造孔剂工艺；④溶胶-凝胶工艺；⑤自蔓延高温合成工艺；⑥凝胶注模工艺。

泡沫陶瓷在能源、化工、生物、环保等领域十分常见，也频繁出现在气体液体过滤、净化分离、吸声减振、化工催化载体、熔融金属、高级保温材料、特种墙体材料、生物材料和传感器材料等方面。

泡沫金属是指含有泡沫气孔的特种金属材料，由于发泡作用，其内部形成无数单独的气泡，并分布在连续的金属相中，构成蜂窝状空隙结构。许多金属材料例如铝、钛、镍、青铜、不锈钢以及其他金属和合金，都可以用于制作常用泡沫金属材料。在所有泡沫金属中，使用最广泛的是泡沫铝，开孔泡沫铝如图 8-9 所示。另外，在水下吸声试验中发现泡沫铝还具有较好的水声吸声性能。

（2）纤维类材料

金属纤维、无机纤维和有机纤维这三类吸声材料共同组成了纤维类材料。有机纤维材料以植物纤维或木质纤维为原材料加工而成，其在中高频范围吸声性能较好。有机纤维吸声材料由天然纤维和合成纤维两类组成，天然纤维可以由动植物纤维及其制品来生产，如麻纤维（见图 8-10）、羊毛纤维、椰壳纤维等。聚酯纤维、纤维吸声材料的研究范围在聚丙烯纤维等合成纤维得到了拓展，聚丙烯纤维吸声材料不仅在高频率范围对声音的吸收性能优异，而且造价便宜，不过由于其原材料本身性质，它的防火防潮和防蛀性能不尽人意，因此聚丙烯纤维吸声材料在使用时会受到限制[9]。

岩棉、玻璃纤维、矿渣棉和聚酯纤维（见图 8-11）这类天然或人造的、基本由无机矿物组成的多孔吸声材料，被称为无机纤维吸声材料。这类材料吸声能力优异，保温绝热性能良好，且兼具性质稳

图 8-9　开孔泡沫铝[8]

a) 黄麻纤维

b) 剑麻纤维

图 8-10　麻纤维

定，防火耐热，原料来源广泛的特性。不过无机纤维材料的缺点在于它容易产生难以降解且易飞扬的固体废料，因此近些年该研究方向主要专注于对玻璃纤维这种最典型无机纤维吸声材料的开发和回收利用。

a) 玻璃纤维　　　　　　　　　b) 聚酯纤维

图8-11　无机纤维

金属纤维吸声材料是一类重要的吸声材料，具有高强度、耐高温和耐水性好等优点，其中变截面金属纤维材料和铝纤维吸声板是最值得一提的[10]。目前在汽车的消声器上出现了变截面金属纤维的身影[11]。如果在金属纤维材料的基础上增加空气层或复合微穿孔板，那么将不仅会明显改善金属纤维材料的低频吸声性能，而且它也能够很好地适应油污、水汽、高温等条件[12]。

目前对金属纤维多孔材料吸声性能的研究，主要集中于孔隙度、厚度、孔径及空腔等方面[13]，其微结构见图8-12。通常，当厚度保持某一指定值不变时，材料孔隙度越大，材料在高频处的最大吸声系数将会升高，而吸声系数在低频处则会对应地降低[14]。孔径和孔隙度具有类似的效果，即当孔径越小时，材料在低频处的吸声性能越好；当孔径越大时，材料在高频处的吸声性能越好。

图8-12　金属纤维微结构示意图[16]

而当孔隙度保持一指定值不变时，材料在低频时的平均吸声能力与材料厚度成正比，但材料的厚度增加与高频处的吸声性能之间没有太大关联，因此可利用这一发现来扩大材料的吸声频率宽度，从而提升材料的整体吸声能力；材料在低频处的吸声性能和材料背后的空气层厚度也存在正相关。当空气层厚度等于入射声波的1/4倍波长的奇数倍时，吸声系数取得最大值[15]。

8.2.2　共振吸声材料

共振吸声材料是由无数个赫姆霍兹吸声共振器相互作用而形成的统一体，也是一种吸声材料[16]。当材料表面有外界声波入射时,其内部及周围空气将表现为一个惯性量,从而达到反抗声波产生的体积及速度变化的作用[17]。入射声波的频率不同,这种反抗的强度也不同。当声波频率接近于该系统的固有频率时,这种反抗就会达到最大值,声能消耗也会最大。由此得出,共振吸声结构的吸声性能对入射声波频率表现出较高的敏感性,其吸声效果随着入射声波频率与系统固有频率接近程度而逐渐增加。穿孔板吸声结构、微穿孔板吸声结构、微缝板吸声结构和复合吸声结构是生活中最常见的4种共振吸声材料。接下来以穿孔板吸声结构为例来详细介绍共振吸声材料是如何共振吸声的。

穿孔板吸声结构的原理来自于赫姆霍兹共振器(封闭空腔)和短管组成的空腔声共振器[18]。当穿孔结构接收到一定频率的声波时,其小孔内进入的气体做活塞往复运动,同时由于声波的作用,腔中的空气发生振动,一部分声能在摩擦和阻尼的作用下转化为热能,从而达到消声的效果[19]。图8-13(见彩插)所示为薄膜穿孔板样件及不同厚度的空腔对于薄膜穿孔板吸声系数的影响,从图8-13b可看出,随着空腔深度的增加,穿孔板的低频吸声峰值逐渐向左移动,且吸声峰值有所增加。

马大猷教授率先提出微穿孔板理论[20],1975年给出了该结构的理论和设计基础,微穿板结构示意图及声电类比图见图8-14。该吸收体由厚度小于1mm的穿孔板固定在固体表面而形成。其中,孔尺寸要求为丝米级,孔率需控制在0.5%~5%,以使其具有足够的声阻和够低的质量声抗,在无须添加任何多孔性材料的情况下,形成宽带吸声体。此全金属结构不采用阻性填料,其降噪频带宽(特别是双空腔结构)、力损小、能忍受高温和高速气流冲击、气流再生噪声低[21]。

穿孔板与微穿孔板的吸声作用由其与后部空腔内的空气层形成充分共振来实现,但其吸声性能一般只在特定频段表现良好[22]。这一特定频段又与空腔深度密不可分,因此为使其吸声特性在低频段仍具有良好的表现形式,必须加深空腔深度。由于在较窄的频段才会表现出这种结构的吸声性能,因此提出了双层微穿孔板理论来扩宽吸声频段。为解决安装问题,可以通过在穿孔板的空腔中加入多孔材料的方式,来改变微穿孔板末端的辐射阻抗以及孔腔的声阻抗,从而使得在较宽的频段内也可以获得优质的吸声性能,拓展了在多个领域的应用[23]。

马大猷教授于2000年首先提出微缝板理论[24],根据缝的严格理论,求得适用于全频率范围的准确度较高的近似式之后,微缝吸声体的严格理论由此提出。该理论讨论了声阻系数小和声抗末端改正大的问题,并提出解决方案,以使其与微穿孔吸声体的特性相近。在此基础上发明了一种波折缝隙吸声材料[25],如图8-15(见彩插)所示。该材料波状折起的突出面具有微细的缝隙,可用于建筑物及消声器的吸声处理。

8.2.3 其他吸声微结构材料

除了常见的泡沫类、纤维类、共振吸声材料,还有一些具有其他吸声结构的吸

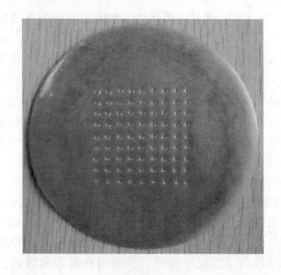

a) 薄膜穿孔板

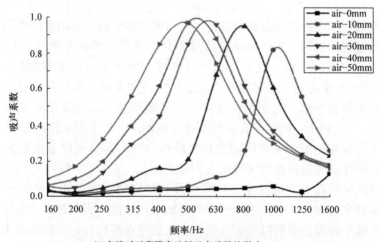

b) 空腔对于薄膜穿孔板吸声系数的影响

图 8-13 薄膜穿孔板及吸声系数

声材料也在日常生活中发挥着巨大作用。例如常见微结构吸声材料的复合、空间吸声体以及吸声尖劈。

（1）穿孔板与多孔吸声材料复合

多孔吸声材料一般在中高频具有较好的吸声表现，但在低频的吸声效果往往不太理想。作为一种共振吸声结构，普通穿孔板在共振时表现出较大的吸声系数，而当离开共振频率时，其吸声系数急剧下降，因此其吸声性能表现出很强的选择性。穿孔板共振吸声结构通过与空腔的配合使用，在低频下具有优异的吸声表现。因此，很多学者考虑将二者结合成复合吸声结构来改善其低频的吸声效果[26]。

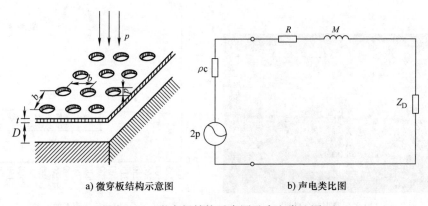

图 8-14 微穿板结构示意图及声电类比图

目前主要通过分析不同厚度和放置方式的吸声材料对空腔声阻抗和穿孔辐射声阻抗的影响（见图 8-16，见彩插），并建立了微穿孔 – 吸声复合结构的理论分析模型。此外还可以研究放置不同表面的多孔材料与穿孔板组成的复合吸声结构的吸声性能，同时可以采用有限元法分析不同表面对该吸声结构吸声性能的影响。总体来说，多孔材料的成分越多，复合吸声结构的低频吸声性能越好。

（2）多层吸声复合材料

除了采用穿孔板 – 多孔材料复合的方式以外，多层吸声复合材料（见图 8-17）复合也是一种常见的复合吸声结构。通过制备多种声学性能优良的吸声材料，继而通过叠加处理制备一种多层复合吸声结构[27]。例如，泡沫多孔吸声材料与纤维多孔材料的复合[28]，金属面板与泡沫多孔吸声材料的复合等。

图 8-15 微缝板示意图

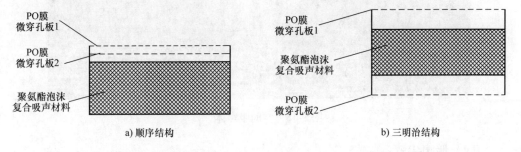

图 8-16 穿孔板与聚氨酯泡沫多孔材料结合组成的复合吸声结构示意图

a) 多层吸声复合材料　　　　　　　　b) 对应吸声系数

图 8-17　多层吸声复合材料（聚酯纤维 – 黄麻纤维 – 玻璃纤维）及对应吸声系数

（3）空间吸声体

作为一种各个界面完全暴露在室内声场中的声学构件，空间吸声体可以通过结合自身材料多孔性和结构共振性的方式，达到吸声降噪的目的[29]。空间吸声体材料形式多样，最主要的形式包括板材类吸声体、织物类吸声体和金属类穿孔板等。板材类吸声体主要是通过将木材穿孔或开槽，来得到吸声板材，其一般采用单体悬吊的方式，并通过一定的排列布满整个顶棚，这类空间吸声体多应用在会议厅、报告厅（见图 8-18）等。

通常，空间吸声体的声学结构分为两种。一种如吸声板材，可利用材料本身的多孔性进行吸声，通过材料孔径来过滤声波。另一种吸声方式的实现依赖于结构的共振原理，即噪声在中空的结构中相互碰撞，从而达到声能消耗的作用[30]。而内部中空形式的形成，可通过将空间吸声体的表面材料合围实现。

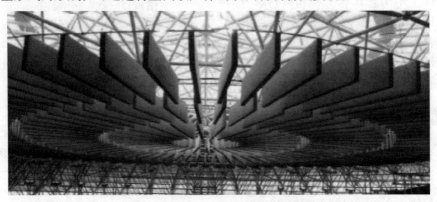

图 8-18　空间吸声体[25]

（4）吸声尖劈

吸声尖劈是一种性能良好的吸声结构[31]，其内部设置空腔结构，兼具谐振吸声和阻抗过渡吸声的优点,如图 8-19 所示。由于吸声尖劈具有有效降低舰船声呐平台的自噪声的功用,吸声尖劈可以有效降低舰船声呐平台的自噪声,目前已在各类船舶中进行广泛应用[32]。

通过实验发现,吸声尖劈的吸声系数在其高度等于所需吸收声波的最低频率波长一半的情况下,其值将达到 0.98。吸声尖劈的高效吸声一方面归功于接触面积的增大,另一方面由于声波入射到楔槽斜壁上时,其反射声波被循环往复地吸收。

图 8-19　吸声尖劈[25]

8.3　微结构隔声材料

微结构隔声材料本质上是一种具有较好的隔声性能并且具有较长隔声作用时间的材料。微结构隔声材料还应具有使用寿命长、强度大、环保、不易破损、易于安装等性能。微结构隔声材料大多为复合材料,以多孔结构隔声材料为主,有的隔声材料同时还具备吸声、减振性能。同时,可通过多种方式例如加填料提高隔声性能,也可通过对材料的结构进行观察分析来提高隔声性能。

8.3.1　纺织品隔声材料

纺织纤维经加工而成后应用于吸声隔声领域的复合材料,被称为纺织品吸声隔声材料。纺织品材料因其柔软、多孔的特点,具有吸声隔声性能。纺织品隔声材料的隔声原理为声波入射到材料的表面,部分声波发生反射,使声波不进入材料内部,从而达到隔声效果。目前国内外纺织品隔声材料的原材料为动植物纤维、无机纤维、合成纤维、金属纤维和高性能纤维,其中动植物纤维主要包括羊毛纤维和麻纤维等,动植物纤维取材方便且环保,但制成的材料不宜长期使用尤其是在室外,限制了材料的使用寿命。无机纤维是以天然无机物或含碳高聚物纤维为原料,通过直接碳化或人工抽丝制成的,例如玻璃纤维、碳纤维、玄武岩纤维、岩棉纤维等。虽然无机纤维强度好、使用寿命长,但易造成环境污染。合成纤维主要有聚丙烯纤维、聚酯纤维、聚酰胺纤维等,合成纤维原料的成本不高,应用广泛,其化学性质较为稳定,适用于长期使用。如果能够回收相关废弃物再将其制造成吸声隔声材料,便可以起到原料的再利用。但到目前为止,将合成材料加工成吸声隔声性能较好的材料技术仍不够成熟,还需进一步研究。金属纤维包括铝纤维、钛纤维、不锈钢纤维、铜纤维等,其优点是强度高、不易燃、不易老化、防潮、抗氧化,并且较为环保,缺点制作成本太高,无法大批量生产。高性能纤维主要是纳米纤维及一些复合纤维材料,高性能纤维制成的材料隔声性能更好。对于纺织品材料来说,它的主要性能为吸声性能,但同时它也存在隔声性能,甚至可以在保持其吸声性能的同时加强隔声性能[33,34]。

8.3.2 树脂基体复合隔声材料

树脂基体复合隔声材料包括聚氯乙烯基隔声材料、丙烯酸树脂基隔声材料、乙烯-醋酸乙烯共聚物(简称EVA,又称EVA树脂)基隔声材料、苯乙烯-丁二烯-苯乙烯嵌段共聚物(SBS)基隔声材料。可以发现,这些隔声材料的隔声性能在0~100Hz和400~1600Hz较好,基本能达到25dB。在制备树脂基体复合隔声材料时需要用到增韧剂,增韧剂的种类对材料的隔声性能影响不大,但是它的用量对材料的隔声性能有影响,所以在制备这些隔声材料时应在保持材料韧性的同时增加材料的隔声性能。在这四种隔声材料中,丙烯酸树脂基隔声材料的隔声性能比其他三种材料更好,但研究更多、应用更为广泛的是聚氯乙烯基隔声材料[35]。如今提高聚氯乙烯基隔声材料隔声性能的途径有加填料、与另一种材料结合等,聚氯乙烯基隔声材料可通过加炼钢炉渣粉、漂珠、核桃壳颗粒等,不仅可将废物进行利用,而且提高聚氯乙烯基隔声材料的隔声性能[36-38]。

8.3.3 木质隔声材料

木质隔声材料主要是指木材、木质人造板与木塑复合材料这些有隔声性能的材料。由于木材/木质人造板的面密度较低,因此其隔声性能表现为中至略差。依据质量定律,同种板材的平均隔声量随着厚度和面密度的增大而提高;平均隔声量的影响因素不只是有质量定律,在不同种类人造板的对比中,其平均隔声量并不完全随着面密度的增大而提高。将高聚物与木质材料复合,不但可以增大材料的面密度,还可以改善高聚物的物理力学性能,从而提高隔声性能,这主要归功于黏弹性高聚物自身的化学链状结构具有优异的阻尼减振作用。但是,大多数高聚物单独使用时隔声性能欠佳且弹性模量较小,表面密度不高。分别取天然辐射松木浆(NIP)、合成玻璃纤维(FG)等增强纤维与聚丙烯(PP)混合,注塑模压成型,并在隔声性能方面与同厚度的石膏板进行对比，试验表明，PP/MP 复合材料的隔声性能略低于 PP/FG 复合，且 PP/MP 或 PP/FG 等复合材料的隔声性能均优于石膏板。随着 MP 或 FG 掺入比例增大，复合材料的临界频率降低，但掺入比例对隔声性能的影响不明显。向木粉/高密度聚乙烯（HDPE）中掺入一定比例的无机粒子，例如蒙脱土或沉淀碳酸钙，制成木塑复合材料，材料的隔声性能提高且其弹性模量、劲度、面密度均增大。虽然木质材料的隔声性能不高，但木质材料可与其他材料或物质进行混合，提高最后复合材料的隔声性能[39-41]。图 8-20（见彩插）所示为 4 种人造板隔声频率特性曲线。

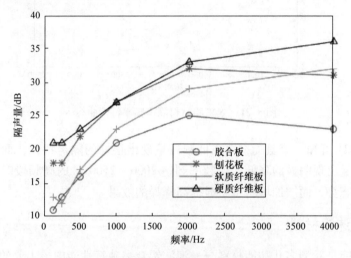

图 8-20　4 种人造板隔声频率特性曲线

由图 8-20 可知，各种木制人造板隔声频率特性曲线呈现出相似的特性，在低频段（0~100Hz）出现一个隔声效果不明显的阶段，而随着频率提高，隔声量出现明显提高的特点，当频率在 2000Hz 以上时，隔声量随频率的提高，增长较小，而刨花板和胶合板呈现出隔声量减小的特点。

8.3.4　聚氨酯材料

聚氨酯材料种类多样，例如泡沫、弹性体等，其中聚氨酯泡沫具有良好的吸声性能，同时也具有隔声性能。在聚氨酯泡沫中，纯化学制备的聚氨酯泡沫隔声性能表现略差，可以通过增加竹纤维、麻纤维等有机填料和无机填料提高聚氨酯泡沫的隔声性能，这是因为聚氨酯泡沫的隔声性能与泡沫内的闭孔有关，通过增加填料既可以增大孔的直径，也可以增加闭孔的数量[42-44]。由于损耗因子、厚度和填料的影响，聚氨酯弹性体也要具备一定的隔声性能。在相同频率下材料的损耗因子大，隔声性能好。在低频下水的特性阻抗与材料的特性阻抗严重失配，故其隔声量较高频时大。随着厚度的增加，材料的隔声量也会增大[45]。图 8-21（见彩插）为聚氨酯材料的隔声频率特性曲线。

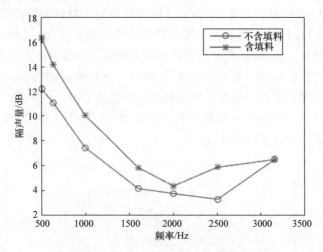

图 8-21 聚氨酯材料隔声频率特性曲线

从图 8-21 可知，聚氨酯材料在低频段呈现出很好的隔声特性，而随着频率的增加，降噪量出现明显的降低，当频率到达 2000~2500Hz 的高频段时，降噪量又出现上升的态势，而增加填料可明显提高降噪的效果。

8.3.5 泡沫铝材料

隔声性能是新型多孔功能材料——泡沫铝众多独特性能中最主要的一种，泡沫铝是一种很好的声音屏隔材料，声波射入泡沫铝表面产生漫反射而干涉消声，进入泡沫铝的孔隙内使骨架振动释放热量而消耗声能，通过孔径不同的孔隙而膨胀消声。泡沫铝在国外已被制成单层或复合层的吸声板、吸声体，大量应用于高速列车的发电机室、录音室及高速公路的吸声壁上。用渗流法制得的泡沫铝常用作消声、隔声材料，是因其具有孔隙结构易控制、孔隙率高、比表面大等优点。图 8-22（见彩插）为泡沫铝材料的隔声频率特性曲线，从图中可知，泡沫铝材料在频率为 125Hz 以下的隔声效果不明显，但当频率超过 125Hz 时，泡沫铝材料就有明显的隔声降噪效果[46-49]。

8.3.6 蜂窝隔声材料

随着科技的快速发展，航天、航空飞行器和高速列车、汽车等交通运输工具的动力装置变得越来越轻型和强载，由此所引发的由结构振动而引起的结构声向舱室内传入的问题日益显著。以发动机和高速气流为激励源所引发的舱室振动噪声不仅使得某些部件较易产生疲劳破坏，而且使得乘员舒适度大大降低。因质量轻和面积大的特点，蜂窝夹层板件结构易受激励引发结构振动而造成的结构声辐射成为舱室

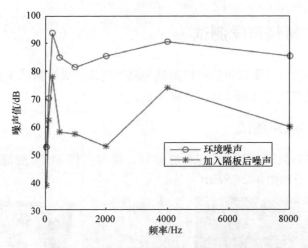

图 8-22 泡沫铝材料的隔声频率特性曲线

内的主要噪声源之一。在相同厚度条件下,打孔橡胶夹层结构和均质橡胶结构的整体隔声性能都要比蜂窝夹层结构的隔声性能差。硬质橡胶材料所产生的隔声性能明显比软质橡胶差,说明蜂窝夹层结构的隔声性能一定程度是取决于橡胶材料的性质[50-52]。蜂窝夹层结构模型如图 8-23 所示。

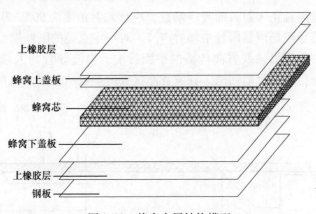

图 8-23 蜂窝夹层结构模型

8.3.7 微结构隔声材料的应用

微结构隔声材料有很多种,大多为多孔复合材料,在具备隔声性能的同时也具有吸声性能,而且这两者存在一定的关联。在实际应用中,隔声材料无所不在,既能应用于汽车部件,还能应用于水下机器(例如潜艇)等。微结构隔声材料既要隔声性能良好且持久,又要环保绿色。这是隔声材料的主要发展方向,也是全球材料发展的趋势。

8.4 微结构材料声学测试

微结构材料的声学测试包括吸声测试与隔声测试。吸声测试主要是测试材料的吸声系数，而隔声主要是测试材料的隔声量。

8.4.1 微结构吸声测试

对吸声系数的测试方法一般包括驻波管、混响室和 Alpha 舱测试法。驻波管、混响室及 Alpha 舱如图 8-24 所示。

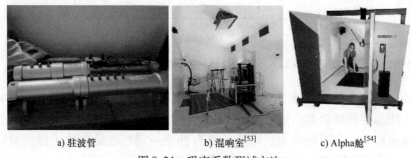

a) 驻波管　　　　b) 混响室[53]　　　　c) Alpha舱[54]

图 8-24　吸声系数测试方法

驻波管测量声音正入射时的吸声系数，声音入射角度为 90°。驻波管信号发声器发出的单频信号经扬声器向管中辐射声波。对一定直径的刚性管而言，在一定频率范围内，管中产生沿轴线方向传播的平面行波。当波导管的末端被刚性壁封闭时，传播的平面行波被反射回来。驻波管测试吸声系数示意图如图 8-25 所示。

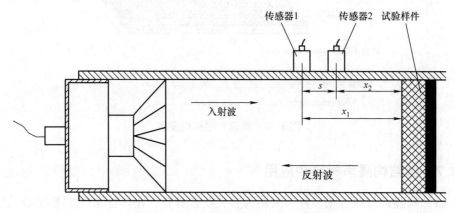

图 8-25　驻波管测试吸声系数示意图

传感器 1、2 到实验样本的距离分别为 x_1 和 x_2，采用传递函数法进行测试。通过测量测试样品前两个传声器位置上的声压，然后计算两个传声器声压的复传递函数，确定法向入射声反射因数，计算得到测试样品材料的法向入射吸声系数。入射

声压 p_I 和反射声压 p_R 分别可以表示如下:

$$p_I = p_i e^{jk_0 x} \tag{8-9}$$

$$p_R = p_r e^{-jk_0 x} \tag{8-10}$$

两个传声器位置上的声压 p_1 和 p_2 分别可以表示如下:

$$p_1 = p_i e^{jk_0 x_1} + p_r e^{-jk_0 x_1} \tag{8-11}$$

$$p_2 = p_i e^{jk_0 x_2} + p_r e^{-jk_0 x_2} \tag{8-12}$$

入射波和传递波的传递函数分别为

$$H_I = \frac{p_{1I}}{p_{2I}} = e^{jk_0(x_1-x_2)} \tag{8-13}$$

$$H_R = \frac{p_{1R}}{p_{2R}} = e^{-jk_0(x_1-x_2)} \tag{8-14}$$

由于 $P_r = rP_i$,则总传递函数可以表示如下:

$$H_{12} = \frac{p_2}{p_1} = \frac{e^{jk_0 x_2} + r e^{-jk_0 x_2}}{e^{jk_0 x_1} + r e^{-jk_0 x_1}} \tag{8-15}$$

$$r = \frac{H_{12} - H_I}{H_R - H_{12}} e^{2jk_0 x_1} \tag{8-16}$$

$$\alpha = 1 - |r|^2 \tag{8-17}$$

驻波管方法虽然简便、精确,但与实际声场不符。一般在测试材料的声学性质以及设计消声器时使用驻波管法。

混响室法是在混响室中,将不同频率声波以相等的概率从各个角度无规则入射。声源开始发声后,会有混响声产生于封闭空间中。声源停止发声后,混响声会逐渐衰减,这种现象一般采用混响时间来进行描述。混响时间指的是声源停止发声后,声级衰减 60dB 所需要的时间,混响时间计算如下:

$$T_{60} = 0.161 \frac{V}{S\bar{\alpha} + 4mV} \tag{8-18}$$

式中,$\bar{\alpha}$ 是室内的平均吸声系数;S 和 V 分别是封闭空间内部的表面积和体积;m 是空气的声强吸声系数。一般而言,如果频率比 1kHz 低,可忽略不考虑空气介质的吸收。

使用混响室法比较接近材料的实际使用情况,但数值偏差往往比较大。一般在设计吸声减噪中采用混响室法,令房间的吸声量 $A = S\bar{\alpha}$,则式(8-18)可以转化为

$$A = \frac{55.3V}{c_0 T} - 4mV \tag{8-19}$$

每次反射所吸收的声能会受到混响室的吸声能力的影响,单位时间内声波的反射次数会受到混响室的体积影响。在混响室大小确定后,混响时间只与混响室的吸

声能力有关。

Alpha 舱也是基于混响室原理测量材料吸声系数的一个小型混响室,它的测量原理和测量方法和混响室基本相同。Alpha 舱由声源、舱室、信号采集及处理装置组成。舱室内壁一般采用反射波较强的材质制成,外壁采用的是隔声效果强的材料。Alpha 舱的大小根据实际情况而定,一般在 2~6m^3[55]。在 Alpha 舱中,测试样件的吸声系数可由式(8-20)计算得到:

$$\alpha = 0.14996 \frac{V}{S}\left(\frac{1}{T_1} - \frac{1}{T_0}\right) \tag{8-20}$$

式中,V 是 Alpha 舱体积(m^3);S 是样件测试面面积(m^2);T_0、T_1 分别是测试样件放入 Alpha 舱之前和之后的混响时间(s)。与混响室相比,Alpha 舱的造价成本比标准混响室低很多。与驻波管相比,Alpha 舱可以测量形状、体积不规则的式样。但 Alpha 舱测量受到体积的限制,并且只能测量体积不太大的试样。在汽车领域,Alpha 舱常用于测试汽车内各种部件的吸声特性。

8.4.2 微结构隔声测试

对于隔声量的测量方法,总体上可分为驻波管法、混响室法和现场测量法。采用驻波管法可以方便快捷地测量材料的传递损失。采用四传感器的测量方法比较普遍,其测量原理如图 8-26 所示。

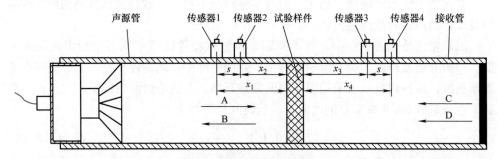

图 8-26 驻波管测量声音原理图

信号发声器发出信号,扬声器将信号变为声波,进入声源管后产生垂直入射波 A,遇到检测样品后一部分被吸收,一部分被反射形成反射波 B,经过测试样品进入接收管,形成平面投射声波 C,投射声波 C 遇到吸声末端,一部分被吸收,另一部分被反射形成平面反射波 D。在测试样品的前后分别放置两个传声器,用于测量所在位置的声压。隔声量(TL)可由式(8-21)得到:

$$TL = -20\lg|t_p| \tag{8-21}$$

其中,常数 t_p 可根据声压投射系数的公式得到:

$$t_p = \frac{\sin[k(x_1 - x_2)]}{\sin[k(x_4 - x_3)]} \times \frac{p_3 e^{jk(x_4 - x_3)} - p_4}{p_1 - p_2 e^{-jk(x_1 - x_2)}} \times e^{jk(x_2 + x_3)} \tag{8-22}$$

式中，x_1、x_2、x_3、x_4 分别是传感器 1、2、3、4 至被测材料的距离；p_1、p_2、p_3、p_4 分别是传感器 1、2、3、4 所接受到的声压。

通常，隔声室是用于测量声音传递损失的混响室。隔声室由两个相邻的混响室组合而成，一个是声源室，另一个是接收室[56]。图 8-27 所示是隔声室分布图，其中 A、B、C 都是混响室，测隔声结构的试洞安装于两个混响室之间。

每个混响室理应具有坚硬的壁面和足够大的体积，才能在隔声室中获得较好的混响声场。每个混响室的最小体积为 $50m^3$，常用试件隔声量（TL）可用下式推导出来：

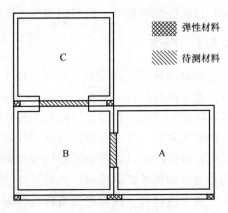

图 8-27　隔声室分布图

$$\text{TL} = L_1 - L_2 + 10\lg \frac{S}{A} \tag{8-23}$$

式中，L_1 是声源室的声压级；L_2 是接收室的声压级；S 是试件的面积；A 是接收室的吸声量。

声源室和接受室内不同点测量结果的平均声压级 L 可以用下式表示：

$$L = 10\lg \frac{p_1^2 + p_2^2 + \cdots + p_n^2}{np_0^2} \tag{8-24}$$

式中，p_1，p_2，…，p_n 是室内 n 个不同位置上的有效均方根；$p_0 = 2 \times 10^{-5}$Pa 是参考声压；n 是测点数目。

接受室的等效吸声量可用下式表示：

$$A = 0.161 \frac{V_2}{T_2} \tag{8-25}$$

式中，V_2 和 T_2 分别是接收室的体积及混响时间。

采用混响测量的方法要求材料的面积比较大，一般为 $10m^2$，一般在项目进行至工程阶段时才会需要比较大的声学材料样品。而现场测量法是测量在特殊声学条件下的建筑构件或已完成建筑的隔声特性。发生室在露天环境，声源既可以采用扬声器的直射声，又可以采用交通噪声，现场测量法一般不采用材料。

8.5　微结构减振材料

噪声控制和结构振动在国防工业和民用生活中扮演十分关键的角色。许多工程应用过程都希望使用到刚度高、阻尼机械振动性能好的材料。因此，减振材料有着广阔的研究与应用前景。其中，微结构复合材料能呈现出不同组合材料的优异性能,且这些性能在单一材料结构中无法达到[57]。

8.5.1 概述

现有两种减振降噪最有效的途径,一种是利用黏弹性材料的阻尼特性实现结构振动能量的耗散以抑制振动,另一种是利用弹性波带隙对特定的频段波的阻隔特性实现隔振和降噪。合理设计材料的微结构可以增大阻尼和调整带隙频段以实现对振动的有效隔断,可以有效提高黏弹性阻尼材料和弹性波带隙材料的减振降噪性能。实现材料微结构设计的前提是构建材料宏观性质对微结构构型的依赖关系。因此,构建具有周期性微结构材料的等效性能快速预测的方法是非常有必要的。此外,研究发现手性材料、内六边形格栅材料等负泊松比材料拥有非常好的带隙特性,因此可通过设计负泊松比材料的微结构进而设计具有带隙性质的材料[58]。

8.5.2 减振微结构材料设计

阻尼结构黏弹性材料的微观结构拓扑优化,其微结构由周期性晶胞组成,通过均质化方法获得黏弹性材料的有效模量,采用基于密度的拓扑优化方法寻找黏弹性材料的最佳微观结构。阻尼结构示意图如图 8-28 所示。该宏观结构由两个面板和一个黏弹性芯组成。结构受到动态载荷的激励,芯的黏弹性材料由周期性微结构组成。因此,通过优化微结构的晶胞可以有效地减小阻尼结构的结构振动。

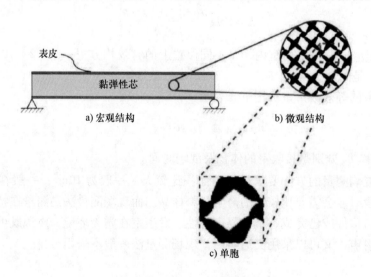

图 8-28 阻尼结构示意图[59]

结合阻尼结构的特点,本小节分别介绍各向异性材料和各向同性微结构优化结构。均匀微结构各向异性材料,用于使振动响应最小化的优化微结构,如图 8-29 所示。

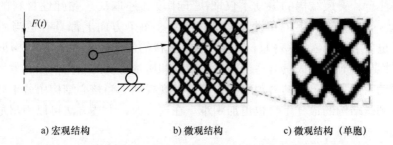

a) 宏观结构   b) 微观结构   c) 微观结构（单胞）

图 8-29　均匀微结构各向异性材料[59]

宏观结构是由具有相同体积分数的若干微结构组成的各向异性材料，可以预期更好的动态性能。图 8-30 列出了具有不同体积约束的最佳微结构。

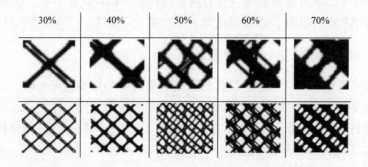

图 8-30　不同体积约束的最佳微结构[59]

在许多应用中需要各向同性的材料，其具有两个各向同性微结构，如图 8-31 所示，体积分数分别为 43.2% 和 56.8%。

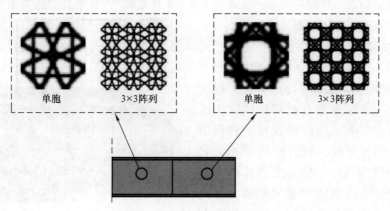

图 8-31　各向同性的材料[59]

值得注意，夹层结构的振动不仅取决于刚度，还取决于黏弹性材料的惯性效应。因此，研究重点应集中在设计微结构使其在每个方向上都具有适当的材料刚度，同时也要考虑到宏观结构行为。黏弹性材料的质量密度也影响结构振动。因此，黏弹性材料应设计成具有适当的材料刚度和质量密度的结构，以有效地减少宏观结构振动。但是，最佳的微观结构很难被直观找到。当核心结构由若干微结构组成时，找到微结构的最佳组合也更加困难。在这方面，上述方法可以为阻尼结构的设计提供一些思路。

许多研究人员还研究了黏弹性材料的微观结构拓扑优化。Yi 等人提出了一种拓扑优化方法来设计两相黏弹性复合材料，该材料具有改进的刚度和阻尼特性[60]。Andreasen 通过拓扑优化研究了黏弹性复合材料性质的理论上限[61]。Andreassen 和 Jensen Huang 等人研究了黏弹性复合材料的阻尼优化，Huang 提出了一种基于 BESO 方法的黏弹性复合材料微观结构拓扑优化方法，研究了黏弹性材料的微观结构拓扑优化，以提高被动约束层阻尼（PCLD）结构的阻尼性能[62]。

8.5.3 微结构减振材料分类与应用

在工程应用中，可从振源、传递和防振对象的整个传播过程采取一定的方法隔离或吸收振动以达到缓和振动的目的。本小节主要从微结构减振材料的角度，来研究微结构材料在减振方面的应用。微结构减振材料主要有黏弹性阻尼材料、阻尼复合材料和金属类阻尼材料。

（1）黏弹性阻尼材料

黏弹性复合材料一般都为高分子聚合材料，同时具备黏弹特性。当材料受到外界振动的外力时，内部的分子链拉伸，由于材料的弹性和黏性特性，分子链移动后不能完全恢复原位，因此内部出现能量损失，达到减振效果。黏弹性阻尼材料具有较大的阻尼系数，其损耗因子一般都在 0.1~2.0 之间[63]，聚合物随着温度的变化具有刚性的玻璃态区、黏流状态的转变区和相对稳定的高弹区，其中 T_0 为玻璃态开始发生状态变化的转变温度。当处于玻璃态区时，能够很好地耗散能量，却不能存储能量；当处于高弹区时，能很好地存储能量却不能耗散能量，而转变区能兼顾存储能量和耗散能量的特点。在工程应用中，也主要运用聚合材料在转变区所表现的优良特性。海绵橡胶是一种典型的黏弹性阻尼材料，如图 8-32 所示，它是一种孔眼遍及材料整体的多孔结构材料，具有较小的密度和很高的减振、隔声性能，因而被广泛应用于生活和工业生产的减振和消声方面。

图 8-32 海绵橡胶[64]

(2) 阻尼复合材料

根据材料基体的类型,可将阻尼复合材料分为聚合物基和金属基两类阻尼复合材料[65],聚合物基阻尼复合材料具有高损耗因子的特性,具有明显的减振效果;金属基复合材料主要表现在复合相以及相应基体间存在着固有阻尼和损坏阻尼以及热塑阻尼。图 8-33 所示为镁合金多孔泡沫复合材料,利用渗流法将水溶性盐粒子制成多孔预制块[66],然后再将镁溶液浇入,使其渗入到缝隙中而填充孔隙,最后得到多孔泡沫镁复合材料,在多孔泡沫镁复合材料的性能测试中,与基体合金相比,多孔泡沫镁复合材料的减振性能更加优异。

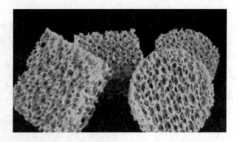

图 8-33 镁合金多孔泡沫复合材料

(3) 金属类阻尼材料

金属阻尼材料的缺陷阻尼由缺陷和位错引起,金属材料中的缺陷会阻碍原子的运动从而产生阻尼,将原子的动能进行损耗,起到减振效果。但通常,缺陷阻尼所产生的阻尼较小,损耗因子也仅为 0.001 ~ 0.150,难以作为阻尼材料在实际中应用。随着科技的发展,泡沫铝作为一种典型的金属类阻尼材料,通过提高孔隙率使得缺陷阻尼得到很大提高,因此具有明显的减振效果,如图 8-34 所示。

图 8-34 泡沫铝[67]

(4) 微结构减振材料应用

随着现代工业的发展,军工、机械、航空航天等领域都需要用到减振材料来减小振动所带来的噪声和破坏,开发和研究具有阻尼特性的减振材料意义重大。传统的高分子阻尼材料,利用自身所具备的阻尼特性来实现减振的方法难以在高阻尼需求的场合进行应用,通过加入合适的填料形成新型复合高阻尼材料或提高结构孔隙率来达到提高阻尼系数和耗损因子的效果,增强材料的减振性能。

聚氨酯材料的耗损因子比较小,无法将外界传递过来的机械能转化为热能进行耗散,因此减振效果较差,但对聚氨酯材料进行发泡反应,使其内部的微结构变为泡孔结构,如图 8-35 所示,新型的微孔聚氨酯材料在受到外力时通过内部气泡压缩变形,形成一个气垫,当外力消失时,气泡能够迅速恢复[68]。微孔聚氨酯材料具有较高的阻尼系数和优异的吸收冲击的能力,对冲击能量的吸收率能够达到 75% ~ 95%,减振效果优异。

微结构减振材料在工程领域有着广泛应用。南京长江大桥公铁两用桥采用桁架结构连接,使得火车和汽车在通行过程中产生的振动不会相互影响,同时桁架结构也可以较好地缓解自然风对桥梁的扰动[69]。汽车上使用的聚氨酯泡沫坐垫由无固定序列的泡孔结构堆砌而成,在不同部位具有不同的硬度,中间部位柔软,可以缓

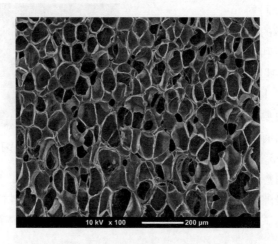

图 8-35　微孔聚氨酯材料微结构

解路面传来的振动，提高驾乘舒适性，两侧较硬可以保持驾乘人员身体稳定，提高行驶安全性[70]。图 8-36 为微结构材料在桥梁[71]和汽车座椅[72]上的应用实例。

a) 微结构在桥梁上的应用

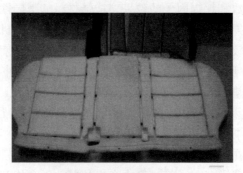

b) 微结构在汽车座椅上的应用

图 8-36　微结构材料应用举例

8.6 微结构材料在 NVH 中的应用

如今，人们对汽车 NVH 方面的性能关注以及要求越来越高。汽车上的噪声振动主要来自于动力系统噪声振动源、路面噪声振动源和风激励引起的噪声振动源。传播途径则主要包括是空气声传播和结构声传播[73]。目前，汽车噪声控制方法可分为主动控制和被动控制。噪声主动控制是指有附加部件或附加能源参与的噪声控制过程，又称为有源控制。噪声的被动控制主要采用以下 4 种手段：①减小甚至消除激励源、噪声源的声辐射；②控制噪声传递路径，即在传播途径上添加吸隔声材料，通过隔振、隔声及改善车厢密封性等方式切断噪声传播途径，进而使噪声在传递过程中逐渐消耗；③降低车厢内的混响作用，即在车厢壁板内侧安装能减少反射声的吸声材料；④改进并优化车身结构设计，调整车内声腔振型，减弱甚至阻断车厢内声腔共鸣和风振现象[74]。采用声学材料是目前比较常用的一种经济、简便、易于实施的车内降噪方法，其原理是从噪声传播途径上控制噪声。一般将这种声学材料称为声学包装（与汽车 NVH 相关的各类吸声隔声密封部件的总和）。目前在 NVH 方面使用比较广泛的材料是吸声棉、泡沫塑料、矿棉板等，它们都属于微结构材料。

8.6.1 泡沫材料在 NVH 中的应用

泡沫材料是一种微结构材料，其内部含有大量的孔隙，孔隙中充斥着空气，这种结构能起到很好的吸声减振作用，因而广泛用于吸声减振等领域。泡沫材料包括泡沫金属、泡沫塑料和泡沫陶瓷。

（1）泡沫金属

泡沫金属是一种新型多孔材料，通过选择基体金属、孔隙结构和密度值来控制变形特征，可使泡沫金属成为理想的吸能材料[75]。由于泡沫金属的结构优势，它的孔隙率可达 90%，且全部呈开孔结构，孔道的直径要比超细玻璃棉大得多，非常有利于声波的透入。泡沫金属材料在低频域具有高吸声特性[76]。泡沫金属具有独特的压缩应力-应变曲线，在变形过程中泊松比会发生改变，可吸收较高的冲击能量，具有很好的减振性能。常用的泡沫金属材料的材质有青铜、镍、钛、铝、不锈钢等，也有其他金属和合金。所有泡沫金属中特别受到重视的是泡沫铝。

泡沫铝被认为是车辆战略的新材料，为了加大对驾驶人员的保护，许多泡沫铝被作为能量吸收器放置在底座上。如图 8-37 所示，泡沫铝还可以放置在高铁列车的车厢两端后，提升防撞缓冲效果。由于泡沫铝既可以吸声又可以耐高温，可以很好地被用在客车消声器中，图 8-38 展示了一个采用泡沫铝的消声器。

如图 8-39 所示，奥迪 A8 的保险杠、前后纵梁、支柱均为金属泡沫材料制品。汽车构件例如防撞梁、顶盖板、底盖板、座椅、保险杠、前后纵梁等部件都可采用泡沫铝制造。泡沫铝在汽车防撞上的应用如图 8-40（见彩插）所示。在工程实际应用中，为了满足刚度与强度的要求，泡沫铝大多使用的是三明治结构。

图 8-37　高铁车厢吸能结构[77]

图 8-38　采用泡沫铝的消声器[78]

图 8-39　奥迪 A8 车身结构图[79]

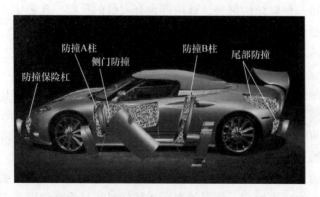

图 8-40　泡沫铝在汽车防撞上的应用[78]

泡沫金属具有很好的耐高温性能，而且受热也不会释放有毒物质。日本将泡沫金属用在列车的发电室以及工厂的降噪装置上面。泡沫金属还用于生产空压机的消声器材、公路两旁的隔声障和门内的一些消声件等。在国防工业中，泡沫金属用于制作鱼雷的隔声板，可以有效减小鱼雷的噪声，提升鱼雷的使用效果。泡沫金属的减振性能常常应用在缓冲器和吸振器方面。飞船和飞机的起落架，传送带的安全垫，大型的包装箱，机床的吸能内衬以及齿轮上的阻尼都可以采用泡沫金属。"辽宁"号航空母舰的生活舱里就用到泡沫铝。

目前，我国主要在交通运输和建筑领域中对泡沫金属有大量需求，随着相关领域的发展，对泡沫金属的需求会进一步加大，随着技术的提升，泡沫金属的成本会进一步降低。国外 ALoca、Cymat 等公司以及国内的安徽一鸣新材料科技有限公司、杭州龙邦科技有限公司等公司都有很多金属泡沫产品。未来金属泡沫也将从单一金属向多种金属复合发展，金属的基体会由低熔点金属向高熔点金属转变，在结构上则有由不规则的构型向可控规则的构型发展的趋势。

（2）泡沫塑料

泡沫塑料是生活中常用的一种吸能材料。由于其生产比较简单，加工比较方便，在 NVH 方面更是应用非常广泛。从分类上来看，泡沫塑料可分为开孔泡沫塑料和闭孔泡沫塑料。闭孔泡沫塑料可以作为缓冲件或隔声件，主要应用于一些器件的包装，例如聚苯乙烯、聚氯乙烯和聚氯酯泡沫塑料等。开孔泡沫塑料可以用作吸声材料，例如泡沫尿醛塑料、软质聚氨酯泡沫塑料等。

聚氨酯是一种泡沫塑料，在汽车 NVH 方面有着广泛的应用。聚氨酯泡沫塑料大量应用于汽车坐垫、靠背和头枕等部位。利用聚氨酯的减振性能，可充分提高驾乘人员的舒适性，聚氨酯在汽车座椅上的应用如图 8-41 所示。

聚氨酯还可制成保险杠，保险杠安装于车前、车后，碰撞时起到缓冲、减少损伤的作用。采用微孔聚氨酯弹性体制作新型保险杠，相对于传统保险杠，其硬度更低、压缩率更高，能够有效吸收更多的冲击能量。聚氨酯保险杠如图 8-42 所示。聚氨酯还可应用在安全气囊中，气囊的皮

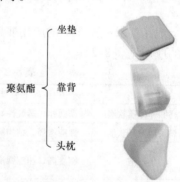

图 8-41　聚氨酯在汽车座椅上的应用

层可以采用聚氨酯弹性体，背面可以增加聚氨酯泡沫，从而提高其缓冲性能。如图 8-43 所示，聚氨酯作为微结构材料，内部具有许多微小的间隙和连续的气泡，具有良好的高频吸声性能。如图 8-44 所示，聚氨酯是目前常用的汽车声学包装之一。

图 8-42　聚氨酯保险杠[80]

图 8-43　含有聚氨酯的安全气囊[81]

除了在汽车领域，在航天领域中，聚氨酯还可被用来制作飞船的飞行甲板以及客舱内墙。如图 8-45 所示，聚氨酯用来制作宇航服，与传统宇航服相比延长了使用寿命。聚氨酯还用在安全帽中，提高安全帽的安全性能。

图 8-44　用于声学包装的聚氨酯[82]

图 8-45　含有聚氨酯材料的宇航服[83]

泡沫塑料在汽车上的应用非常广泛，常用泡沫塑料的类型以及在汽车各个部分上的应用见表 8-2。

表 8-2　泡沫塑料在汽车上的应用

类型	性能特点	应用
高回弹冷模软泡	高回弹、透气性好、手感好、易生产	坐垫、靠背、头枕、装饰条
热模加填料软泡	性能增强、结构简单	坐垫、靠背、头枕、足垫
半硬泡	密度高、压缩强度大、抗冲击	仪表板填充剂、门柱包皮、控制箱、扶手、头枕、遮阳板
自结皮泡沫	表面光滑度高、有弹性、应用广泛	扶手、转向盘、扰流板、头枕、门柱
微孔弹性体	较柔软、尺寸稳定性好、耐磨、抗老化性能好	转向盘、密封条、防振垫
硬泡	轻质、高强、稳定性好、绝缘性好、抗老化	门板内衬、车用小冰箱、消声垫、遮阳板
浇筑型弹性体	承载能力大、抗撕裂、耐磨、耐油	防尘密封、轴承套、轮胎
热塑性弹性体	高模量、高强度、高伸长率、高弹性、耐磨、耐油、耐低温、耐老化	减振垫块、弹簧隔垫、车身部件

泡沫塑料的需求量巨大，泡沫塑料的挥发物是车内有机挥发物的重要来源，为了降低车内挥发物，采用低挥发性物质生产聚氨酯是未来的一个发展趋势。生物基泡沫塑料采用生物基多元醇替换聚醚多元醇，更加环保，有机物和二氧化碳挥发量都少于石油基聚氨酯。采用多种材料复合也成为聚氨酯发展的新热点，如 TPU 和 PP、PVC、PC、PA 等泡沫塑料形成新的复合材料可有效提高性能。

（3）泡沫陶瓷

泡沫陶瓷材料主要用于吸附以及过滤相关领域，具有较高的孔隙率，相对于传统的吸声材料还具有耐腐蚀、耐高温和低吸潮的特点，在吸声降噪领域有着巨大的应用潜力。泡沫陶瓷也分为闭孔泡沫陶瓷和开孔泡沫陶瓷，只有开孔泡沫陶瓷才有吸声能力。要得到开孔泡沫陶瓷，一般采用前驱体浸渍法、凝胶注模法和冷冻注模法。泡沫陶瓷的高频吸声性能优于低频。对于泡沫陶瓷而言，高频声波可使孔隙内空气质点的振动速度加快，空气与孔壁的热交换也会随之提升。泡沫陶瓷是一种三维方向一致的结构体，其强度没有方向性的变化。因为泡沫陶瓷具备这些特性，所以泡沫陶瓷可以用在汽车上的一些高温、高频噪声区域。

泡沫陶瓷以及被广泛制作成如图8-46所示的蜂窝泡沫陶瓷吸声板，广泛应用在各个场所。泡沫陶瓷还可以用作汽车消声器的填充物，来有效吸收噪声。

图8-46　蜂窝泡沫陶瓷吸声板[84]

在实际工程应用中，针对不同频率的噪声源，可选择具有合适孔隙率以及孔径分布的泡沫陶瓷，从而达到理想的降噪效果。泡沫陶瓷除了在汽车NVH方面有所应用，还用在地铁、隧道等地方来进行交通隔声。随着人们环保意识的上升，吸声材料会得到很大发展，采用新的工艺拓宽泡沫陶瓷的吸声频带。目前，吸声泡沫陶瓷在应用中的功能比较单一，泡沫陶瓷可以和其他功能材料进行复合，得到一些功能更新、实用性更强的材料。泡沫陶瓷的低频吸声性能不太理想，寻找途径提高泡沫材料的低频吸声性能非常重要。

8.6.2　纤维材料在NVH中的应用

多孔纤维材料由纤维丝组成，其内部存在着大量的空隙，声音在这些空隙中进行传播，可以有效地将声音能量进行耗散。吸声性能的好坏与材料的纤维空隙结构有关，例如纤维的粗细、材料密度、材料内空隙和形状结构等。纤维多孔材料包括有机纤维材料（麻纤维、羊毛纤维）、无机纤维材料（玻璃棉、岩棉、矿棉）以及人造纤维（聚酯纤维、金属纤维）等。纤维吸声材料应用非常广泛，在音乐厅、展览馆都能够看到它们的身影。

纤维多孔材料一般作为填料或直接作为吸声材料制成汽车声学包装。在汽车内饰材料中，使用了大量的纤维制品，例如用于内装饰（座椅、顶棚、侧面板、地毯、行李舱等）、增强材料、里衬、垫底织物、轮胎、皮带、气囊、消声器和隔热器材等。这些纤维材料的使用，不仅可以满足舒适性和耐磨性，还能提升汽车的NVH性能。

常用的吸声棉是由人造无机纤维制成。吸声棉又被称非织造汽车吸声纤维材料，可将车体振动所产生的中高频噪声振动能转换为吸声棉内部的纤维的动能，并转化成热能而消失，达到吸声降噪的功能。目前市场上使用的吸声棉为双组分吸声棉，它是由聚丙烯（PP）和聚酯（PET）两种纤维组成，如图8-47所示。对比普通吸声棉，双组分吸声棉具有吸声系数高、质量轻的优点。双组分吸声棉除了应用于顶棚、挡泥板、仪表台内部和仪表台盖板外，还用于前围隔声垫、衣帽架下部、行李舱侧饰板内部等。中高级车在四门和立柱内部等空间中也尽可能填入较多的吸声材料，以提高整车的 NVH 效果。内部填充吸声棉的车门如图 8-48 所示。

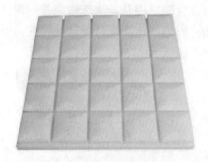

图 8-47 双组分吸声棉图片[85]

图 8-48 内部填充吸声棉的车门[86]

玄武岩纤维也是一种新兴纤维材料，其吸声和耐热性能要远大于玻璃纤维，可以将其应用到汽车消声器中。同时，由于玄武岩有质量轻，吸能性好等特点，玄武岩纤维还被用来制作汽车车身，采用玄武岩纤维制成的汽车车身以及特斯拉的保险杠如图 8-49（见彩插）所示。

a) 玄武岩纤维汽车车身[87]

b) 玄武岩纤维特斯拉保险杠[88]

图 8-49 玄武岩纤维在汽车车身上的一些应用

金属纤维材料的高频吸声能力优异，可以通过搭配微穿孔板来改善低频吸声性能。搭配变截面金属纤维材料近年来已经逐渐在汽车上开始使用。奥迪、桑塔纳汽车都将这种材料用作汽车消声器芯。棉毡、热塑纤维等还用于汽车用隔声垫、地毯内的软层，发挥着吸收声能的作用。

为了绿色环保，减少车内挥发物，天然植物纤维材料在汽车上的占比越来越大。并且随着人们对纤维吸声材料吸声性能要求的不断提高，单一的纤维材料难以满足吸声要求，复合吸声纤维材料越来越受到人们的重视[89]。以旧的废旧纤维为原料制备纤维吸声材料，从而实现对废弃物的回收利用。可以通过改变分子的微观结构，改变纤维对声波的吸收程度，制备新型的吸声纤维。

8.6.3 新型微结构材料在 NVH 中的应用

除了上述常见的泡沫及纤维微结构材料,还有很多新型微结构材料在 NVH 上也有应用。

气凝胶是一种内部网络结构充满气体,外表呈现固体状密度极低的多孔材料,它是目前最轻的固体材料,如图 8-50(见彩插)所示。它的网络结构一般由相互交联的纳米颗粒组成,其中颗粒内部的孔隙主要是微孔,颗粒与颗粒之间则大多是 2nm 以上的中孔或大孔,这些孔与表面相通。气凝胶具有超大的比表面积,内部高达 80% 的成分是空气。气凝胶性能主要由其纳米孔洞结构决定,一般通过溶胶 - 凝胶工艺获得所需纳米孔洞和相应凝胶骨架。气凝胶的制备通常采用两步法:第一步是溶胶 - 凝胶的过程,第

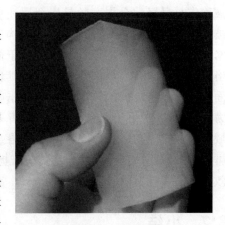

图 8-50 气凝胶[90]

二步是干燥过程。一般常见的气凝胶是硅气凝胶和碳气凝胶。由于气凝胶的特殊结构,其吸声效果远超普通多孔材料。同时,气凝胶的热稳定性好、抗腐蚀、无污染,能够在更加恶劣的环境中使用。目前气凝胶用得最多的还是绝热领域。但是由于气凝胶内部含有大量微孔,气凝胶同时也是一种新型的吸声材料,在 NVH 方面有着非常广泛的应用前景。

金属 - 有机骨架材料(MOF)是由有机配体和金属离子或团簇通过配位键自组装形成的具有分子内孔隙的有机 - 无机杂化材料。如图 8-51(见彩插)所示,MOF 是一种框架结构。MOF 有大的比表面积,其内部含有很多孔道,并且孔径大小可以通过官能团长度进行改变。MOF 的制备比较简单,并且近年来发展非常迅猛,目前常被用在吸附和催化领域。MOF 已经被证实可以作为一种声学超材料。声学超材料是具有异常声学特性的材料。吸收性的声学超材料由周期性结构组成,具有可调的声学特性。作为一种轻质且可分散的声学超材料,MOF 在 NVH 方面也有着巨大的应用潜力,可用作具有优异声音吸附功能的建筑材料的添加剂。

微晶格金属是世界上已知最轻的金属,它是一种由连通的中空管构成的三维蜂窝聚

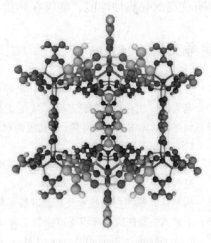

图 8-51 MOF 材料结构图[91]

合物材料，其管壁只有 100nm。微晶格金属的结构图如图 8-52（见彩插）所示，其整个结构中 99.9% 都是空气，密度只有塑料的 1/100。但是其强度又非常大，所以被称作是最轻的金属。微晶格金属还可以被用在夹层结构中或者直接对其结构进行修改，以满足不同的设计要求。由于微晶格金属内部含有大量的空隙，并且其比表面积大，具备极佳的抗压弹性和冲击吸收力，其可以被用于航天、汽车等诸多领域。在 NVH 应用方面，采用微晶格金属

图 8-52　微晶格金属的结构图[92]

可以有效减小冲击和振动，与传统减振材料的构件相比，其质量大大减轻，能够有效提升装备的 NVH 性能。

8.7　小结

本章针对在 NVH 方面发挥作用的微结构多孔材料，从基本原理到结构形式，再到实际应用进行了全面概述。在吸声方面，主要是介绍了泡沫材料、纤维材料、共振吸声材料以及复合材料、空间吸声体等吸声材料。在隔声材料方面，主要介绍的是纺织品材料、树脂材料、泡沫金属材料等。在减振材料方面则主要是介绍了黏弹性阻尼材料、阻尼复合材料以及金属阻尼材料等的应用。随着技术的不断发展，相信会有更多的新型微结构材料被发现，它们在 NVH 方面的应用也必将进一步被挖掘来提升产品的 NVH 性能，同时也会让环境更加安全舒适。某些微结构材料还具有优良的导热性能，能够在热传导方面起到一定的作用。

参考文献

[1] 张海澜. 理论声学 [M]. 北京：高等教育出版社，2007.
[2] 马大猷. 现代声学理论基础 [M]. 北京：科学出版社，2004.
[3] 何冬林，郭占成，廖洪强. 多孔吸声材料的研究进展及发展趋势 [J]. 材料导报，2012，26 (S1)：303－306.
[4] 蒋兴华. 聚合物基泡体复合材料的隔声原理与加工性能 [J]. 合成材料老化与应用，2002，31 (3)：32－35.
[5] 周新祥. 噪声控制技术及其新进展 [M]. 北京：冶金工业出版社，2007.
[6] 洪宗辉，潘仲麟. 环境噪声控制工程 [M]. 北京：高等教育出版社，2002.
[7] Foam ceramic. Stanford Advanced Materials [EB/OL]. 2018. http：//www.precisceramic.com/what－is－the－foam－ceramic.

[8] 多尔金属. Metal Foams [EB/OL]. 2015. https：//www.doremetals.co.uk/metal-foams-absorbing-x-rays-gamma-rays-radiation.

[9] 郭晗. 汽车多层纤维材料吸声性能研究 [D]. 长春：吉林大学，2018.

[10] 敖庆波，王建忠，李爱君，支浩，马军，汤慧萍. 金属纤维多孔材料的吸声性能 [J]. 稀有金属材料与工程，2017，46（2）：387-391.

[11] 刘晶辉. 新型泡沫铝的制备与吸声性能研究 [D]. 山东理工大学，2018.

[12] 程桂萍，何德坪. 多孔铝的声学性能 [J]. 东南大学学报：自然科学版，1998，28（6）：169-172.

[13] 钟祥璋，莫方朔. 铝纤维吸声板的材料特性及应用 [J]. 新型建筑材料，2000（11）：19-22.

[14] 栾巧丽，邱华，成钢，葛明桥. 纤维吸声材料的研究进展 [J]. 化工新型材料，2017，45（7）：7-8.

[15] 黄可，何思渊，何德坪. 梯度孔径多孔铝合金的压缩及吸能性能 [J]. 机械工程材料，2010，34（1）：77-83.

[16] 许思. 噪声的危害及控制 [J]. 现代职业安全，2009，3（16）：102-l03.

[17] 孙广荣. 吸声，隔声材料和结构浅说 [J]. 艺术科技，2001（3）：12-17.

[18] 苑改红，王宪成. 吸声材料研究现状与展望 [J]. 机械工程师，2006（6）：17-19.

[19] WANG J, RUBINI P, QIN Q. Application of a porous media model for the acoustic damping of perforated plate absorbers [J]. Applied Acoustics, 2017, 127：324-335.

[20] 马大猷. 微穿孔板吸声结构的理论和设计 [J]. 中国科学，1975，1（1）：38-50.

[21] 张玲. 吸声材料及结构研究现状与展望 [J]. 大众科技，2012，14（11）：55-56.

[22] WANG L, ZHANG F S. Characterization of a novel sound absorption material derived from waste agricultural film [J]. Construction and Building Materials, 2017, 157：237-243.

[23] 姜洋. 汽车聚氨酯复合多孔材料声学性能分析及其应用 [D]. 长春：吉林大学，2017.

[24] 马大猷. 微缝吸声体理论 [J]. 声学学报，2000，25（6）：481-485.

[25] 王永华. 多级仿生耦合材料吸声性能及机理研究 [D]. 长春：吉林大学，2014.

[26] 刘伯伦，钟祥璋. 提高多孔材料低频吸声性能的探讨 [J]. 声学技术，1992，11（1）：57-59.

[27] 左言言，周晋花，刘海波，等. 穿孔板吸声结构的吸声性能及其应用 [J]. 中国机械工程，2007，18（7）：778-780.

[28] CHEN S, JIANG Y. The acoustic property study of polyurethane foam with addition of bamboo leaves particles [J]. Polymer Composites, 2018, 39（4）：1370-1381.

[29] 项端祈. 空间吸声体的设计及其在建筑中的应用 [J]. 建筑创作，1998（2）：64-72.

[30] 宋煜锟，李鹏. 室内空间吸声体的设计与应用 [J]. 设计艺术研究，2015，5（2）：50-54.

[31] 王仁乾，缪旭弘. 带空腔尖劈吸声器吸声性能的研究 [J]. 声学技术，1999（4）：146-148.

[32] 朱理，李海超，庞福振，等. 吸声尖劈对声呐平台声场影响试验研究 [J]. 传感器与微系统，2015，34（3）：51-53.

[33] 彭敏,赵晓明. 纺织类吸声隔声材料的研究现状 [J]. 成都纺织高等专科学校学报, 2016, 33 (3): 199 – 202.

[34] SMITH D. Smart clothes and wearable technology [J]. AI&Soc, 2007, (22): 1 – 3.

[35] 刘飞,王超,李博弘,等. 丙烯酸树脂基新型高分子隔声材料的制备与研究 [J]. 化学与粘合, 2017, 39 (4): 271 – 274.

[36] CAI jun, XU fei, CAI weimin. Cure of a New Type Composite on Noise Control and Effect of Filler Modification [J]. Journal of Material Science and Technology, 2003, 19: 135 – 136.

[37] 朱春燕,俞来明,傅雅琴. 聚氯乙烯基复合材料的隔声性能研究 [J]. 浙江理工大学学报, 2007, 24 (2): 117 – 121.

[38] 俞来明,朱春燕,高磊,等. 核桃壳颗粒填充聚氯乙烯基复合材料的隔声性能 [J]. 浙江理工大学学报(自然科学版), 2008, 25 (5): 497 – 501.

[39] 宋博骐,彭立民,傅峰,等. 木质材料隔声性能研究 [J]. 木材工业, 2016, 30 (3): 33 – 37.

[40] QUIRT J D, NIGHTINGALE T R T, HALLIWELL R E. Dealing with flanking transmission in wood – framed construction [J]. Canadian Acoustics, 2003, 31 (3): 52 – 53.

[41] 王玉琳. 木质人造板材的隔声性能 [J]. 建筑人造板, 1990 (2): 2 – 7.

[42] 吕丽华,李长伟,左敏. 废弃麻纤维/聚氨酯隔声阻燃复合材料的制备及其性能 [J]. 产业用纺织品, 2017 (8): 12 – 17.

[43] 徐晟,楼利琴,丁佳蓓,等. 竹原纤维/聚氨酯复合隔音材料的发展前景 [J]. 山东纺织经济, 2013 (7): 54 – 56.

[44] NARANG P P. Material parameter selection in polyester fibre insulation for sound transmission and absorption [J]. Applied Acoustics, 1995, 45 (4): 335 – 358.

[45] 文庆珍,刘巨斌,王源升,等. 聚氨酯弹性体隔声性能的研究 [J]. 海军工程大学学报, 2004, 16 (1): 63 – 66.

[46] 王录才,王芳,任建富. 泡沫铝隔声性能的研究 [J]. 金属功能材料, 2001, 8 (6): 21 – 24.

[47] SIEGERT M, PLISCHKE M. Instability in surface growth with diffusion [J]. Phys Rev Lett, 1992, 68: 2035 – 2038.

[48] 王录才,曾松岩,王芳. 复合结构泡沫铝隔声性能的研究 [J]. 机械工程材料, 2006, 30 (10): 56 – 58.

[49] 尉海军,姚广春,王晓林,等. 闭孔泡沫铝孔隙率对其复合板隔声性能的影响 [C] // 中国声学学会全国声学学术会议. 2006.

[50] 王正忠. 轻质蜂窝夹层结构复合隔声材料 [J]. 噪声与振动控制, 1993 (3): 23 – 25.

[51] 吴廷洋,吴锦武. 蜂窝层合板结构的隔声特性研究 [J]. 材料导报, 2016, 30 (8): 153 – 157.

[52] LIU J, CHENG Y S. Free vibration analysis of square – honeycomb sandwich plates considering discrete characteristics of the core [J]. Acta Mech Solid Sin, 2009, 30: 90.

[53] University of Southampton. The Large Reverberation Chamber at the ISVR. [EB/OL]. 1996. https://www.isvr.co.uk/facilities/reverberation – chambers.html.

[54] Auconeum. Alpha Cabin [EB/OL]. 2017. https：//www. autoneum. com/bilder – messsysteme/.

[55] 上官文斌，熊冬，谢新星，等. 车用多层平板材料吸隔声特性的测试与计算分析 [J]. 振动与冲击，2018 (1)：241 – 247.

[56] 陈克安. 声学测量 [M]. 北京：机械工业出版社，2010.

[57] JUNGHWAN Kook, JAKOB S. Jensen. Topology optimization of periodic microstructures for enhanced loss factor using acoustic – structure interaction [J]. International Journal of Solids and Structures, 2017, 122 – 123：59 – 68.

[58] 汪嘉兴. 减振降噪复合材料性能预测与微结构设计 [D]. 大连：大连理工大学，2017.

[59] KYEONG S Y, SUNG K Y. Microstructural topology optimization of viscoelastic materials of damped structures subjected to dynamic loads [J]. International Journal of Solids and Structures, 2018, 147：67 – 79.

[60] YEONG M Y, SANG H P, SUNG KIE Y. Design of microstructures of viscoelastic composites for optimal damping characteristics [J]. International Journal of Solids and Structures, 2000, 37 (35)：4791 – 4810.

[61] ERIK ANDREASSEN, JAKOB S J. Topology optimization of periodic microstructures for enhanced dynamic properties of viscoelastic composite materials [J]. Structural and Multidisciplinary Optimization, 2014, 49 (5)：695 – 705.

[62] HUANG A. RADMAN Y XIE M. Topological design of microstructures of cellular materials for maximum bulk or shear modulus [J]. Computational Materials Science, 2011, 50 (6)：1861 – 1870.

[63] 曾志斌，史永吉. 粘弹性阻尼材料减振技术及其在桥梁中的应用 [J]. 中国铁道科学，2002 (5)：91 – 96.

[64] 百度百科. 海绵橡胶 [EB/OL], 2017. https：//baike. baidu. com/item/% E6% B5% B7% E7% BB% B5% E6% A9% A1% E8% 83% B6

[65] 杜国芳，单长吉，蔡彦，等. 浅谈减振降噪材料 [J]. 科学技术创新，2018 (32)：189 – 190.

[66] 王芳，李宝成，王录才. 海绵状泡沫镁合金制备技术的研究 [J]. 铸造，2008 (9)：899 – 901.

[67] 程涛，向宇等. 泡沫铝在汽车工业中的应用 [EB/OL]. 2018. https：//m. sohu. com/n/488511358/.

[68] 孙秀利，秦贤玉，刘晓文，等. 微孔聚氨酯减震材料的研究进展 [J]. 弹性体，2018, 28 (03)：82 – 86.

[69] 王力，李英. 聚氨酯发泡材料在汽车上应用的新技术 [J]. 汽车工艺与材料，2007, 26 (5)：76 – 78.

[70] 明石海峡大桥 [EB/OL]. 2017. https：//steelfabservices. com. au/5 – spectacular – steel – bridges – from – around – the – world.

[71] 国丰包装材料厂. 新型环保蜂窝纸箱 [EB/OL], 2016. http：//www. 1024sj. com/news/news – 132427. html.

[72] 拆洗原厂后排座椅的痛苦经历！！想了解座椅内部结构的可进来看看 [EB/OL], 2009. ht-

tps：//bbs. pcauto. com. cn/topic – 1246779. html.

[73] MATTHEW H. 汽车噪声与振动控制［M］. 北京：机械工业出版社，2009.

[74] 何渝生. 汽车噪声控制［M］. 北京：机械工业出版社，1998.

[75] 王芳，王录才. 泡沫金属的研究与发展［J］. 铸造设备与工艺，2000（3）：48 – 51.

[76] 金卓仁. 泡沫金属吸声材料的研究［J］. 噪声与振动控制，1993（3）：31 – 35.

[77] Power&motor yacht. Aluminum Foam［EB/OL］. 2015. https：//www. powerandmotoryacht. com/uncategorized/aluminum – foam.

[78] 美国总统的座驾居然是泡沫做的？是泡沫铝！［EB/OL］. 2016. https：//www. jiemian. com/article/993087. html.

[79] 车展看趋势盘点国内轻量化车型［EB/OL］. 2011. https：//www. pcauto. com. cn/teach/1101/1370550. html.

[80] Bluepower PER.［EB/OL］. 2006. https：//www. bluepower. se/en/product/honda – civic – 4dhybrid – 05 – type – r – look – pu – rear – bumper – six. html.

[81] Indiamart. air – bag.［EB/OL］. 2018. https：//dir. indiamart. com/delhi/air – bag. html.

[82] Efoam. /packaging – foam.［EB/OL］. 2018. https：//www. efoam. ie/packaging – foam. php.

[83] 宇航服图片.［EB/OL］. 2018. http：//www. 16sucai. com/2017/09/137291. html.

[84] 广州市声达吸声装饰板制造有限公司. 公路吸音材料［EB/OL］. 2017. http：//www. goepe. com/apollo/prodetail – dgxyb1 – 5532677. html.

[85] AliExpress. Acoustic Foam［EB/OL］. 2018. https：//www. aliexpress. com/item/Excellent – Sound – insulation – Acoustic – Foam – Acoustic – Panels – Treatment – Sound – Proofing – Sound – absorbing – Cotton – Noise – sponge/32729389674. html.

[86] 汽车鉴闻. 再生材料吸音棉稍微有点 LOW，丰田部分车型车门防护盘点［EB/OL］. 2017. https：//baijiahao. baidu. com/s? id =1567090229942752.

[87] Первыйавтомобильизбазальтовоговолокна.［EB/OL］. 2016. http：//basalt. today/ru/2009/04/1001/.

[88] Tesla Model S with basalt fiber front bumper.［EB/OL］. 2018. http：//aquaprimoris. com/xanadu – smart – foam – house – from – the – 80s.

[89] 栾巧丽，邱华，成钢. 纤维吸声材料的研究进展［J］. 化工新型材料，2017（7）：13 – 14.

[90] SHAJESH P，WARRIER K G K. Organically modified sol – gel derived siloxane networks：mesoporous, hybrid aerogels through ambient pressure drying［D］. Regional Research Laboratory，CSIR，2009.

[91] 金属有机框架材料［EB/OL］. 2018. https：//baike. baidu. com/item/%E9%87%91%E5%B1%9E – %E6%9C%89%E6%9C%BA%E6%A1%86%E6%9E%B6%E6%9D%90%E6%96%99.

[92] Microlattice［EB/OL］. 2015. https：//www. dezeen. com/2015/10/15/microlattice – metal – worlds – lightest – material – boeing – movie.

第9章 微结构材料在热/质传递领域中的应用

微结构材料具有优异的热/质传递性能，同时质量轻且具备一定的力学结构强度，能够在不增加过多额外质量负载的情况下，实现强化热/质传递过程的功效。因此，采用微结构材料促进热/质传递过程在能源动力、航空航天等领域有诸多重要应用。随着高新技术尤其微/纳科技的发展，微/纳多孔结构中流-固界面热传递机理、流动与换热的微纳尺度效应及数学模型等都是亟须解决的前沿基础科学问题。微结构材料在热/质传递领域也有着巨大的应用前景，通过设计不同微结构形式以及选择不同导热率的骨架材料，既起到防/隔热作用，又可以达到强化传热的效果。

9.1 微结构材料热/质传递特性概述

对于有一定强度的固体支承骨架微结构多孔或孔道材料，按照孔隙连通特征可以将其分为通孔、闭孔体。对于闭孔结构或两侧有端板封闭的通孔材料，选用具有较小导热率的材料作为骨架材质，结合自身导热率较小的气体夹层，就可以构成小导热率材质基础。另外，闭孔结构能够抑制气体夹层的流动过程，从而减小对流和热辐射作用，使闭孔结构材料具有较大的传热热阻。因此闭孔材料具有优良的隔热性能，能达到隔热的效果，例如作为高马赫数航天飞行器隔热瓦的氧化锆质闭孔泡沫陶瓷，以及民用建筑行业中的聚合物闭孔塑料泡沫保温材料等。

反之，采用高导热率材料的通孔结构，并利用通孔结构较小的流阻以及较大的换热面积，可以提高夹层内流动气体介质与骨架的对流换热效果，从而有效促进换热过程。通孔体按照孔隙结构空间排布方式，可以继续分为有序排布和无序随机通孔结构。无论有序还是无序通孔结构，都具有优异的力学、热学和电学特性，其中毫米/亚毫米级通孔泡沫结构因其优良的结构力学、热/质传递特性，在航空航天、汽车等领域有着极其广泛的应用前景[1-4]。另外，对于具有纳米尺度连通多孔网络结构的气凝胶材料，由于其具备轻质、高效隔热两方面优点，也受到了越来越多的关注[5,6]。

9.2 毫米级无序通孔微结构材料强化热/质传递应用

由于其具有良好的力学及热学特性且易加工成型，目前已应用于紧凑型换热器、热沉、热管、太阳能吸收器、航空航天热防护系统发汗冷却层、内燃机回热器、汽车三元催化转化器和燃料电池流动分配器等设备中，可进一步提高或优化相应设备的热/质传递性能，图9-1（见彩插）展示了4种典型的孔隙随机分布的金属泡沫多孔结构。

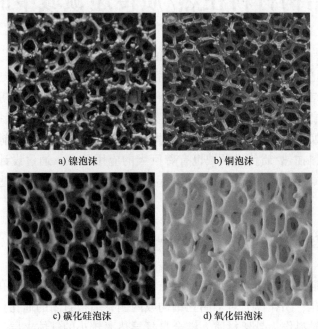

a) 镍泡沫　　　　　　　　b) 铜泡沫

c) 碳化硅泡沫　　　　　　d) 氧化铝泡沫

图9-1　4种典型的孔隙随机分布的金属泡沫多孔结构[3]

9.2.1　换热器

在泡沫多孔结构中，尤其是金属泡沫多孔结构，其金属多孔骨架的有效导热系数较高，一般仅比其骨架构成金属导热系数低一个数量级，同时多孔泡沫比表面积非常大（$500 \sim 1000 m^2/m^3$），其单元内热弥散（热流混合）效应还可以起到强化对流换热效果的作用。另外，由于泡沫多孔结构的高通过性使流过的换热流动介质压力损失较小，因此泡沫多孔结构具有天然的强化换热优势。多孔泡沫材料可以填充在换热器管外侧[7,8]，如图9-2a所示，也可以填充在管内部[9]，如图9-2b所示。其中，泡沫结构内流动换热介质既可以是气体也可以是液体。无论填充形式如何，金属泡沫都可以提高换热效率[1,2]。

9.2.2　热沉

随着高新技术的发展，电子行业芯片功率密度大幅度提高，许多电子设备上的热控问题已经成为限制电子设备发展的瓶颈问题，因此需要更为有效的热管理系统

a) 管式换热器[8]

b) 管内流换热器[9]

图 9-2 采用通孔金属泡沫强化换热

来维持芯片的正常工作温度。在各种热控手段中，利用热沉带走高功率电子器件的额外发热量是一种常用的手段。热沉方式包括利用自然对流冷却的被动热沉技术，以及在热沉结构上增加风扇强制通风冷却来提高传热速率的主动热沉技术，如图 9-3 所示。不

图 9-3 常用的平行板状肋片热沉

论是主动热沉散热技术，还是被动热沉散热技术，采用小型高效轻量化的热沉结构都是热控设计追求的主要目标。

金属泡沫材料不仅具有其骨架结构金属材料的诸多优良特性，例如抗腐蚀性、对强化性能涂层的相容性、较高电导率和热导率等，同时也具有低密度、高强度、高孔隙率（压力损失小），比表面积大（换热面积大）等特性[1]。近年来，利用金属泡沫材料强化热沉换热的方式引起了研究学者广泛的关注，图 9-4 所示为有肋片和无肋片两种形式的金属泡沫热沉结构示意图[10]。其中，泡沫热沉沿气流流动方向的尺寸、孔隙率和孔隙密度（10~40ppi）等泡沫参数直接影响流动气流分布及压降（流动阻力）等流动特性，进而对换热效果产生影响。相比于平行板装肋

H=30mm H=20mm H=10mm
a) 有肋片形式的金属泡沫热沉结构

H=30mm H=20mm H=10mm
b) 无肋片形式的金属泡沫热沉结构

图 9-4 金属泡沫热沉结构示意图[10]

片热沉，金属泡沫热沉可以普遍将换热效率提高20%~70%。

9.2.3 热管

热管是一种利用沸腾和凝结相变潜热的高效传热元件，因其具有极高的热传导率、优异的均温性能、可异形制作等特点而广泛应用于能源、化工、航空航天、电子等领域。其中，依靠毛细力工作的有吸液芯热管，液相工作介质在蒸发段吸热蒸发为气体，在压力的推动作用下气体工作介质转移到冷凝段；随后，气相工作介质在冷凝段冷凝放热液化，并在微结构、多孔材料吸液芯内毛细力的作用下重新流回蒸发段[11]。

毛细压力和液体流动压降是影响热管流量的主要因素。其吸液芯结构形式和工质种类又决定了最大毛细压力。吸液芯特性参数包括有效毛细半径、孔隙率、渗透率和有效导热系数等。良好的吸液芯有毛细压力高、液体流动阻力小和横截面积大等要求。其中，毛细压力有效半径指气液界面弯液面有效半径，毛细压力越高，有效毛细半径就越小，因为它是直接由吸液芯多孔结构单元孔径或微通道槽道特征尺度决定的。

通孔金属泡沫的孔隙特征能有效提高圆柱、平板和循环等形式的热管毛细力极限。表9-1将泡沫多孔泡沫金属吸液芯与烧结金属粉末吸液芯、卷绕丝网吸液芯表征参数进行比较[12]。由表9-1可看出，多孔泡沫金属吸液芯在毛细极限、液体流动阻力和传热速率等方面比传统的吸液芯更具有优势。与其他吸液芯一样，泡沫金属具有较高的比表面积，能加热流量并强化沸腾现象。多孔泡沫金属与烧结金属粉末相比，拥有较高的孔隙率和渗透率，高渗透率能减小冷凝液回流压力的损失，而高渗孔隙率可以提高最大传热量并增加工作液体流量。相较于卷绕丝网，多孔泡沫金属具有有效导热系数高、热阻小、可加快传热速率等优势。多孔泡沫金属吸液芯的应用对热管的优化具有十分重要的意义，其主要体现在其拥有孔径大、范围广、密度低、重量轻等优点，可以弥补金属烧结液体回流阻力大和吸液芯孔径小的缺陷，并且还可减轻设备整体的重量[12]。

表9-1 多孔泡沫金属与其他金属吸液芯表征参数比较结果[12]

表征参数	比表面积/(m^2/m^3)	孔隙率（%）	渗透率/m^2	孔径/μm	密度/(kg/m^3)	有效导热系数/[$W/(m \cdot K)$]
烧结金属粉末	>20000	30~50	9.40×10^{-12}	3~400	4450~6230	3.06~6.39
卷绕丝网	>20000	>90	3.73×10^{-10}	25~300	1750~2500	0.59
多孔泡沫金属	>20000	40~98	1.30×10^{-11} ~ 1.37×10^{-9}	100~10000	445~4450	0.59~29.57

此外，泡沫金属机械加工性能较好、塑性能力也较强，可以适应具有更为多样复杂形式的热管[13-16]。

图 9-5 所示为整合热沉翅片的平板热管[13]，其中吸液芯采用压缩铜金属泡沫，流动工质采用丙酮。与传统平板热管热沉组合相比，所设计的整合平板热管展现出诸多优势，例如很好的翅片温度一致性和换热表现得以提高，可以去除热管热沉之间的接触热阻，增加热管冷凝面积，减小热沉翅片根部与顶端温度差异，并且当热流增加到 161W/cm^2，热沉翅片的效率能增加到93%。

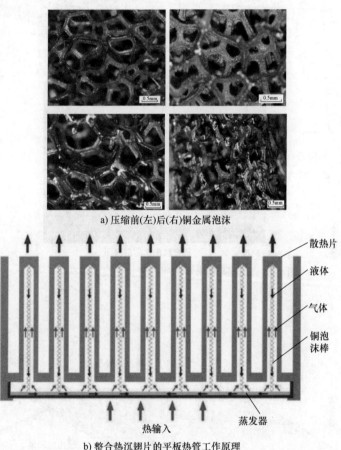

a) 压缩前(左)后(右)铜金属泡沫

b) 整合热沉翅片的平板热管工作原理

图 9-5 采用铜金属泡沫的特种平板热管[13]

图 9-6（见彩插）所示为蜂窝状夹层平板热管，该热管以镍金属泡沫作为吸液芯，以去离子水作为工作介质。该平板热管可以将局部高热流有效地分散传导至整个面板，使整个面板温度均匀分布而保证没有局部高温。通过实验显示，在小直径丙烷火焰烧灼下，没有热管相变散热情况下面板背面中心温度超过200℃，而所设计的平板热管背面最高温度只有50℃左右，这是由于它已有效地将热量分散传导至整个面板。

研究者针对高超音速飞行器锥形前缘高热流区域设计了平板热管系统，如图 9-7所示。该系统可以利用热管系统的高热导特性，通过流动工质的蒸发、冷凝

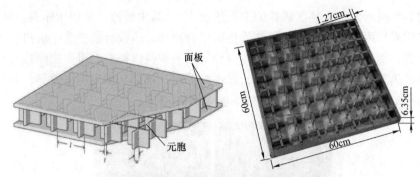

a) 夹层及实物尺寸示意图

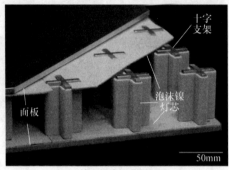

b) 镍金属泡沫芯剖面图

图 9-6　镍金属泡沫多功能蜂窝状夹层平板热管[14]

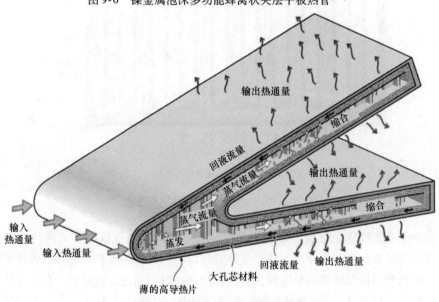

图 9-7　高超音速飞行器锥形前缘
镍金属泡沫芯热板[15,16]

作用，在前缘滞止点处重新分配热流。该平板热管能够在高超声速条件下承受高温前缘严酷的力-热环境,展现出其极大的应用潜力,成为在高超声速飞行器前缘区域可供选择的覆盖碳纤维复合材料和烧蚀涂层之外的潜在被动热控方式。

9.2.4 太阳能吸热芯

通孔金属/陶瓷泡沫能够承受高温环境,其中镍金属泡沫和铝金属泡沫能够承受的极限工作温度分别可超过1400K和2000K,因此可作为高温换热设备的填充材料,例如太阳能加热器、吸热器、多孔燃烧器和热化学反应器等[17]。

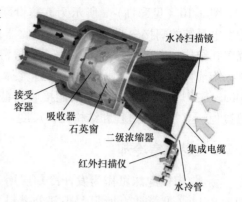

图9-8 太阳能高温光-热转换系统示意图[18]

图9-8为采用气体作为热量中间传输介质的太阳能高温光-热转换系统示意图,其中吸热芯部分通常采用通孔泡沫结构。作为吸收太阳能辐射能量的传输气体流经多孔吸热芯,经前端聚集器聚集后的高能量密度光线辐射照射,能够被加热至超过1300K的高温。该太阳能高温光-热转换系统可以用于涡轮机气体预热[18]、航天器热推进、高温催化反应[19,20]等过程。图9-9(见彩插)所示为哈尔滨工业大学设计的采用镍和铝两种金属泡沫作为吸热芯的多孔吸热器太阳能聚集系统[17]。

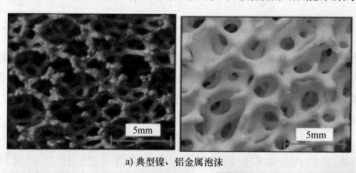

a) 典型镍、铝金属泡沫

b) 太阳能聚集器和吸热器

图9-9 多孔吸热器太阳能聚集系统[17]

图 9-10（见彩插）a 所示为苏黎世联邦理工学院设计的一款用于驱动气体涡轮发电系统的间接辐照无窗太阳能接收器，其中吸热芯采用随机通孔结构碳化硅陶瓷多孔结构，碳化硅腔体周围包有同轴环形 RPC 泡沫。最外层是不锈钢压力容器。该太阳能接收器可以预热涡轮进口气体温度达到 1000～1600K，压力达到 5～30bar[21-23]。图 9-10b 为太阳能接收器截面图，包含流动、多孔和固体区域、传热过程、空气流动过程和结构几何尺度。

9.2.5 燃烧室冷却

金属/陶瓷泡沫可作为发汗冷却层用于航空航天领域的发动机高温燃烧室中。如图 9-11（见彩插）所示，小部分燃料（冷却剂）通过壁面、发汗层进入燃烧室，起到隔离壁面和高温燃气的效果，从而能够维持壁面的温度，避免燃烧室壁面氧化。

多孔发汗冷却系统发汗层由两种多孔结构组成，包括内衬层和中间轻质多孔泡沫冷却剂集气层（金属/陶瓷泡沫）。相比于目前常用的冷却系统，这种多孔发汗冷却系统减重高达 50%，同时可以降低系统能耗、减少部件数量和冷却剂体积[24]。其中，仅需要把总体燃料的 2%～5% 作为冷却剂。与气膜冷却方式相比，更多的燃料能够用于高效燃烧。同时，较低的燃料体积也可以减轻发动机涡轮机械系统的总重，从而降低系统的总体能耗[25]。

9.2.6 燃烧室稳定燃烧和减排

多孔介质是伴有流动、燃烧现象的对流-导热-辐射复杂耦合传热过程，研究表明多孔介质燃烧有利于提高火焰的稳定性和减少污染物的排放。将陶瓷泡沫块应用于气体燃烧器，有助于提高气体的燃烧效率，减少污染物的排放[26]。多孔燃烧过程甚至能够燃烧低热值燃料，利用燃烧系统中循环的废气，从而实现减排[27]。

多孔介质较高的内表面积提高了可燃介质与惰性骨架固体之间的传热，反应物流动弥散过程增加了相间的有效扩散和传热。因此内在的能量循环回收效果明显，这一过程促进燃烧过程在更宽泛的反应速率、氧化剂-燃料比例条件下保持稳定。燃烧效率更高，NO_x 和 CO 的形成概率更低[28]。

图 9-12 为双层多孔介质预混燃烧器传热过程，根据控制火焰猝熄的临界 Peclet 数，设计双层多孔燃烧器下层为小孔径区域，上层为大孔径多孔区域。在两个区域之间界面，可以观察到稳定的火焰。许多现有的多孔介质燃烧器采用以上火焰猝熄的临界 Peclet 数设计原则，将上游多孔区域设计成阻焰器。通过采用低导热率多孔材料，允许少量有限的热量传导到上游，利于上游区域阻止火焰沿流动反方向传播。

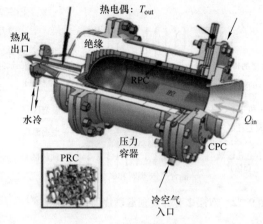

a) 太阳能接收器

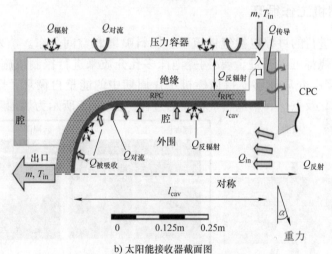

b) 太阳能接收器截面图

图 9-10　太阳能接收器及其截面图

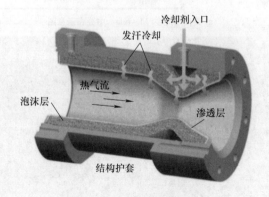

图 9-11　高温推进燃烧室内
泡沫结构发汗冷却层[24,25]

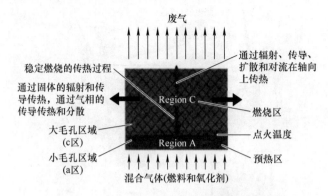

图 9-12 双层多孔介质预混燃烧器传热过程[27]

9.2.7 内燃机工作循环

内燃机中进行的过程包括气体流动、燃料喷射和空间分布。蒸发、混合、均化、点火和燃烧都可以通过金属/陶瓷泡沫多孔介质来进行控制或施加正向影响。文献[29]指出多孔介质能够支持内燃机工作周期中的能量再循环、燃料喷射、蒸发、混合、均化及点燃和燃烧热量释放的过程。图 9-13 所示为燃油喷向多孔泡沫

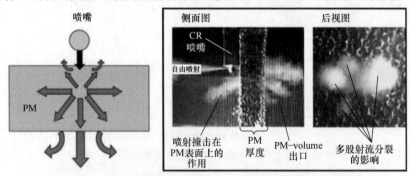

a) 柴油射流在PM-volume中分布示意图[30]

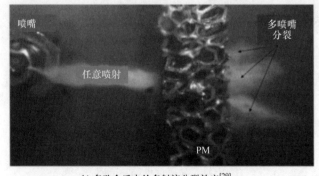

b) 多孔介质中的多射流分裂效应[29]

图 9-13 燃油喷射散射效果

后的散射效果，可以通过控制孔隙尺寸、尺寸分布、喷射压力、喷射时间的方法来影响燃料喷射、蒸发、混合和均化，从而进一步控制后续点火和燃烧。图9-14所示为设计的陶瓷泡沫与燃烧室直接接触的SiC陶瓷泡沫发动机燃烧室端盖[30]。

a) 不带反应器

b) SiC反应器

c) 带反应器

图9-14　SiC陶瓷泡沫发动机燃烧室端盖（陶瓷泡沫与燃烧室直接接触）[30]

针对柴油机，美国密歇根大学设计了一款与活塞同步移动有关的多孔储热器，如图9-15所示。伴随内燃机中可燃混合气的燃烧和膨胀，燃烧产物（排除废气）含有大量的显热，在回热冷却过程，排出的热气体流经插入的多孔区域，通过表面对流作用存储燃烧产物显热量。因为燃料向多孔回热器喷射，所以液滴很可能冲击多孔回热器。一旦液滴与高温多孔表面接触，就会发生模态沸腾（超过 Leidenfrost 温度）并快速蒸发。另外，燃料冲击孔隙高温表面会大幅度缩短其蒸发时间。优化该燃料喷射过程，就可以加速蒸发过程，使燃油蒸气分布均匀，从而在多孔回热器上获得最大的优化效果[31]。相比于效率只有43%的传统柴油机而言，上述所设计的发动机热效率高达53%[30,31]。

9.2.8　燃料电池

传统质子交换膜（PEM）燃料电池由膜电极和双极板组成。双极板上有流动通道，可以通过机械加工或冲压成形。双极板的作用是收集电流、分配氧气和氢气

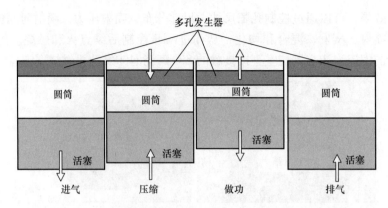

图 9-15 多孔储热器在燃烧室中与活塞同步移动原理[30,31]

到催化层,向电池单元外排出生成的水和热量。不同的流道布置有单曲折纹理、双曲折纹理和交错纹理等。由于在双极板上存在通道间间壁,因此组装的膜电极平面内电极层内反应物的浓度和温度分布不均,进而会导致电化学反应速率不均匀。另外,双极板加工流道费用也较高,双极板重量和体积占单体电池比例高达50%[32]。

为了降低 PEM 燃料电池的整体重量和体积,可采用金属多孔泡沫作为流动分配装置来代替双极板流道的功能。不同形式的金属泡沫已经完全商业化,很容易就能获得。金属泡沫能够按照特殊的需要(例如力学强度、孔隙率、热导率和电导率)专门定制。金属泡沫孔隙率高达90%,因此自身重量非常轻,是排出气体的优良介质,而且同时它仍然拥有很强的导热能力和电导率。这些特性都为其替代双极板流道提供了性能支撑。图9-16(见彩插)为以金属泡沫为流动分配装置的质子交换膜(PEM)燃料电池原理的示意图。

金属泡沫可以作为流动分配器代替双极板上的流动分配通道,同样它也可以作为燃料电池组单元电池之间的冷却液分配器[33],替代平行或蛇形冷却液微通道。研究表明,对于图9-17所示的冷却液分配通道形式,以降低表面温度、最大表面温度和平均表面温度作为衡量指标,多孔金属泡沫冷却通道是最优选择。此外,由于金属泡沫通道渗透率高,其对应冷却液压降较小。因此,作为冷却液分配通道的多孔金属泡沫可以优化质子交换膜燃料电池。

9.2.9 动力蓄电池相变换热

电池热管理技术是目前电动汽车的核心关键技术之一。随着电池模块容量的不断增大,在恶劣的热环境条件下能否保证动力蓄电池系统安全高效的运行,成为衡量电池热管理系统高低的重要指标[34]。在动力蓄电池热管理系统中,空冷、液冷和相变换热是较为常用的三种冷却方式[35]。其中,相变热控作为被动式热管理方式,它的一个新兴发展方向就是用于动力电池热管理系统。与传统空冷、液冷等方

 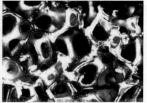

a) 不包含、包含聚四氟乙烯(PTFE)涂层修饰金属泡沫

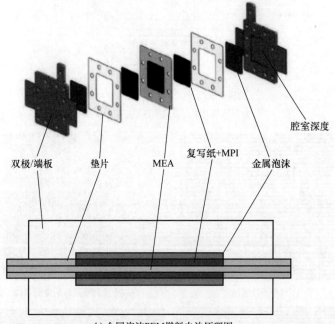

b) 金属泡沫PEM燃料电池原理图

图 9-16 以金属泡沫作为流动分配器的 PEM 燃料电池原理示意图[32]

式相比，相变热控具有高效、节能、温度波动小、防止热失效等优点。三明治结构形式和包裹式形式是相变材料在电池包中两种主要的应用形式。图 9-18 所示为将电池单元直接置于相变材料中的包裹式形式，图 9-19（见彩插）所示为相变材料将电池单元夹在中间而形成三明治夹层结构形式。

图 9-18 所示的第一种结构虽然换热效率高，比较适合各种柱状和其他异形电池，但是因其结构复杂而对制造工艺的要求较高。从传热过程分析，动力电池中复合相变热控的设计和制造主要考虑以下因素：①适宜的相变温度和较大潜热；②其他热物理性能：导热系数高、热容大、密度高、体积变化率低、无相分离等。

目前，虽然有关相变材料的研究已相对较成熟，但大多数固液相变材料尤其是中低温相变材料，它们普遍具有较低的导热系数即 $0.2W/(m·K)$ 左右，过低的

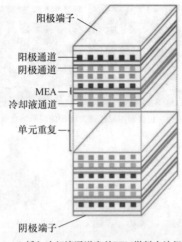

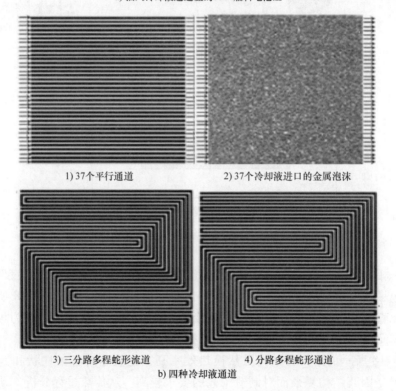

a) 插入冷却液通道盘的PEM燃料电池组

1) 37个平行通道 　　　　2) 37个冷却液进口的金属泡沫

3) 三分路多程蛇形流道　　4) 分路多程蛇形通道

b) 四种冷却液通道

图9-17　以金属泡沫作为流动分配器的PEM燃料电池[33]

导热系数直接影响热量在相变材料中的扩散速率。而在电池热管理系统中则需要较快地放出或吸收能量，过低的变相材料导热系数会使仅有部分材料发生相变而放出或吸收热量，使相变材料作用下降，极端条件如高温或过低电流会使电池热失控进

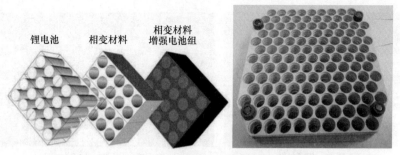

图 9-18 相变材料包裹电池式结构示意及实物

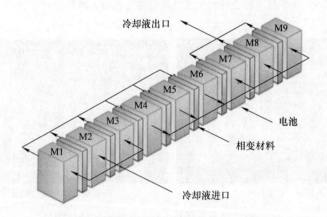

图 9-19 相变材料与电池三明治夹心结构形式

而极易引发安全问题。

  为解决相变材料导热系数低的问题，可以把多孔泡沫金属和泡沫碳作为导热增强介质，将相变材料分散成小颗粒并储藏在泡沫介质孔隙中，利用泡沫介质骨架起到强化传热的效果，如此可以显著增大整体复合相变材料的导热系数。已得到使用并具有较大导热系数的泡沫金属主要有泡沫镍[36]、泡沫铝[37]和泡沫铜[38]，如图 9-20（见彩插）所示。相变材料包裹物及电池（石蜡、泡沫镍）以及相变材料与电池三明治夹心结构（石蜡、泡沫铜）[39]，分别如图 9-21 和图 9-22 所示。

a) 泡沫镍

b) 泡沫铝

c) 泡沫铜

图 9-20 各种泡沫金属

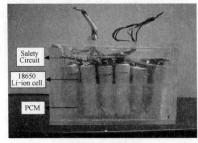
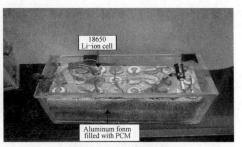

a) 石蜡单一相变材料
b) 石蜡/泡沫铝复合相变材料

图 9-21　相变材料包裹物及电池（石蜡、泡沫镍）[37]

a) 石蜡单一相变材料
b) 石蜡/泡沫铜复合相变材料

图 9-22　相变材料与电池三明治夹心结构[39]

除金属泡沫以外，泡沫碳材料同样可以有效强化相变材料换热过程。泡沫碳是碳元素的同素异形体之一，如图 9-23a 所示，泡沫碳材料内部是中空的蜂窝状结构，其中 70%～90% 为开口或相通的蜂窝状孔洞，微孔的平均直径为 200～500μm，固体结构由相互交错的韧带支撑而成。如图 9-23b 所示，泡沫碳的几何结构使其自身的密度大幅度降低、比表面积增大，因而它具有低密度、高导热、耐高温和耐腐蚀等优点。泡沫碳材料具有高的导热系数和稳定的化学性质，并与相变材料具有良好的相容性，因此常被用于相变材料的强化传热。相变材料渗入泡沫碳所

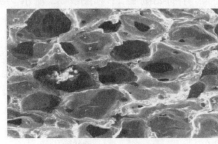
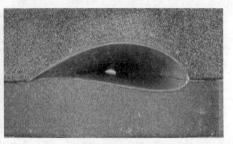

a) 泡沫碳材料扫描电镜照片
b) 泡沫碳材料实物

图 9-23　无序随机微结构孔隙泡沫碳[35]

组成的复合相变材料,其相变速率可大大提高,因此泡沫碳材料具有非常好的应用前景。

9.3 毫米级有序通孔微结构材料强化热/质传递应用

9.3.1 强化传热

图 9-24（见彩插）a 为通孔核心多功能夹层换热器示意图,其在换热的同时

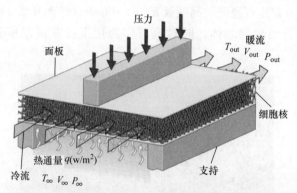

a) 通孔核心多功能夹层换热器示意图

b) 方形和菱形结构形式的铜材格子夹层

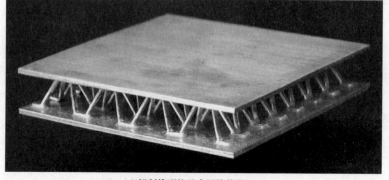

c) 铝制锥形格子夹层换热器

图 9-24　通孔结构夹层换热器[40]

195

也可以承受载荷。其中，中间夹层可以采用高导热系数材料（例如铜和铝）。图 9-24b 为形式较为简单的方形和菱形的铜材格子夹层，图 9-24c 为铝制锥形格子夹层换热器。相对于图 9-24b 所示的简单夹层，气流流经桁架过程的压力降非常低。与传统波纹管、百叶窗换热器通道相比，通孔单元能够展现出非常好的换热性能，同时又能承受外部载荷[40]。

图 9-25（见彩插）所示为有序方孔（毫米级）铜基蜂窝通孔结构，当氮气和冷却水作为换热介质时，其导热系数高达 1000W/(m^2·K)。图 9-26 所示为广泛应用的热能存储单元——陶瓷蜂窝状储热器结构，它具有较低的流动阻力和较大的换热面积。其内部为方孔直通道，高能效直径 1.43mm，壁面 0.25mm[41]。以上有序蜂窝结构可以作为换热器芯体，同时也可作为化工行业高温催化过程的催化剂载体。

图 9-25 方孔铜基蜂窝通孔结构

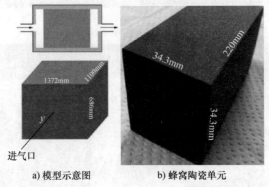

a）模型示意图　　　　b）蜂窝陶瓷单元

图 9-26 热能存储单元[41]

对于电动汽车动力蓄电池系统而言，可以采用热管冷却系统进行热控[34,38]，如图 9-27 所示。

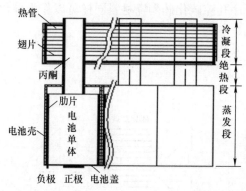
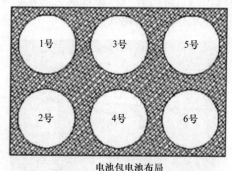

图 9-27 热管式电池包冷却系统

其中,热管换热芯体除采用无序金属泡沫外,也可采用有序微结构芯体内产生的毛细力输运相变介质[42],例如微结构沟槽(图 9-28)。另外,有序微结构芯体结构部分作为相变介质冷凝芯体,无序微结构芯体(丝网、金属泡沫、粉末烧结多孔结构)作为相变蒸发芯体,可进一步强化热管换热效果。

图 9-28 轴向沟槽微结构芯体
(铝/不锈钢材质)热管结构

9.3.2 强化传质

有序通孔堇青石、碳化硅等蜂窝陶瓷结构可以用作催化剂载体,微粒过滤捕集器来净化汽车尾气[43-45]。燃油汽车尤其是柴油车尾气中含有发动机未完全燃烧的固体炭颗粒、碳氢化合物及一氧化碳等有害气体。采用堇青石蜂窝陶瓷载体来承载催化剂,通过载体外源加热提高排气温度,促进碳氢化合物(HC)和一氧化碳(CO)氧化是降低排放量的有效措施之一。其中,柴油机氧化催化器 DOC(Diesel Oxidation Catalyst)以通孔堇青石、碳化硅等蜂窝陶瓷为载体,涂覆以 Pt、Pd 等稀有金属催化剂,可氧化发动机尾气中的 CO 和 HC 等有害气体,图 9-29 所示为堇青石蜂窝陶瓷。当发动机尾气通过 DOC 载体的孔壁,经催化剂作用后,CO 和 HC 等有害气体会与 O_2 发生化学反应,转化成 CO_2 和 H_2O 排出,DOC 工作原理如图 9-30 所示。

除有序蜂窝堇青石结构以外,无序孔隙碳化硅(SiC)陶瓷材料也可以作为催化剂载体来净化汽车尾气。与通孔蜂窝结构相比,无序碳化硅陶瓷材料的随机形貌强化了内部通过气流的紊流状态,进一步增长了气体与载体的接触时间,提高了载体催化剂与气体的接触机会。同时无序随机微结构碳化硅陶瓷的随机形貌结构还可以强化其自身的各向抗振性能。因此，无序孔隙碳化硅陶瓷材料同样可以作为催化剂载体来净化汽车尾气。

图9-29 堇青石蜂窝陶瓷

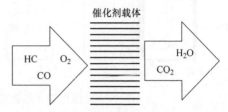

图9-30 DOC工作原理

对于含有大量炭烟颗粒的柴油机尾气，可以将有序多孔蜂窝陶瓷作为柴油颗粒过滤器DPF（Diesel Particulate Filter），其工作原理如图9-31（见彩插）所示。DPF为多孔蜂窝陶瓷，按材料可分为碳化硅DPF和堇青石DPF，其整体呈圆柱形蜂窝状且端面为相间堵孔，图9-32所示为壁流式蜂窝陶瓷。当尾气从入口经过

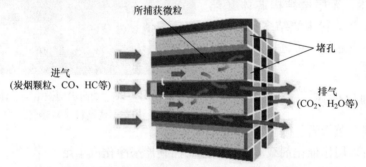

图9-31 壁流式蜂窝陶瓷过滤结构示意图[44]

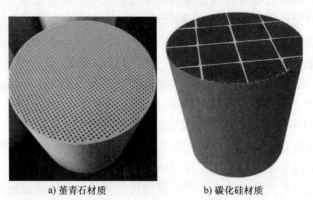

a) 堇青石材质　　　　　　　　b) 碳化硅材质

图9-32 壁流式蜂窝陶瓷[44]

DPF 时，其中的清洁空气（含 HC、CO 等气体）会通过 DPF 的内壁经相邻通道排出，而尾气中的颗粒物（黑烟）则会被截留在通道或蜂窝壁面内。

9.4 纳米级微孔隔热材料（纳米孔气凝胶）

气凝胶在航天航空领域的应用是最早、最成熟的，气凝胶隔热材料因为导热系数低、绝热性能优良以及质量轻和抗压能力强等特点，在俄罗斯"和平"号空间站和美国"火星探路者"探测器上被用于进行绝热保温。纳米孔气凝胶保温材料与传统隔热材料相比，气凝胶隔热材料可以用更轻的质量、更小的体积可以达到等效的隔热效果，因此这一特点使用在航空、航天应用领域具有很大的优势（图 9-33）。

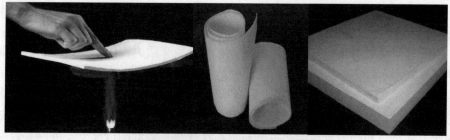

a）纳米孔气凝胶保温隔热毡/板[46]

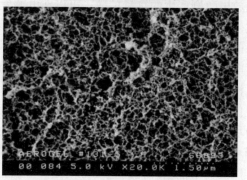

b）氧化硅气凝胶扫描电子显微镜图[5,6]

图 9-33 气凝胶隔热材料

此外，气凝胶隔热材料在新能源汽车上也有很大的应用。锂离子电池作为电动汽车的动力蓄电池，在恶劣条件下还是存在燃烧或爆炸的风险。动力蓄电池系统作为新能源汽车的主要动力源，决定着新能源汽车的行驶性能、安全性能和寿命。尤其是纯电动汽车，电池系统提供了所有的动力。动力蓄电池系统一般主要由电池模组、电池管理系统、热管理系统以及一些电气和机械系统等组成。动力蓄电池模组由几颗到数百颗电池芯经并联和串联后组成。

车辆在不同的行驶状况和环境下，单体电池由于其自身电阻，在输出电能的同时会产生一定的热量,使自身温度变高。高温工作环境和激烈碰撞是破坏锂离子电池、引起电池燃烧和爆炸的两大凶手,而动力蓄电池系统在工作过程中产生大量的热量聚集在狭小的电池箱体内,热量若不能及时快速地散出,电池模组的寿命和性能就会受到很大的影响,甚至出现热失控,导致起火爆炸等现象。因此,有必要增加隔热板于单体电池之间,减缓热失控的传播速度,采取进一步的消防措施争取时间。

近年来,针对电池组的热失控传播问题,为降低电池组的损害以及附带的破坏作用,需要在电池组内增加隔热层,阻断热失控从失控单体向周围传播。泡棉、塑料泡沫、超细玻璃棉、高硅氧棉、真空隔热板和二氧化硅气凝胶等都是目前常用的动力电池保温隔热材料,电池组内隔热板是置于单体电池之间,能够有效延缓或阻断单体电池热失控向整个电池系统传播的一种热防护装备。前提是需要具备以下性能:耐高温、防火可达到A1级别、导热系数低、不产生有毒气体、优异的整体憎水性能、允许水蒸气通过、吸声降噪、缓冲振动、提高环境质量、保护设备等。

气凝胶保温材料是很轻的固体材料,它的分散介质为气体。由其制成的气凝胶毡导热系数为 $0.020W/(m·K)$,甚至更低,且具有A1级阻燃、超疏水、使用温度范围广($-200 \sim 650℃$)、抗压、寿命长、无毒等特性。相比于传统保温隔热材料,气凝胶材料厚度在同等隔热效果下仅为传统保温隔热材料的 $1/5 \sim 1/2$。由于气凝胶上述特点和动力电池隔热板的需求,在导热系数低的情况下,可以有效阻隔电芯在大倍率下充放电急剧产生的热量扩散;可以在电芯发生热失控时起到隔热作用;当电芯过热发生燃烧时,气凝胶隔热板达到建筑A级不燃的性能也能够有效地阻断或延缓火势的蔓延,从而为逃生提供足够长的时间。气凝胶保温材料在提高新能源汽车动力蓄电池组安全性能方面能够发挥非常重大的作用,是目前适合新能源汽车及动力蓄电池更薄、更高效的保温隔热材料。

目前机械行业使用的隔热材料主要有陶瓷纤维、碳酸钙板等产品,这类材料在低温时隔热效果尚可接受,但随着使用温度升高,导热系数也会急剧升高,隔热性能迅速下降。在当今节能减排要求日益提高的背景下,世界很多国家已经将新型保温材料的研究与推广列为节能、降耗的主要方向之一。目前我国正大力倡导节能、减排、降耗,而新型纳米微孔隔热材料尚属起步阶段,以极低的导热优势将替代传统保温材料,必将在市场中占据主导地位。

9.5 小结

本章对微结构材料在热/质传递领域的应用进行了汇总整合,详细概述了微结构材料的热、质传递特性。将微结构材料分为两大类:无序通孔微结构材料和有序通孔微结构材料。通过典型举例的方式介绍了微结构材料在热管理方面的优越性。微结构材料优异的力学、声学特性使其在汽车安全、NVH控制等领域有着广泛的应用前景,相信随着新材料技术的快速发展,微结构材料在汽车热管理方向的应用也将日益增多,即利用微结构材料优异的热/质传递特性,针对不同部件实现高效的隔热、散热作用。

参考文献

[1] HAN X H, WANG Q, PARK Y G, et al. A Review of Metal Foam and Metal Matrix Composites for Heat Exchangers and Heat Sinks [J]. Heat Transfer Engineering. 2012, 33 (12): 991 – 1009.

[2] ZHAO, C Y. Review on thermal transport in high porosity cellular metal foams with open cells [J]. International Journal of Heat and Mass Transfer. 2012, 55 (13): 3618 – 3632.

[3] 陈学. 泡沫多孔材料中强制对流与高温辐射的耦合传热研究 [D]. 哈尔滨:哈尔滨工业大学, 2016.

[4] 刘培生, 陈国锋. 多孔固体材料 [M]. 北京: 化学工业出版社, 2014.

[5] 何雅玲, 谢涛. 气凝胶纳米多孔材料传热计算模型研究进展 [J]. 科学通报. 2015, 60 (2): 137 – 163.

[6] JONES S. Aerogel: Space exploration applications. Journal of Sol – Gel Science and Technology. 2006, 40 (2 – 3): 351 – 357.

[7] YANG X H, FENG S S, ZHANG Q L, et al. The role of porous metal foam on the unidirectional solidification of saturating fluid for cold storage [J]. Applied Energy. 2017, 194: 508 – 521.

[8] ERG Aerospace Corporation. Duocel Aluminum Foam [EB/OL]. http://www.ergaerospace.com/index.html.

[9] LU W, ZHAO C Y, TASSOU S A. Thermal analysis on metal – foam filled heat exchangers. Part I: Metal – foam filled pipes [J]. International Journal of Heat and Mass Transfer. 2006, 49: 2751 – 2761.

[10] FENG S S, KUANG J J, WENA T, et al. An experimental and numerical study of finned metal foam heat sinks under impinging air jet cooling [J]. International Journal of Heat and Mass Transfer. 2014, 77: 1063 – 1074.

[11] 王杰, 王茜. 热管科学及吸液芯研究进展回顾与展望 [J]. 化工进展. 2015, 34 (4): 891 – 902.

[12] 郑丽, 王爱明, 李菊香. 热管吸液芯的研究进展 [J]. 制冷技术. 2011, 39 (4): 43 – 47.

[13] JI X B, LI H C, XU J L, et al. Integrated flat heat pipe with a porous network wick for high – heat – flux electronic devices [J]. Experimental Thermal and Fluid Science. 2017, 85: 119 – 131.

[14] DOUGLAS T Q, GERARDO C, Peterson G P, et al. A multifunctional heat pipe sandwich panel structure [J]. International Journal of Heat and Mass Transfer. 2008, 51: 312 – 326.

[15] SCOTT D K. Thermal Management at Hypersonic Leading Edges [D]. Virginia: University of Virginia, 2013.

[16] SCOTT D K, DOUG T Q, CRAIG A. Steeves, Anthony G. Evans, Haydn N. G. Wadley. A Heat Plate Leading Edge for Hypersonic Vehicles [C]//ASME 2008 International Mechanical Engi-

neering Congress and Exposition. Boston, Massachusetts, USA, October 31 – November 6, 2008.

[17] https://sciencetrends.com/open-cell-foams-promising-materials-in-high-temperature-energy-conversion-and-utilization.

[18] ROEGER M, PFAENDER M, BUCK R. Multiple Air-Jet Window Cooling for High-temperature Pressurized Volumetric Receivers: Testing, Evaluation, and Modeling [J]. Journal of Solar Energy Engineering, 2006, 128 (3): 265-274.

[19] CHUEH W C, CHRISTOPH F, MANDY A, et al. High-flux Solar-driven Thermochemical Dissociation of CO_2 and H_2O Using Nonstoichiometric Ceria [J]. Science, 2010, 330 (6012): 1797-1801.

[20] YADAV D, BANERJEE R. A Review of Solar Thermochemical Processes [J]. Renewable and Sustainable Energy Reviews, 2016, 54: 497-532.

[21] POŽIVIL P, ACKERMANN S, STEINFELD A. Numerical Heat Transfer Analysis of a 50 kWth Pressurized-Air Solar Receiver [J]. Journal of Solar Energy Engineering: Including Wind Energy and Building Energy Conservation. 2015, 137 (6): 064504.

[22] POŽIVIL P, ETTLIN N, STUCKER F, et al. Modular Design and Experimental Testing of a 50 kWth Pressurized-Air Solar Receiver for Gas Turbines [J]. Journal of Solar Energy Engineering, 2015, 137 (3): 031002.

[23] http://www.prec.ethz.ch/research/solar-power/solargasturbine.html.

[24] PHILIP A D. Theoretical analysis of transpiration cooling of a liquid rocket thrust chamber wall [D]. Ph. D. Florida: Embry-Riddle Aeronautical University, 2006.

[25] https://ultramet.com/propulsion-system-components/liquid-rocket-engines.

[26] SADAF S, BRET H, DAVE B, et al. Investigation of Lean Combustion Stability, Pressure Drop, and Material Durability in Porous Media Burners [C]//ASME Turbo Expo 2017: Turbomachinery Technical Conference and Exposition. Volume 5C: Heat Transfer. Charlotte, North Carolina, USA, June 26-30, 2017.

[27] SUSIE W, ANDREW T H. Porous burners for lean-burn applications [J]. Progress in Energy and Combustion Science. 2008, 34: 667-684.

[28] ABDUL M, ABDULLAH M Z, ABU B, et al. Applications of porous media combustion technology-A review [J]. Applied Energy, 2009, 86: 1365-1375.

[29] WECLAS M. Strategy for intelligent internal combustion engine with homogeneous combustion in cylinder [J]. SonderdruckSchriftenreihe University of Applied Sciences in Nuernberg, 2004, 26: 1-14.

[30] MIROSLAW W. Potential of Porous-Media Combustion Technology as Applied to Internal Combustion Engines [J]. Journal of Thermodynamics, 2010, 2010 (789262): 1-39.

[31] PARK C-W, KAVIANY M. Evaporation-combustion affected by in-cylinder, reciprocating porous regenerator [J]. Journal of Heat Transfer, 2002, 124 (1): 184-194.

[32] TSENG C J, TSAI B T, LIU Z S. A PEM fuel cell with metal foam as flow distributor [J]. Energy Conversion and Management. 2012, 62: 14-21.

［33］EBRAHIM A，MASOUD Z R，ZAHRA S. A study on using metal foam as coolant fluid distributor in the polymer electrolyte membrane fuel cell ［J］. International Journal of Hydrogen Energy. 2016，41（3）：1902 – 1912.

［34］蔡飞龙，许思传，常国峰. 纯电动汽车用锂离子电池热管理综述［J］. 电源技术. 2012，39（9）：1410 – 1413.

［35］https：//www.gdjinge.com/h – nd – 515.html.

［36］SIDDIQUE A K，SHABAB A，MOHAMMED F，et al. Thermal management of Li – ion battery with phase change material for electric scooters：experimental validation. Journal of Power Sources 2005，142：345 – 353.

［37］ABID H，TSO C Y，CHRISTOPHER Y，CHAO H. Experimental investigation of a passive thermal management system for high – powered lithium ion batteries using nickel foam – paraffin composite. Energy. 2016，115：209 – 218.

［38］张国庆，吴忠杰，饶中浩，等. 动力电池热管冷却效果实验［J］. 化工进展，2009，28（7）：1165 – 1174.

［39］LI W Q，QU Z G，HE Y L，et al. Experimental study of a passive thermal management system for high – powered lithium ion batteries using porous metal foam saturated with phase change materials. Journal of Power Sources. 2014，255：9 – 15.

［40］LI Q，BAI F W，YANG B，et al. Dynamic simulation and experimental validation of an open – air receiver and a thermal energy storage system for solar thermal power plant ［J］. Applied Energy，2016，178：281 – 293.

［41］http：//www.virginia.edu/ms/research/wadley/thermal – management.html.

［42］MOHAMMED T A，CALIN T，WILLIAM G A. Hybrid Heat Pipes for Planetary Surface and High Heat Flux Applications ［C］//45th International Conference on Environmental Systems ICES – 2015 – 50. Bellevue，Washington，USA，12 – 16 July 2015.

［43］杜庆洋. SiC 泡沫陶瓷用作柴油机尾气净化催化剂载体的研究［J］. 汽车工程. 2007，29（10）：870 – 872，858.

［44］http：//www.cas.cn/kxcb/kpwz/201205/t20120508_3573637.shtml.

［45］王丹. 柴油机微粒捕集器及其再生技术研究［D］. 长春：吉林大学，2013.

［46］http：//www.china – nengyuan.com/product/53171.html.

第10章 微结构材料在非充气轮胎中的应用

10.1 引言

由于人们不断地追求更好的汽车安全性、舒适性和更稳定的操作。轮胎应同时具备安全性、耐久性、经济性和舒适性等多重性能。其中，安全性能不可忽视，如果在行驶过程中轮胎产生故障，车辆将无法行驶甚至会产生重大交通事故。因此，如何研发出更加安全、耐用的轮胎是科研工作者急需解决的课题。

由于其结构特点，传统充气轮胎在复杂的工况下极易爆胎。由于道路工程建设质量越来越好，车辆行驶的平均速度也得到大幅度提升，随之与轮胎相关的交通事故也逐渐增多。国内外研究机构在提高轮胎安全性方面提出了仿生轮胎、零压续跑轮胎等各种解决方案，但是由于橡胶材质轮胎自身特点的限制，其在安全性能方面提升空间有限，而且当压力小于正常值时，轮胎的性能会明显降低。因此，如何改变传统轮胎基本结构及解决其所面临的问题，对非充气式轮胎的研发已经迫在眉睫。若要设计新型非充气轮胎，先要全面了解轮胎力学特性。

10.2 充气轮胎力学特性

车轮和轮胎是汽车行驶系统的重要组成部分，对汽车保持正常行驶起着重要的作用。其中，轮胎是汽车车身与道路相连接的唯一部件，其功能是支撑车辆重量、传递驱动和制动力矩、吸振以及保证转向稳定性，汽车的运动依赖于轮胎所受的力，如图10-1所示。

轮胎力学是研究轮胎受力、变形和运动响应之间的关系，主要任务是建立精确实用的数学模型，描述轮胎的力学特性。在图10-2所示的轮胎坐标系中，纵向力 F_X 代表地面切向反作用力沿 X 轴的分量，纵向力 F_Y 为地面切向反作用力沿 Y 轴的分量，F_Z 代表地面法向发作用力，翻转力矩 M_X 为地面反作用力沿 X 轴的力矩，

图10-1 轮胎的功能

滚动阻力矩 M_Y 为地面反作用力沿 Y 轴的力矩，回正力矩 M_Z 代表地面反作用力沿 Z 轴的力矩。

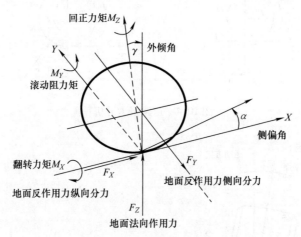

图 10-2　轮胎坐标系与地面作用于轮胎的力和力矩

轮胎的物理特性受轮胎结构特性的直接影响，其中，轮胎物理特性包括前进方向所受的滚动阻力、车轮所提供的垂向减振与缓冲作用，以及为车辆提供侧向转向力的能力。其中，轮胎六分力与车轮运动参数之间的关系表达式可通过轮胎模型描述，如图 10-3 所示。

轮胎纵向力特性受总的车轮滚动阻力以及轮胎纵向力与滑动率的关系

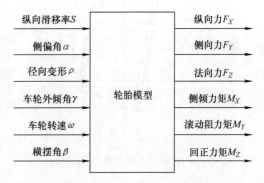

图 10-3　轮胎输入与输出之间的关系

的影响。其中，总的车轮滚动阻力由轮胎滚动阻力、道路阻力以及轮胎侧偏阻力组成。轮胎滚动阻力由 90%～95% 的弹性迟滞损失、2%～10% 的摩擦阻力以及 1.5%～3.5% 的风扇效应阻力组成，滚动阻力系数由轮胎压力、结构及载荷决定，轮胎压力越大，轮胎变形就会越小、摩擦越小进而滚动阻力系数 f 越小；轮胎结构、材料、帘线、花纹、胎面对 f 的影响也很大；同时载荷越大，滚动阻力越大，但 f 变化不大；道路阻力因路面的平整程度以及松软程度的不同而不同，如图 10-4 所示。轮胎侧偏阻力主要受侧向载荷的影响以及车轮定位的影响，如图 10-5 所示。

轮胎垂向特性体现在轮胎的刚度特性以及轮胎垂向振动上。充气轮胎的一个基本功能是在不平路面行驶时起到缓冲作用，该缓冲作用与充气轮胎的弹性有关，通常以轮胎所受的载荷和变形曲线的形式呈现，它对车辆的行驶平顺性、行驶稳定性和制动性均有重要影响。轮胎垂向振动力学模型如图 10-6 所示。

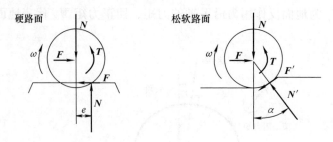

图 10-4　道路阻力分析

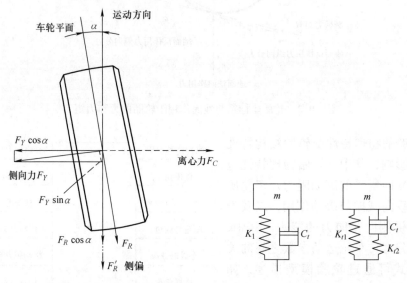

图 10-5　轮胎侧偏阻力分析　　图 10-6　轮胎垂向振动力学模型

轮胎的振动会对汽车性能产生很大的影响,主要体现在以下 5 个方面:

(1) 对汽车平顺性的影响　由于轮胎的振动,对汽车悬架系统中弹性元件的振动形成干扰,因而悬架中要产生振动叠加,这就要求汽车设计时要将轮胎的参数与悬架参数结合起来考虑,以便获得良好的汽车平顺性。例如,用子午线轮胎匹配号的汽车,如果其他汽车参数不变而只将子午线轮胎换成斜交胎,汽车平顺性将变差。

(2) 对汽车操纵稳定性的影响　轮胎在汽车转弯行驶时发生振动,会引起车身异常振动,汽车转向盘发生摆振,驾驶员无法操纵汽车行驶,导致汽车的操纵稳定性变差。

(3) 对汽车行驶速度的影响　由于汽车振动时汽车的操纵稳定性变差,驾驶员不得不使汽车减速以确保汽车安全行驶,这将会影响汽车行驶速度的发挥,降低了运输效率。

(4) 对汽车燃油经济性产生影响　轮胎的振动必然将汽车行驶中的一部分动能转变成轮胎的变形,将生成热量并传到大气中去而使汽车的能量损失,从而造成汽车燃油经济性变差,使油耗增加。

(5) 对汽车安全性能的影响　行驶过程中的轮胎振动将对轮胎与路面的附着力产生作用,过大的轮胎振动会导致轮毂轴承的异常磨损,从而恶化汽车的技术状况,直接影响汽车行驶安全。此外,轮胎的振动还会影响汽车制动性、转向轻便性以及轮胎的使用寿命等。

作为汽车操纵稳定性的基础,轮胎侧偏特性是轮胎非常重要的特性,以下因素将影响轮胎的侧偏特性:轮胎结构、轮胎所承受的垂直载荷、轮胎的充气压力、路面类型及状态、车辆行驶速度与轮胎外倾角等。回正力矩原理分析如图 10-7 所示,其中,e 为轮胎拖距,$T_Z = eT_Y$。回正力矩与侧偏角之间的关系曲线如图 10-8(见彩插)所示。当侧偏角 $\alpha < 4°$ 时,回正力矩随着 α 的增大而增加;当侧偏角 $\alpha > 6°$ 时,回正力矩随着 α 的增大而减小,不同车胎的回正力矩与侧偏角之间的关系也不同。

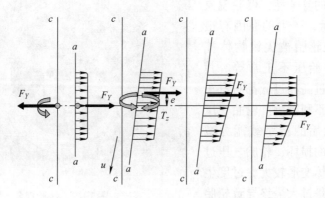

图 10-7　回正力矩原理分析

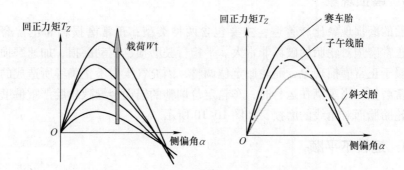

图 10-8　回正力矩与侧偏角之间的关系曲线

10.3 充气轮胎故障及简要分析

在正式切入主题之前,为详细了解非充气轮胎的结构组成,首先需介绍普通轮胎的结构。从外向里,普通轮胎可分为胎冠、带束层、帘布层、气密层、胎圈部五个部分。轮胎骨架是帘布层(也称为胎体层),其两侧的边缘采用钢丝圈固定在轮辋凸缘和轮辋底座上,除了能支撑载荷,还能起到保持轮胎内压的作用。而带束层的作用则是缓冲胎体和胎面刚度。就子午线轮胎而言,带束层还能起到捆紧帘线的作用,使其完成在半径方向内的压缩,保证轮胎周围具备一定刚度的同时使得轮胎呈现扁平状态。

10.3.1 爆胎现象

当汽车在行驶过程中,爆胎问题的发生将会造成很严重的事故。由于实际工况的复杂性,爆胎现象如图10-9所示,产生的原因有很多种,可能是轮胎被尖锐物体扎破,也可能是胎压不正常等。其中,轮胎气压过高和过低都对汽车行驶安全带来不利影响。轮胎气压过高会导致轮胎的抗承载能力减弱,加速胎面的损坏;轮胎气压过低,会使得胎体变形较大,过度生热所产生的热量过大最终导致轮胎表面的橡胶出现老化现象。

图10-9 爆胎现象

10.3.2 磨损现象

轮胎的磨损现象比较普遍,主要包含两种类型:正常磨损和非正常磨损。其中,非正常磨损对轮胎的破坏非常大。平稳行驶磨损、制动磨损、加速磨损和转向磨损都属于正常磨损现象,而轮胎定位调整、因充气压力不正确等所造成的磨损属于非正常磨损。当车辆在运行时,车轮定位调整的错误会导致轮胎严重偏磨,同时将加剧轮胎胎面对角线的磨损,如图10-10所示。

10.3.3 运转不平顺

由于无法保证车辆在行驶过程中对轮胎产生的磨损均匀地分布在轮胎圆周表

面，因此随着轮胎的使用，车轮原本平衡状态会被一步步加大的磨损打破，后果就是车轮运行变得颠簸不平。轮胎安装失准、轮辋挠曲、车轮偏心及制动抱死等也会造成这种不平顺问题。

除此以外，汽车行驶性能也与滚动噪声、车轮跑偏和橡胶老化有关，这和轮胎的充气情况关系巨大。由此可见，充气轮胎的充气情

图 10-10　轮胎磨损

况对车轮的安全性、平顺性、使用寿命及操纵稳定性等影响极大，也是威胁行车安全，造成交通事故高发的主要原因之一。

10.4　非充气轮胎

10.4.1　结构及优缺点

随着汽车科技的飞速发展，非充气轮胎应运而生。非充气轮胎在材料选择、结构设计和加工成型等方面也在持续地改进，变得更加安全智能和环保节能。与传统充气轮胎相比，非充气轮胎在材料选择和结构设计这两个方面有很大的相异之处，例如非充气轮胎在材料方面一般采用高分子材料辐板，而在结构设计上大多采用网面等结构，这样设计不仅确保了节能、安全可靠性能，还发挥出了传统轮胎所不具备的如免充气和防爆胎等额外优势。目前，免充气安全轮胎的概念及结构形式在安全轮胎方面还没有确切严格的定义。按照结构形式，主要有免充气安全轮胎和充气安全轮胎两种。其中，免充气安全轮胎是在无需充气的情况下符合汽车行驶需求的安全轮胎，当前这种轮胎的代表产品包括非充气蜂巢轮胎、PU 无充气轮胎（即多孔聚氨酯）、固特异弹簧轮胎、非充气树脂辐条胎及实心轮胎等。因为这些轮胎无需充气，所以不论在理论上还是实际情况中都不会存在爆胎、轮胎磨损的情况，车辆在高速行驶时更安全。

非充气安全轮胎可分为以下两种：

（1）橡胶实心轮胎　它的主要特点包含胎体较重、弹性不好、滚动阻力大，可承载重量大。这种轮胎适合无需快速运行、对载货要求高的车辆。

（2）开式结构轮胎　这种轮胎以聚氨酯材料为原料，利用开式结构、管型交错三维减振制作而成，其优点是外观美观、重量轻，缺点是行驶低速和不耐高温。

非充气轮胎最早出现于山地自行车，这种轮胎由美国工程师布莱恩·拉塞尔率先提出。世界上第一款非充气轮胎是 2005 年米其林生产的 Tweel 轮胎，如图 10-11

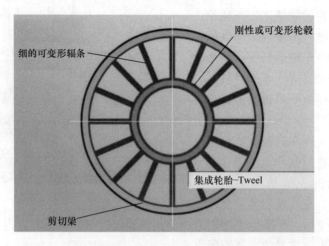

图 10-11　Tweel 轮胎图解

图 10-12　Tweel 轮胎实物示意图

（见彩插）和图 10-12 所示。该轮胎主要包含三部分：轮毂、胎圈和可变形支承体。前两者由可变形支承体连接到一起组成非充气轮胎。不同种类非充气轮胎之间的最大区别就在于起着连接和支撑作用的可变形支承体。目前，蜂巢式、类辐条式以及交错辐射式等是可变形支承体的主要结构形式。但是不论支承体的结构形式如何变化，它们的功能都类似，即在支撑车轮的同时，改变自身结构形状来吸收车轮受到的冲击和振动，以改善车轮舒适性。

Tweel 在当时被认为是"汽车产业的第二次革命"。Tweel 车轮的推出，用轮胎和轮辋一体化设计完全颠覆了人们过去对现代轮胎的支撑方式的认知，整条轮胎的刚性则由从轮胎侧面辐射展开的网状支承结构提供。各企业生产要求不同，该网状结构也会有所不同，例如米其林 Tweel 轮胎采用类似马车车轮的辐条式，普利司通公司 Air-Free 轮胎（见图 10-13，见彩插）则采用相互交错的辐射式，而韩泰 iFLEX 轮胎（见图 10-14，见彩插）则是独特网状结构或蜂巢式结构。

无论是何种结构，其功能表现都类似，都是为了支撑轮胎，同时支撑结构产生形变来降低轮胎的振动，以此来提高舒适性。简单来说，非充气式轮胎内部的支承结构在某种程度上相当于帘布层和带束层强化之后的结合体。为保证一定的强度，辐条结构往往采用高性能树脂作为基体材料。辐条排布的主要设计原理是减少轮胎变形时的内压，辐条采用不同的形状排布可将轮胎变化时的压力进行传导。韩泰 iFLEX 轮胎甚至还考虑到了排出异物的需求。相比于普通轮胎而言，非充气式轮胎还具有免爆胎、免维护、免泄漏等优点。当冲击载荷纵向作用于非充气轮胎上时，非充气轮胎内部的支承结构能够产生很大的形变量，而且此形变量远远大于在同样条件下普通充气轮胎所产生的形变量。由此可推理出非充气轮胎的优势在于可减轻崎岖路面传递到悬架和车身的冲击力，从而使乘员舒适度大大提升。在高速长距离高频次的障碍物上，由于轮胎会有较大的变形和较快速的回弹响应，可使得轮胎不会更远地远离地面，提升驾驶稳定性。该轮胎胎面与地面接触的部分所形成的履带效应可使车辆比较容易脱困。

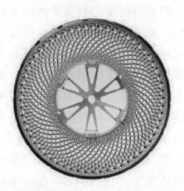

图 10-13　普利司通公司 AirFree 轮胎

图 10-14　韩泰 iFLEX 轮胎

对于车辆轮胎而言，驾乘的舒适与否与纵向刚性的好坏息息相关。操控稳定性则由横向刚性决定，这也就是为什么跑车选择低扁平比轮胎，而越野车喜欢高扁平比轮胎，前者关注横向刚度，使高度转弯时的侧向支撑大大提升，提高过弯极限；而后者关注纵向刚度，使越野过程中车辆的舒适性得以保证，也大幅度提升使用寿命，延长使用时间。

非充气轮胎可以很好地兼顾两者的优点，无论是米其林 Tweel 轮胎，还是普利司通 Airless 轮胎，两者都采用横向排布形式的支承结构。如此，在纵向载荷作用下，支承结构间的空隙可以被完全压缩，既可增加变形量，又可提升舒适性。在横向载荷作用下,轮胎所承受的载荷方向与支承结构的作用力方向平行,受力方向与支承结构的作用力方向平行,可完全通过支承结构支承轮胎,轮胎横向的形变量变小,轮胎侧偏刚度、侧向支承和操稳性都可大幅度提升。对该车轮进行数值仿真分析发现,在一定范围内,车轮的侧向刚度与垂向载荷成正相关关系。

此外,相比于传统轮胎轮毂的组合,非充气式轮胎不包含轮毂和钢圈等结构,并且在材料上采用了强度较高的树脂等材料,其质量可得到大幅度降低,得益于此,整车的簧下质量也会随之降低。尤其是对于采用多连杆式独立悬架的车型,簧下质量越小,其悬架系统的动态响应更倾向于理想状态。

在经济性方面,非充气式轮胎的胎面设计可以采用低滚阻的橡胶配方,相较于充气轮胎,非充气轮胎的结构相对简单,可有效降低轮胎在运动过程中由于反复变形所造成的能量损失,提高车辆燃油经济性。另外,由于非充气轮胎沿着圆周方向上的结构都保持一致,运动过程中的运作比较平稳,因此耐磨程度较高,约为传统轮胎的3倍,提高使用寿命和行驶安全。但是非充气轮胎也存在自身缺陷,例如一般的非充气轮胎内部支承结构都是直接暴露在外面,支承结构之间存在较多的孔隙,较容易进入一些杂物和异物,而这些杂物和异物极易造成支承结构的破坏。尤其是在路况不好的情况下,例如积雪、泥泞道路,支承结构内部都会充满泥土和积雪等,会对轮胎的应变产生影响。关键点在于,非充气轮胎由于支承结构的存在,不能承担较大的载荷和较高的速度。

普利司通第二代 AirFree 轮胎,由于行驶速度比较慢,更多地应用于类似割草机等速度要求比较低的车辆或超小型车辆上。韩泰 iFLEX 轮胎具有特殊的排沙结构,表示量产之后这条轮胎有望搭载于微型车上。AirFree 和 iFLEX 应用如图 10-15(见彩插)、图 10-16(见彩插)、图 10-17(见彩插)所示。它由橡胶胎圈、刚性轮毂和辐射型轮辐组成[1]。其中,多根倾斜的辐条沿着周向排列形成轮辐,辐条材料选择热塑性树脂材料为基体材料。该特殊的设计使多个辐条可承担胎面的每一处

图 10-15　自行车采用 AirFree 轮胎

受力，提升车轮承载性。相比于第一代（2011年推出），第二代车轮不论是在承载方面还是在行驶方面都有较大的提升，最高速度由第1代的6km/h提高到60km/h；测试车辆质量从100kg增加到410kg。

图10-16　高尔夫球场车采用AirFree轮胎

图10-17　道路测试中的iFLEX轮胎

同样，虽然米其林宣称Tweel充分继承原有充气轮胎所有特性与功能，并在车辆操作性能、舒适性能以及节油等方面具有长足的进步，除了使用费用的不同之外，其承载能力、行驶速度等都不适合普通乘用车使用，因此普通乘用车尚未推广，目前主要在工程机械、军用车辆上使用，非充气轮胎在军用车辆上的应用如图10-18（见彩插）所示。

图10-18　非充气轮胎在军用车辆上的应用

随着非充气轮胎的发明和技术的成熟，目前越来越多的乘用车甚至是电动汽车使用了非充气轮胎。非充气轮胎虽然无需考虑爆胎的问题，但在使用过程中也存在许多需要注意的地方。

（1）防止轮胎超载　非充气轮胎不用充气，所以使用时一定要注意轮胎的负荷，不能超过轮胎的额定负荷，否则轮胎的使用寿命会大大缩短。装载要分布均匀，不可重心偏移，要保持货物均匀分布。

（2）掌握车速、控制胎温　虽然非充气轮胎不会出现爆胎的情况，但应该要求电动汽车或者电动汽车所使用的轮胎与最高设计车速相适应，尽量避免高速状态下的颠簸和紧急制动，从而减少对轮胎的冲击。

（3）保持车辆的技术状况良好　这样可以减少因车辆自身问题而造成轮胎的冲击，影响轮胎的寿命。

（4）定期检查　定期检查轮胎是否嵌入了钉子等硬物或者轮胎受到了损伤。应经常检查是否有鼓包、裂缝、割伤、扎钉等问题，以便进行及时的修补和保养。同时要查看轮胎的磨损状态，长期工作在高负荷的状态，轮胎的磨损会更快，所以定期检查轮胎很重要。

(5) 正确维护　维护拆卸轮胎时，要使用正确的工具，不要使用不合适的工具，以免碰伤或扎伤轮胎。

(6) 注意油和高温是轮胎之类橡胶制品的天敌　避免高温和油污也是保养的关键。夏季尽量避免暴晒，延长轮胎寿命，不宜用冷水浇泼。尽量不要让轮胎沾染油污，如果沾染了油污，应及时进行清理。

10.4.2　设计特点

威斯康星州麦迪逊聚合物研究中心和美国固铂轮胎公司于2008年共同研发出了非充气蜂巢轮胎，如图10-19所示，该轮胎主要包含三部分：轮毂、胎圈和蜂窝状轮辐。蜂窝状轮辐是仿照蜂巢的结构延伸设计的，呈现不规则的六边形形状，该结构有效降低轮胎的振动，同时还可提高车轮强度[2]。最重要的是，其特殊的非充气轮胎结构可有效解决充气轮胎容易爆胎的问题，尤其在军用车辆上可有效抵御爆炸冲击，美国军方已经将该轮胎用于悍马车型上。

这类轮胎具有优越的承载和抵抗冲击的能力，在抵御爆炸冲击的同时还可保持约80km/h的速度行驶，可有效解决复杂作战环境中军用车辆在爆胎情况下无法工作的问题，极大地提高作战能力，如图10-20（见彩插）所示。

图10-19　非充气蜂巢轮胎　　　图10-20　应用于军用车辆的蜂巢轮胎

非充气轮胎对于民用车辆也有使用价值。由于蜂巢轮胎去掉了原本的充气部分，采用极其坚固的材料制成，所以轮胎不会被钉子等尖锐物品扎破，保证车辆正常行驶。同时，由于其坚固的材料，蜂巢轮胎的使用寿命远比传统轮胎长，更耐磨且不易损坏。但是目前还无法应用于民用车辆，因为还存在一些问题尚未解决，例如制动系统需要作调整以适应此轮胎，该轮胎的缓振性仍不如传统车辆等。该轮胎采用蜂窝六边形结构替换原来的充气部分，有效减小振动的同时具有非常优越的强度和刚度，同时其非充气的特性尤其适合野外行军车的使用。

南京航空航天大学赵又群课题组研发的一款机械弹性车轮，也具有非充气的特性[3]，主要包含三部分：辊轮、轮毂和铰链组，如图10-21所示，从图中看出辋轮包含橡胶层和弹性环两部分。而弹性环组由沿圆周方向等角度分布的多个卡环将横向均匀排列的弹性环组合而成，轮毂位于辋轮的中间，通过铰链组与辋轮内侧的卡环相连接。

图 10-21　机械弹性车轮结构图

图 10-22 是北汽集团与美国 MKP 公司联合开发的负泊松比微结构非充气车轮。它主要由负泊松比结构 V 型支承体、橡胶缓冲带、橡胶胎圈和轮毂组成，负泊松比结构的 V 型支承体具有"压缩 – 收缩、拉伸 – 膨胀"的特点，具有负泊松比特性。该成果是由美国密歇根大学机械系马正东教授所发明的结构部件，为提高汽车轮胎的最大行驶里程，马教授团队想方设法调整工艺配方，优化非充气轮胎受力结构。通过在新型复合材料中添加耐磨因子，强化抗磨损性，很快解决了难题。新批次的非充气轮胎样品重量也有明显减轻，团队研发的负泊松比微结构材料为车身轻量化提供了一条新思路，通过环环相扣的内部支承体吸收能量涌动，得到单一材料所不具备的特性。浙江天衢非充气轮子科技有限公司主要从事负泊松比材料非充气轮胎的研究与生产，负泊松比非充气轮胎项目成为北京汽车集团当年两大重点科研项目之一。

图 10-22　负泊松比微结构的非充气车轮

Boostrac 致力于最佳沙地和泥地牵引力表现,将轮胎为汽车提供的牵引力提升至最大,使之可以自由行驶于颠簸的地形、陡峭的山路甚至沙漠地区。从图 10-23(见彩插)可以观察到 Boostrac 胎纹巨大且突起,其整个胎面采用了共有 120 个花纹块组成的模块化设计。此

图 10-23　Boostrac 非充气轮胎模型

外,该概念轮胎具有结构转化功能的特点,让其胎面上的纹路能够从适用于泥沙地的路面转变为适用于铺装路的纹路,从而扩展这款轮胎的使用范围。

图 10-24 为 NASA 和固特异联合开发推出的产品超弹性轮胎(Super Elastic Tire),此轮胎由一些钢丝编制而成,外观呈柔性网状。这种结构最大的优势就是能够跟着地形发生变化,方便走过各种各样的奇怪崎岖路面。

图 10-24　超弹性轮胎(Super Elastic Tire)

超弹性轮胎的想法源自阿波罗登月轮胎所用的设计,这种轮胎是为了星球登陆这种工作环境而设计的,它需要支持太空探测车的重量,在太空行驶中也要保证耐久度。同时,它也有足够的弹性,碾过路面的岩石后能够迅速恢复原本的形状,能够在较为平坦的路面中行走。

Super Elastic 非充气轮胎所采用的胎体材料为镍钛新型记忆合金。镍钛记忆合金能承受 10% 的形变,它还能提供好奇号火星探测车所用轮胎 10 倍的承载力,能在砂石上能提供更好的附着力和 23°的爬坡,适应 -130~90℃ 的工作环境。编织记忆合金材料金属网的结构叫作"晶体结构",如图 10-25(见彩插)所示,轮胎在遇到阻碍发生形变时吸收能量,随后通过后释放能量并恢复原状。当镍钛超弹性轮胎被压缩到轴心时,能够还原形状,就可以在太空探索行走了。受压后的超弹性轮胎不会损坏框架,耐用程度也会比传统材料制成的轮胎强。

图 10-25　应用于超弹性轮胎中的"晶体结构"

10.4.3　发展趋势

当前，世界范围内的各个轮胎巨头正在进行着前所未有的合作研究，米其林和固特异于 2000 年 6 月达成合作共识，两者分别将各自的专利技术（例如固特异的 EMT 和气压监测技术，米其林的 PAX 技术）转让给对方，并且为了完善现有技术和制定共同的技术标准，两方合作建立了各占一半技术份额的合资机构。同一时期，德国大陆公司和日本某公司也签署了类似的合作协议。从此以后，世界安全轮胎领域的两大合作联盟诞生。以米其林为首，盟友有倍耐力、固特异、韩国轮胎公司、住友这几家公司，联盟将米其林 PAX 和固特异 EMT 商品化，标准统一，推向全球市场作为首要目标。而以普利司通为首的联盟，盟友还有德国大陆公司、日本横滨橡胶公司，联盟三方计划通过互通联盟成员技术，相互提供生产许可证的方式来制造并销售安全轮胎，并通过加强联盟合作来建立安全轮胎技术的全球标准。在 2025 年以前，非充气安全轮胎逐渐代替普通充气轮胎的市场地位。

世界各国的著名轮胎巨头，例如法国米其林、美国固特异、日本普利司通、德国大陆等为了抢占先机，已经在我国申请了发明专利。在充气安全轮胎方面，我国尽管已经拥有了一部分技术，但是在非充气轮胎方面，我国的研究水平依旧和国际先进研究水平存在较大差距。受制于价格和轮胎适用性等因素，国外安全轮胎产品还没有大规模进入国内市场，所以在短时间内还不会冲击我国轮胎工业，不过冲击还未到来不代表不会到来，国外企业早已准备好进入国内的非充气轮胎领域，特别是在抢占技术优势方面，国外企业已经在我国申请了多项发明专利。

鉴于非充气轮胎和充气轮胎相比之下的优越性能和巨大的国内消费市场，并且这种轮胎具有可以让军用车辆在战场更容易生存下来和提高军用车辆对未来战场的适应能力的重要价值和战略意义。因此，对我国气候、路况、环境和消费水平这几个方面的适应是在对非充气安全轮胎的技术开发时应当加倍注意的。在研究非充气安全轮胎的关键点和难点技术时,为了提高轮胎抗冲击性和持续工作能力、增强其侧向稳定性、延长使用寿命等,应该着重对非充气安全轮胎进行结构优化和合理化设计,深入研究轮胎的材料、性能和温度场等方面。关注国内市场的实际需求,找到与之匹配的方面并以此为技术研发切入点,逐步由这个点展开,趁着国外非充气安全轮胎技术还未完全成熟,其商品还未大规模进入国内市场以前,充分利用我国巨大的市场体量和现有非充气轮胎技术,开发出符合我国现阶段市场需求情况的适用型和过渡型产品。

目前,非充气轮胎的研究在国内尚在研发设计的初期,但此技术正在国内日益发展。2012年,一种非充气式机械弹性车轮被南京航空航天大学岳红旭等[4]设计出来,该车轮的组成结构有车轮外圈、销轴、回环弹簧、轮毂、弹性钢丝环、辇轮、帘布层和铰链组等,如图10-26(见彩插)所示。这种轮胎的优点可满足特种车辆所要求的良好抗振性能和较大弹性幅度。

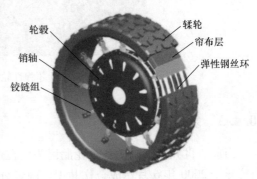

图10-26 非充气式机械弹性车轮

北京化工大学杨卫民团队[5]提出一种刚柔结构非充气轮胎,其主要由胎面和胎体结构两部分组成,胎体部位有倒锥形通孔,如图10-27所示。由于胎体和轮辋材料均为热塑性高分子材料,大大减轻了轮胎质量,对节能减排、降低油耗具有重大意义。

2013年,军民融合(北京)科技有限公司提出一种在结构材料上优化的新型非充气轮胎[6]。它的优点在于能承受较大变形,抗振和耐磨性能好,它的夹层结构仿照蜂窝层,外层与内层之间的蜂窝层由第一六边形、第二六边形、第三六边形和正六边形组成,这些六边形的内角分别是111.8°、110.4°、119.8°和120°。

科技的发展也促进了非充气轮胎的发展,未来所研发的新型轮胎可提高现有轮胎性能,主要从绿色纳米材料无模成型工艺和轮胎智能反馈功能两方面入手。非充气轮胎与传统轮胎相比,主

图10-27 刚柔结构非充气轮胎

要不同之处是材料、结构和成型方法。由于非充气轮胎直接采用高分子材料轮辐或金属材料再加上胎面的花纹和结构,其构造相比于传统轮胎更为简单。为了提高其强度和缓冲性能,未来的发展主要集中于高分子材料轮辐,但它的改革不仅在于材料和结构的设计,还包括整个轮胎成型的加工技术。

目前，大部分非充气轮胎采用的轮胎成型加工技术是浇注成型工艺方法。它的优点在于采用此工艺成型的轮胎均匀性更高，并且过程更加简单。如今的浇注工艺已经比较成熟，也运用于全塑轮胎或聚氨酯轮胎胎面成型中，可以提高它们抗割口增长性能，避免出现利用传统工艺加工的橡胶轮胎胎面剥离现象[7]。但该工艺也存在开模周期长、成本较高的缺陷。但现在3D打印技术可以完美地解决这个问题，3D打印主要包括熔融沉积、光固化、三维粉末粘接和选择性激光烧结等工艺方式，可以大大缩短浇注工艺的周期并降低成本，为非充气轮胎复杂结构的设计提供了实现的可能。但并不是所有的工艺都适用于非充气轮胎的制造。例如光固化技术，因为光固化技术是使用紫外光或其他光源照射使光敏树脂材料凝固成型。制造出的3D打印产品强度不高，并且由于材料具有毒性，成本较高和受到成型要求的限制，它很难应用于非充气轮胎3D打印[8,9]。由于对非充气轮胎强度等基本性能要求较高，通过喷涂粘合剂使材料粉末粘接成型的三维粉末粘接技术也不能应用于非充气轮胎的3D打印。

熔融沉积以及选择性烧结技术是应用于非充气轮胎制造的3D打印技术中的主要内容。熔融沉积法主要是针对高分子材料（例如聚氨酯等），高分子材料可以被极其细微的喷嘴喷出，最终形成模型。这种技术的优点是结构较为简单，成本也比较小，但是温度对成型的效果的影响很大，同时也降低了精度和强度[10]。材料对强度影响也较大，更好的设备和条件才可以完成3D打印。材料及金属的成型依赖于选择性激光烧结技术和计算机辅助制造技术。由于利用了分层制造叠加原理，粉末状材料被高温熔融，之后直接成型，避免了被形状复杂程度限制，也避免了使用模具[11]。此类方法在轮胎3D打印方面具有十分广阔的前景，原因在于它有更好的精度和强度。

10.5　非充气轮胎力学特性

研究人员运用了数值仿真、理论建模及样机实验等许多方法研究非充气轮胎的力学特性。下面将从垂向力学特性、纵向力学特性、侧向力学特性、接地特性、振动特性以及力学特性影响因素等方面，逐步展示针对非充气轮胎力学特性的研究进展。

10.5.1　垂向力学特性研究

对于非充气轮胎，垂向载荷越大，垂向刚度就越小；非充气轮胎相较于充气的轮胎有更小的垂向刚度[12,13]。通过分析 Tweel 车轮承载变形机理，能够发现轮辐的硬度决定了垂向刚度的大小。非充气车轮承载变形情况如图 10-28 所示。

通过对非充气车轮结构和承载方式进行分析，可以将车轮胎圈部分简化为Timoshenko 曲梁，将辐条简化为线性弹簧，建立出车轮的准静态二维解析模

型[14,15]。胎圈的静力平衡方程如下

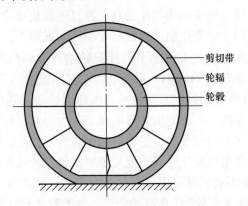

图 10-28 非充气车轮承载变形情况

$$\begin{cases} EA\dfrac{\mathrm{d}^2 u_\theta}{\mathrm{d}\theta^2} - GAu_\theta + (EA+GA)\dfrac{\mathrm{d}u_r}{\mathrm{d}\theta} + RGA\varphi = -R^2 Bq_\theta \\ -GA\dfrac{\mathrm{d}^2 u_r}{\mathrm{d}\theta^2} + EAu_r + (EA+GA)\dfrac{\mathrm{d}u_\theta}{\mathrm{d}\theta} - RGA\dfrac{\mathrm{d}\varphi}{\mathrm{d}\theta} = R^2 Bq_r \\ EI\dfrac{\mathrm{d}^2 \varphi}{\mathrm{d}\theta^2} - R^2 GA\varphi - RGA\dfrac{\mathrm{d}u_r}{\mathrm{d}\theta} + RGAu_\theta = 0 \end{cases} \quad (10\text{-}1)$$

式中，EA 是曲梁周向刚度；EI 是曲梁弯曲刚度；GA 是曲梁剪切刚度；θ 是曲梁上任一点到 y 轴的角度；u_θ 是圆周方向位移；u_r 是径向位移；φ 是相对横截面中心的旋转角度；R 是曲梁半径；B 是曲梁宽度；q_θ 是施加在曲梁中分面的沿圆周方向均布载荷；q_r 是施加在曲梁中分面的径向均布载荷。

10.5.2 纵向力学特性研究

美国 Clemson 大学研究人员认为若想有效地降低车轮运行过程的滚动阻力，需通过使用多细胞几何结构及 PU 材料，先降低非充气车轮的滞回能量损失以及车轮弹性体的剪切模量[16,17]。在对比研究实心轮胎和 Tweel 车轮的多孔型胎圈之后，发现在多孔型胎圈上，车轮的弹性迟滞损失得到有效降低，车轮滚动阻力也随之降低[18]。

对蜂窝车轮所受空气阻力进行有限元仿真分析之后，可以得出如下结论：整个车轮所受的空气阻力仅有小部分来自可变型辐条之间，即蜂窝车轮结构对其车轮整体的空气阻力影响不大[19]。为得到车轮内部结构的力传递关系，首先对机械弹性车轮进行装车实验，然后观察其在驱动状态和制动状态两种工况下的内部结构的变形关系[20]。在驱动、制动过程中，机械弹性车轮轮毂的胎圈被铰链组带动运动，轮毂的运动相对胎圈较先发生，靠近胎圈接地区域的铰链组因受外力影响由自由弯

曲向预警状态过渡。

10.5.3 侧向力学特性研究

研究非充气轮胎比普通轮胎的侧向刚度更大[12]，这是因为这种轮胎的轮辐是以侧向圆周方式排列的，这使得在相同情况下车轮的侧向变量较小、侧向刚度较大。在对机械弹性车轮的数值仿真之后可发现：在一定区间内，垂向载荷越大，车轮的侧向刚度也会越大。

10.5.4 接地特性研究

通过对 Tweel 车轮承载变形特点的研究，能够发现车轮径向刚度和轮辐的软硬度联系紧密，而与地面之间的压力呈非耦合性[12]；由曲梁理论中可知道，将车轮胎部分简化为可变形曲梁，并推导出车轮接地压力的近似表示式：

$$P \cong \frac{GH}{R} \quad (10\text{-}2)$$

式中，P 是车轮接地压力；G 是曲梁弹性模量。

研究人员在测试蜂窝型车轮时通过分析接地特性的数值：在承载相同最大重量时，蜂窝轮胎比普通的充气轮胎有更小的接地压力。因为蜂窝车轮侧向刚度更高，接地时的印迹更像矩形，而后者更像圆形[13]。

在研究机械弹性车轮和子午线充气轮胎的特性时，得出机械弹性车轮有效降低了接地压力偏度值，轮胎的均匀性更加优良，同时轮胎有更好的附着性，更加耐磨[15]。

在仿真研究车轮与地面相互作用时，可以发现 Tweel 的形变程度要比地面大，接地的长度变得更大，接地的压力变得更小，运动时的能量损失也更小[21]。

10.5.5 振动特性研究

高速转动的非充气轮胎轮辐会产生形变，这是由于其轮辐进入了接地区域；离开接地区域，轮辐会快速恢复至张紧态。在进入和离开接地区域的整个过程中，可变型轮辐会产生自激振动，会产生极大的振动和噪声[22-24]。通过对 Tweel 车轮的数值仿真分析可得出，在转速变化时，车轮转动幅度不变，因此轮辐的振动频率和转速并无联系；振动幅度与轮辐的厚度有关，但是振动频率与轮辐厚度没有明显的关系[22]。研究表明：机械弹性车轮的固有频率和振型等模态参数与地面约束、材料特性、垂直载荷及力矩等因素有关；随着弹性环弹性模量、垂直载荷或力矩的增大，轮子的固有频率也会随着增加；振型形状受地面约束的影响较大，但振型幅值主要受垂直载荷和力矩的影响[25,26]。

10.5.6 力学特性影响因素研究

车轮的滚动阻力、垂向刚度以及接地压力分布等性能受到几何结构参数和材料的性能较大[27-31]。研究结果表明：影响车轮参数的主要参数有 Tweel 车轮的轮辐厚度、胎圈厚度及 PU 材料的剪切模量；较高的 PU 弹性模量及较大的胎圈厚度可有效地降低车轮滚动时的弹性迟滞损失[27]。基于有限元拓扑优化方法，对 Tweel 车轮进行结构设计，这时车轮的静态刚度与充气轮胎的接近[28]。基于有限元法，对蜂窝车轮不同结构参数下车轮的承载变形、接地压力分布等进行研究，可以发现，影响车轮垂向刚度、接地特性等性能主要是蜂窝车轮的胎圈、轮辐结构参数等[29-31]。基于有限元仿真试验对影响车轮径向刚度的辇轮刚度、铰链的材料、结构尺寸进行分析，结果表明：车轮径向刚度随着铰链组的个数、横截面积以及杨氏模量呈线性增加。

10.6 小结

本章对微结构材料在非充气轮胎中的应用进行了相关分析。本章首先从充气轮胎的力学特性、爆胎和磨损现象着手，分析了充气轮胎所存在的缺陷，从而引出对非充气轮胎的介绍和阐述。紧接着，本章就各种非充气轮胎结构及其优缺点进行了详细分析。同时，本章也简要分析了非充气安全轮胎未来前瞻技术的趋势与应用领域，并对非充气轮胎的未来作出展望。此外，本章还分别对非充气轮胎在各个方向上的力学特性、接地特性、振动特性以及力学特性的影响因素进行了相关研究分析。同样提出了先进增材制造 3D 打印技术可有效推动和促进非充气微结构轮胎的制造，那么先进制造技术如何助力微结构材料呢？下一章将对目前先进增材制造技术进行详细介绍。虽然非充气微结构轮胎也面临一些关键技术挑战，例如新型工艺的实现、胎噪避免、排污物能力及如何增大横向摩擦力等，但随着材料科学以及计算机科学等交叉学科的发展，非充气轮胎研究必将得到越来越多的关注，其应用也将会得到巨大发展。

参考文献

[1] BRIDGESTONE CORPORATION. Non – pneumatic tire：JP 2013/078538［P］. 2013 – 10 – 22.

[2] SUMMERS J D, FADEL G M, JU J, et al. Shear compliant hexagonal meso – structures having high shear strength and high shear strain：US 8609220 B2［P］. 2013 – 12 – 17.

[3] LI B, ZHAO Y Q, ZANG L G. Closed – form solution of curved beam model of elastic mechanical wheel［J］. Journal of Vibroengineering, 2014, 16 (8)：3951 – 3962.

[4] 岳红旭, 赵又群. 一种新型安全车轮的非线性有限元分析［J］. 中国机械工程, 2012, 23 (11)：1380 – 1385.

[5] 杨卫民, 张阁, 丁玉梅. 一种刚柔结构非充气轮胎：201210097712［P］. 2012 – 10 – 09.

[6] 军民融合（北京）科技有限公司. 一种非充气轮胎：202641265U［P］. 2013 – 01 – 02.

[7] 肖永清. 聚氨酯实心轮胎的结构特点和性能优势［J］. 化学工业, 2013 (9)：43 – 46.

[8] 余东满,朱成俊,曹龙斌,等. 光固化快速成型工艺过程分析及应用 [J]. 机械设计与制造,2011 (10): 241 – 243.

[9] 陈小文,李建雄,刘安华. 快速成型技术及光固化树脂研究进展 [J]. 激光杂志,2011 (03): 3 – 5.

[10] LEE C S, KIM S G KIM H J, et al. Measurement of anisotropic compressive strength of rapid prototyping parts [J]. Journal of Materials Processing Technology, 187 – 188 (none): 627 – 630.

[11] KRUTH J P, WANG, X, LAOUI T, et al. Lasers and materials in selective laser sintering [J]. Assembly Automation, 23 (4): 357 – 371.

[12] RHYNE T B, CRON S M. Development of a non – pneumatic wheel [J]. Tire Science &Technology, 2006, 34 (3): 150 – 169.

[13] KIM K, KIM D M. Contact pressure of non – pneumatic tires with hexagonal lattice spokes [C] //SAE Technical Paper Series. USA: SAE Publication Group, Paper Number: 2011 – 01 – 0099.

[14] GASMI A, JOSEPH P F, RHYNE T B, et al. Development of a two – dimensional model of a compliant non – pneumatic tire [J]. International Journal of Solids & Structures, 2012, 49 (13): 1723 – 1740.

[15] 臧利国,赵又群,李波,等. 机械弹性车轮提高轮胎耐磨性和抓地性分析 [J]. 农业工程学报, 2014, 30 (12): 56 – 63.

[16] JU J, SUMMERS J D. Compliant hexagonal periodic lattice structures having both high shear strength and high shear strain [J]. Materials & Design, 2011, 32 (2): 512 – 524.

[17] JU J, SUMMERSJ D, ZIEGERTJ, et al. Design of honeycomb meta – materials for high shear flexure [C]// ASME 2009 International Design Engineering Technical Conferences and Computers and Information in Engineering Conference. California, USA: American Society of Mechanical Engineers, 2009: 805 – 813.

[18] JU J, VEERAMURTHY M, SUMMERS J D, et al. Rolling resistance of a non – pneumatic tire having a porous elastomer composite shear band [J]. Tire Science and Technology, 2013, 41 (3): 154 – 173.

[19] HEO H, JU J, KIM D M, et al. A computational study of the flow around an isolated non – pneumatic tire [J]. SAE International Journal of Passenger Cars – Mechanical Systems, 2014, 7 (1): 405 – 412.

[20] 汪伟,赵又群,姜成,等. 新型机械弹性车轮的力学传递特性分析 [J]. 江苏大学学报(自然科学版), 2013, 34 (3): 261 – 266.

[21] MA J F, KOLLA A, SUMMERS J D, et al. Numerical simulation of new generation non – pneumatic tire (Tweel^{TM}) and sand [C] // ASME 2009 International Design Engineering Technical Conferences and Computers and Information in Engineering Conference. California, USA: American Society of Mechanical Engineers, 2009: 123 – 130.

[22] 克兰蒂·基兰. 高速轧制 Tweel 上辐状动力学的计算方法 [J]. 南卡罗莱纳大学, 2018.

[23] RAMACHANDRAN M, BEZGAMS, THOMPSON L L, et al. On the effects of edge scalloping for collapsible spokes in a non – pneumatic wheel during high speed rolling [C] // ASME 2009 In-

ternational Mechanical Engineering Congress and Exposition. Florida, USA: American Society of Mechanical Engineers, 2009: 685 -697.

[24] NARASIMHAN A, ZIEGERTJ, THOMPSON L. Effects of material properties on static load - deflection and vibration of a non - pneumatic tire during high - speed rolling [J]. SAE International Journal of Passenger Cars - Mechanical Systems, 2011, 4 (1): 59 - 72.

[25] ZHAO Y Q, ZANG L G, CHEN Y Q, et al. Non - pneumatic mechanical elastic wheel natural dynamic characteristics and influencing factors [J]. Journal of Central South University, 2015, 22 (5): 1707 - 1715.

[26] 臧立国, 赵又群, 姜成, 等. 机械弹性车轮径向刚度特性及影响因素研究 [J]. 振动与冲击, 2015, 34 (8): 181 - 186.

[27] VEERAMURTHY M, JU J, THOMPSON L L, et al. Optimisation of geometry and material properties of a non - pneumatic tyre for reducing rolling resistance [J]. International Journal of Vehicle Design, 2014, 66 (2): 193 - 216.

[28] JANG I G, SUNG Y H, YOO E J, et al. Pattern design of a non - pneumatic tyre for stiffness using topology optimization [J]. Engineering Optimization, 2012, 44 (2): 119 - 131.

[29] JU J, KIM D M, KIM K. Flexible cellular solid spokes of a non - pneumatic tire [J]. Composite Structures, 2012, 94 (8): 2285 - 2295.

[30] JU J, SUMMERS J D, ANANTHASAYANAM B, et al. Design of cellular shear bands of a non - pneumatic tire - investigation of contact pressure [J]. SAE International Journal of Passenger Cars Mechanical Systems, 2010, 3 (1): 598 - 606.

[31] MA J F, JU J, SUMMERSJ D, et al. Effect of cellular's hear bands on interaction between a non - pneumatic tire and sand [C] // 2010 World Congress and Exhibition. USA: SAE, 2010: 598 - 606.

第11章 先进增材制造技术助力微结构材料

11.1 引言

本书第 6 章介绍了传统的微结构材料制造技术及制备方法,随着自动化、数字化和智能化的不断推进,一大批先进成型制造技术应运而生。而在这其中,3D 打印技术大放异彩,成为助力微结构材料制造的巨大引擎。3D 打印技术的特殊性能将驱动其在多个领域的应用推广。该技术的应用将助推传统机械制造业走上新的巅峰。3D 打印技术是一种在以数字模型文件为基础的条件上运用粉末状金属或塑料等可粘合材料,通过逐层打印、叠加成型的方式来构造物体的技术,这一技术可简单快捷地完成模型。3D 打印技术无须使用模具,直接通过计算机模拟成型即可,大幅度降低模具开发中所需的成本,且可以制造出传统工艺无法实现的复杂结构,这使其在复杂的微结构材料设计与制造方面发挥了不可替代的作用。随着数字化科技的发展,"第四次工业革命"来临。当 3D 打印技术等先进成型制造技术与微结构材料融合在一起时,科技的火花将会展现出新生的力量。

本章重点阐述快速成型制造技术中最具代表性 3D 打印技术的概念、特点、与制造业的结合、用材及在微结构材料设计制造中的应用,为读者更为深刻和全面地展示未来微结构材料设计制造中的新技术和新变革。

11.2 快速成型制造技术

集成现代 CAD/CAM 技术、激光技术、计算机数控技术、精密伺服驱动技术和新材料技术于一体的快速成型(Rapid Prototyping,RP)技术得到了快速发展。不同种类的快速成型系统所采用的基体材料、成型原理和系统特点都不同。但是,其基本原理都一样,那就是"分层制造、逐层叠加",这与数学上的积分过程有异曲同工之妙。简单形象地说,快速成型系统类似于一台"立体打印机"。

这种"立体打印机"的特点在于使用条件更广且快速展现模型,它无须准备任何模具、刀具和工装卡具等传统制造必备的基本条件,而是直接接受产品设计(CAD)数据,快速制造出新产品的样件、模具或模型。因此,若推广应用 RP 技术,则可使新产品开发周期大大缩短,降低开发成本。提高开发质量。RP 技术给传统制造业带来了较大的冲击,特点主要表现在由传统"去除法"到"增长法",

由有模制造到无模制造，这给制造业带来了新的活力，图 11-1 所示为快速成型技术流程图。

快速成型制造技术具有如下特点：①成型过程快，生产周期短，在现代产品市场的激烈竞争中具有一席之地；②可打印实体的多样性、复杂性，无论要求实体形状如何复杂多样，都可以制造出三维实体；③直接接受 CAD 数据，设计与制造达到高度一体化，具有直观性和易改性等优良性质，因而提供出优良的设计环境使得产品能够完美设计；④降低成本、节约时间。成型过程无需传统制造必备的专用夹具、模具和刀具等条件，既节省了模具刀

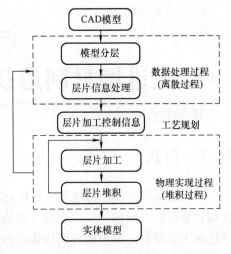

图 11-1　快速成型技术流程图

具等费用，又缩短了制作周期；⑤技术高度集成。它集成综合应用现代 CAD/CAM 技术、计算机数控技术、激光技术、精密伺服驱动技术以及新材料技术，是现代科学技术发展的必然产物。

目前常见的快速成型技术工艺包括以下 5 种：

（1）光固化立体造型（Stereo Lithography Apparatus，SLA）　该工艺的历史可追溯至 1984 年，第一台采用 SLA 工艺的快速成型设备诞生。而从当今世界来看，SLA 也有着巨大影响，当今世界对于快速成型设备研究最为深入的当属 SLA，同时其运用也最为广泛。该工艺基本原理如下：其基础是光敏树脂的聚合反应。紫外激光在计算机的控制下，沿着零件各分层截面轮廓，对液态树脂进行逐点扫描，被扫描的树脂薄层部分受激光刺激产生聚合反应，而未被扫描到的树脂保持原来的液态。这样下来由点逐渐形成线，最终形成零件的一个薄层的固化截面。当一层固化完毕后，升降工作台移动一个层片厚度的距离，在上一层已经固化的树脂表面再覆盖一层新的液态树脂，其后进行再一次的扫描固化。结果使得新固化的一层牢固地粘合在前一层上，以此类推循环往复，直到整个零件原型制造完毕。该技术的优点显而易见：精度较高且表面质量较好，能制造出形状特别复杂的类似空心零件、工艺品和首饰等要求特别精细的部件。

（2）层片叠加制造（Laminated Object Modeling，LOM）　该工艺原理如下：将单面涂有热溶胶的箔材（纸、陶瓷箔、金属箔等）通过热辊加热粘结在一起，根据 CAD 分层模型所获数据，激光器控制激光束将箔材切割成所制零件的内外轮廓，其后在箔材上再叠加一层新的箔材，通过热压装置和下面已切割层粘合在一起，激光束再次切割，以此类推循环往复，在每一层进行切割和粘合，直到将整个零件模型制作完成。

(3) 选择性激光烧结（Selected Laser Sintering，SLS）　该工艺原理如下：以激光器为能量源，通过红外激光束使塑料、蜡、陶瓷、金属或其复合物的粉末均匀地烧结在加工平面上。在工作台上均匀铺上一薄层亚毫米级别的粉末作为原料，在计算机的控制下，激光束通过扫描器以一定的速度和能量密度按分层面的二维数据扫描。经过激光束扫描后，相应位置的粉末就烧结成一定厚度的实体片层，未扫描的地方仍然保持松散的粉末状。这一层扫描完毕，随后需要对下一层进行扫描。先根据物体截层厚度而升降工作台，铺粉滚筒再次将粉末铺平，可以开始新一层的扫描。如此反复，直至扫描完所有层面。去掉多余粉末，并经过打磨、烘干等适当的后处理，即可获得零件。

(4) 熔融沉积造型（Fused Deposition Modeling，FDM）　熔融沉积造型工艺可追溯至1993年，美国Stratasys公司开发出第一台基于熔融沉积造型设备。该工艺的原理为：将CAD模型分为一层层极薄的截面，生成控制FDM喷嘴移动轨迹的二维几何信息。FDM加热头把热熔性材料（ABS树脂、尼龙、蜡等）加热到临界状态，呈现半流体性质，在计算机控制下，沿CAD确定的二维几何信息运动轨迹，喷头将半流动状态的材料挤压出来，凝固形成轮廓形状的薄层。当这一层完毕后，通过垂直升降系统降下新形成层，进行固化。这样层层堆积粘结，自下而上形成一个零件的三维实体。FDM工艺的关键是保持材料的半流动性。这些材料并没有固定的熔点，所以需要精确地控制其温度。

(5) 三维印刷工艺　也叫三维打印。1989年，美国麻省理工学院的Emanuel M. Sachs和John S. Haggerty等在美国申请了三维印刷技术专利，之后Emanuel M. Sachs和John S. Haggerty又多次对该技术进行完善，形成了如今的三维印刷快速成型工艺。通过该工艺，在每一层粘结完毕后，成型缸下降一个距离（等于层厚），供粉缸上升一段高度，推出多余粉末，并被铺粉辊推到成型缸，铺平并被压实。喷头在计算机控制下，按照下一个截面的二维几何信息进行运动，有选择地喷射粘结剂，最终构成层面，其原理和打印机非常相似，这也成为三维打印这一名称的由来。铺粉辊铺粉时，多余的粉末被粉末收集装置收集，如此周而复始地送粉、铺粉和喷射粘结剂，最终完成一个三维粉体的粘结，从而生成制品。三维印刷工艺与SLS工艺都是将粉末材料选择性地粘结成为一个整体，其最大不同之处在于三维印刷工艺不用将粉末材料熔融，而是通过喷嘴本身喷出粘合剂，将这些材料粘合在一起。

材料的不同是不同快速成型工艺间最大的区别之一，表11-1列举了不同快速成型工艺所用的材料。材料工艺过程间有很紧密的联系。对于LOM工艺，其所选择的材料应该是在一定条件下能够互相粘结的薄层材料，例如涂有热熔胶的纸、陶瓷和塑料等。而SLS所选材料的范围非常广泛，材料基本只需满足在激光作用下能够粘结的条件，其粉末就可作为原料。常用原料有高分子粉末（具有热塑性）、铸造用蜡末粉、金属粉末以及表面涂有热熔胶的陶瓷粉末等。三维印刷工艺所适用的材料与 SLS 基本相同。SLA 选择的材料与其他工艺都有所不同，大部分工艺的材料均只有物理变化，而 SLA 则需要化学反应。因此，SLA 选择的材料需要对激光有较快的吸收和响应速度，以此来保证固化速度。同时，为了保证成本和质量，也有固化时收缩小等要求[1]。

表 11-1 不同快速成型工艺所用材料

工艺	材料
三维印刷工艺	塑料等
轮廓工艺技术（Contour Crafting, CC）	混凝土
电子束熔炼（Electron Beam Melting, EBM）	金属
熔融沉积造型（Fused Deposition Modeling, FDM）	ABS 树脂、聚碳酸酯
层片叠加造型（Laminated Object Modelling, LOM）	纸、塑料、陶瓷、铝（需要借助于热熔胶）
激光工程化净成形（Laser Engineered Net Shaping, LENS）	金属
激光熔覆（Laser Cladding, LC）	金属
多射流建模（Multi Jet Modeling, MJM）	热塑性塑料等
选择性激光熔化技术（Selective Laser Melting, SLM）	金属、塑料、陶瓷
选择性激光烧结（Selected Laser Sintering, SLS）	热塑性塑料、金属、陶瓷
空间拼图造型（Space Puzzle Molding, SPM）	塑料
光固化立体造型（Stereo Lithography Apparatus, SLA）	液态热固性聚合物、弹性体

11.3 3D 打印技术简介及分类

3D 打印技术（3D Printing Technology），又名增材制造技术，属于快速成型技术的一个分支。它是一种以数字模型文件为基础，运用粉末状金属或塑料等可粘合材料，通过逐层打印、叠加成型的方式来构造物体的技术[2]。正如科幻作家克里多克托罗所说："在未来（或是在星际纪年的未来），机器可以制造机器。3D 打印机就是新一代的智能机器，它们能设计、制造、修理、回收其他机器，甚至能够调整和改进其他机器，包括它们自己。"

3D 打印与传统模型加工制造相比，主要有以下特点：①精度高。大部分 3D 打印精度在 0.3mm 左右，可以满足市面上一般产品的需求。②制造时间短，流程简单。它不同于传统的制造工序，可以直接依据三维模型制造出实体零件，大大缩短制作周期，在简化制造流程的同时降低制造成本。③个性化制造。它可以随时根据三维模型修改实体零件，提高了制造个性化产品的便利性。此外，它还可以制造出传统工艺不能制造出的曲线，使产品的外观更加个性化。④基体材料多样化。3D 打印机可以采用单一基体材料，也可采用多种不同的基体材料混合来完成产品打印，以此满足不同的市场需求。⑤可完成一些相对复杂零件的制造。3D 打印技术的这个特点有效地弥补了传统加工工艺的不足。

3D 打印技术日趋成熟，打印层厚可达 0.02mm，精度可达 ±0.1mm。新的 3D 打印成熟工艺不断涌现，例如 SLM、EBSM、EBFF 等。3D 打印技术可实现复杂结构的快速制造，对于自由、非标准化的外表自然形态，以及材料任意空间分部的内部异型结构，3D 打印技术在工艺上具有得天独厚的优势[3]，如图 11-2（见彩插）所示。

a) 3D 打印复杂艺术品　　　　　　b) 3D 打印自由形态的车身结构

图 11-2　3D 打印艺术品及车身结构

3D 打印技术的发展势必要和其技术突破相结合，其主要包含以下 4 个方面：①3D 打印主要使用的材料包括金属、树脂和塑料等，其他材料只是少量使用，还需要大量的研究才能在更多领域大规模应用；②3D 打印机采用层叠制造，这种方式无法满足大规模的生产需求，并且 3D 打印所需要的时间会随着零件体积的增加而成幂次方增加；③3D 打印核心设备贵，由于企业前期投入大，为了盈利也会相应提高所打印零件的价格；④3D 打印是一种增材制造技术，由于零件是由原材料一层一层叠加起来，在垂直于叠加层的方向上，材料受到的压力比不上传统工艺制造方法。因此，在多数场合中，3D 打印只用于制造原型。

针对 3D 打印技术材料、强度以及成本的技术性突破问题，该技术的未来正朝着多性能、高强度的新材料和低成本方向发展。针对 3D 打印技术初期打印效率低和速度慢等劣势，提出了填充率和填充方式的概念，即在满足力学性能的前提下，以局部中空的形式来提高打印效率[4]。如图 11-3（见彩插）所示，内部不同形式

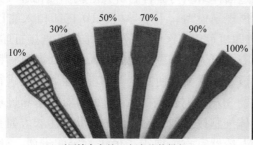

a) 不同填充率的3D打印拉伸样条　　　　b) 不同填充方式的3D打印样品

图 11-3　不同填充率和不同填充方式的 3D 打印样品

的填充成为可进行拓扑优化的结构,对打印实体内部填充结构的合理化设计也因此成为3D打印技术又一研究热点和发展趋势。

11.4　3D打印技术+制造业

　　制造业是3D打印技术应用最为广泛的一个领域。因为从宏观角度上观察,3D打印技术无论是在成本、速度和精度上都要比传统制造有更多的优势。随着技术的突破,3D打印技术本身非常适合大规模生产,因此,制造业利用3D技术能带来很多效益,甚至让质量控制这个传统制造业棘手的问题都能够迎刃而解。随着3D打印技术在全球范围内的推广,多领域交叉融合更加深入,必将带动全球制造业向高技术密集方向转化,促使相关产业链逐步形成,推动制造业转型升级[5]。

　　目前3D打印技术在全球的应用主要在以下行业:

　　1)航空航天行业。通过3D打印制造的零部件的另一个优势是制造出的零件可以更轻,有利于减少飞行器燃料消耗,获得更好的加速等性能。使用3D打印制造零件模型,比传统模具制造更具有灵活性和经济性。如图11-4为GE推出的3D打印航空发动机,该发动机上有36%的零部件通过3D打印制造[6]。

图11-4　GE推出的3D打印航空发动机

　　2)机械制造行业,包括汽车行业等。3D打印技术可以应用到整个汽车生命周期中,包括原型设计、零部件设计和汽车维修等。3D打印技术将概念设计、技术分析与生产环节融合于一体,可缩短设计和研发的周期,从而使汽车产品的更新换代速度加快,同时可实现汽车定制化和个性化。

　　3)生物医学。3D打印技术在生物医学方面应用广泛且效果极佳。在生物医学领域,3D打印技术能够为医疗生物行业提供更完整的个性化解决方案;生物3D打印技术将促进再生医学领域在人造活体组织与器官的研究。就个性化解决方案而言,比较典型的应用包含3D手术预规划模型、手术导板、3D打印植入物以及假肢、助听器等康复医疗器械。3D打印机可以将医学影像的三维模型直接打印出来,这一点相比于传统的二维医学影像有着更先进、更直观的巨大优势,既可辅助医生进行精准的手术规划、提升手术的成功率,又方便医生与患者就手术方案进行直观的沟通;就再生医学领域而言,生物3D打印技术在人工组织和器官培养过程更多地承担了三维形状的构建,即让人体细胞按照预先设计好的形状来生长。研究人员已经在利用生物3D打印技术培养人造器官方面取得了值得肯定的进展。3D打印技术可为需要器官移植的患者量身打造所需器官,无须担心排异反应。因此,这也是3D打印技术的一个绝佳的用武之地。图11-5(见彩插)为北京大学第三医院刘忠军教授完成的世界首个3D打印定制的五节长达19cm的脊椎成功救治了恶性脊椎肿瘤患者。

4）军事行业。在军事领域，航空航天装备、海军装备、轻武器装备等的研制以及伪装防护设备等很多地方都运用到3D打印技术。在武器装备研发生产中，可以利用3D打印技术根据实际要求进行创意验证和模具制作，也可以直接打印一些特殊、复杂的结构件。同时，3D打印技术又能缩短新型武器的设计研发周期，可大幅节省国防开支，从本质上提升武器装备的性能与生产效率，例如，我国第一款战斗机歼-15、隐形战斗机歼-20等。美国军方已运用3D打印技术辅助制造导弹点火模型，并将3D打印技术用于发动机及军事卫星零件的加工制造。图11-6（见彩插）所示为美国海军陆战队首次在冲突地区使用的3D打印无人机。

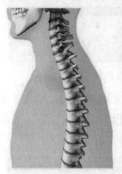  

图11-5　3D打印定制五节长达19cm的脊椎　　　　图11-6　3D打印无人机

本节主要针对3D打印技术在汽车行业的应用及本团队的设计实例进行阐述，并结合3D打印技术的优势，展示其将全面助力微结构材料的制造。近年来，3D打印技术越来越广泛地应用于汽车行业的各个方面。在汽车设计研发过程中，使用3D打印技术进行产品原型的评估及可行性验证，可降低研发成本并缩短设计周期。通过融合3D打印技术，汽车的原型设计流程得以大幅度简化，如图11-7所示[7]。

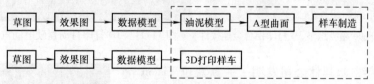

图11-7　3D打印简化汽车造型设计流程

在汽车维修中，使用3D打印技术可以使一些老化部件和传统工艺制造困难的部件得以替换，从而节省了零部件的库存空间和物流费用[8]。在汽车生产与制造中，3D打印的生产效率相比传统流水线生产仍有一定差距。因其打印效率低，设备与材料成本较高，现阶段仅适合小批量个性化产品定制和概念车制造。

2014年9月15日，美国Local Motors公司设计制造出一款名叫"Strati"的家用汽车，该汽车含有两个座位且小巧玲珑。如图11-8所示，用3D打印技术打印一辆 Strati 汽车并完成组装需 44h。整个汽车上靠 3D 打印的零部件总数为 40 个，与传统汽车的 2 万多个零部件相比，可以说是十分简洁的。

2015 年 7 月，美国旧金山的 Divergent Micro（DM）公司推出了世界上首款 3D 打印超级跑车 Blade（刀锋），如图 11-9（见彩插）所示。图 11-10 展示了其 3D 打印连接件。由于整车质量很轻，其质量约合 0.64t，从静止加速到 96km/h 仅用时 2s，轻松跻身顶尖超级跑车行列。

图 11-8　3D 打印汽车 Strati　　　　图 11-9　3D 打印超级跑车 Blade

2016 年，Local Motors 公司又制作了一款 3D 打印自动驾驶电动汽车 Olli。如图 11-11（见彩插）所示，若一切顺利，Local Motors 将在全世界建设数百个微型工厂。届时，利用 3D 打印技术，Local Motors 可以在 10h 内组装好一台 Olli。

图 11-10　Blade 超级跑车 3D 打印铝合金连接件　　图 11-11　3D 打印自动驾驶电动汽车 Olli

2017 年，米其林公司发明了一款蓝色 Vision 轮胎，如图 11-12（见彩插）所示。该轮胎由 3D 打印制造而成，结构轻便且无须充气。

与国际同行相比，国内 3D 打印技术并不完全成熟，还需要较长时期的发展和适应过程。为了加快同国际接轨，促进 3D 打印技术的发展，2017 年 5 月，国家增材制造创新中心与上海国际汽车城在汽车创新港达成战略合作协议，主要聚焦于汽车 3D 打印公共服务平台、汽车结构设计、样车快速制造技

图 11-12　3D 打印非充气轮胎 Vision

术和复合材料的模具制造技术与装备研究等方面,"国家增材制造创新中心–上海国际汽车城汽车研究院"筹建工作拉开帷幕。双方将开启开放协同的产学研合作新机制,并共同推动3D打印技术在汽车领域的产业化进程。

现阶段,3D打印主要应用于汽车、航空航天和医疗等领域,产学研合作方式的不断开展和创新有望进一步提升我国的3D打印技术。除了成立国家企业合作的研究院之外,高校和企业也在开辟产学研合作的新途径,例如北京纳通集团与吉林大学开展合作,基于仿生造型和微结构填充,开发了3D打印技术制造的聚乳酸环保型汽车零部件,如图11-13所示。

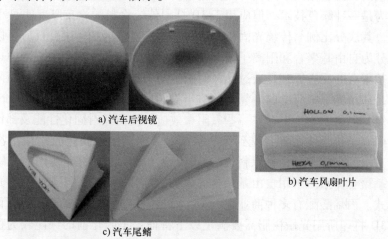

a) 汽车后视镜
b) 汽车风扇叶片
c) 汽车尾鳍

图 11-13　基于仿生造型和微结构填充的3D打印汽车零部件

尽管"具有工业革命意义"的3D打印技术在汽车整车打印、汽车外形设计、个性化定制汽车等领域的应用已较为成熟,但3D打印技术本身还存在许多局限性,其打印材料的强度、打印速度和精度等有待进一步提高,打印成本也需进一步降低。毋庸置疑,随着3D打印技术的不断突破,其在汽车行业及其他领域将会发挥举足轻重、不可替代的作用[9]。

11.5　3D打印用材

由于材料种类的限制,早期的3D打印大多使用有机高分子材料,它们的力学性能、化学性能无法满足实际需求。但是随着材料技术与装备技术的发展,人们越来越希望将该技术应用于终端部件制造,所以不仅对3D打印材料提出了更高的要求,也希望能够提高3D打印设备的性能。3D打印技术重要的物质基础是3D打印材料,成形部件的综合性能主要归功于3D材料的性能。目前,能够用于3D打印的材料种类越来越多,包括聚合物材料、金属材料和陶瓷材料等。以下将结合几种3D打印材料研究及应用的最新进展,分别对3D打印用聚合物材料、金属材料和陶瓷材料进行介绍。

（1）3D打印用聚合物材料　3D打印所用聚合物材料有光敏树脂、热塑性塑料和水凝胶等。其他材料包括纸张、淀粉、糖、巧克力等。光敏树脂是一种很早就用于3D打印的材料，可用于光固化成形SLA，其主要成分是能发生聚合反应的小分子树脂，还添加有光引发剂、阻聚剂和流平剂等助剂，可以在紫外光的条件下发生聚合反应完成固化。与光敏树脂的作用原料相似，光刻胶、光固化涂料和光固化油墨等已经在电子制造、全息影像、胶粘剂、印刷和医疗等领域得到广泛的应用。在涂料领域中，光固化技术因具有固化速度快、固化性能优异、少污染和节能等优点，被认为是一种绿色技术。但应用于3D打印传统涂料的涂布厚度明显小于树脂固化厚度，其成分比例与传统光固化涂料、油墨有明显区别。聚合反应可以按照聚合体系划分为自由基聚合和阳离子聚合，两者所依靠的活性基团与聚合原理各不相同。自由基聚合的反应原理是通过光敏树脂中的不饱和双键进行聚合，而阳离子聚合的原理是通过光敏树脂中的环氧基团进行聚合。自由基聚合体系原料价格低廉、反应时间短，但由于空气中存在一些氧阻聚效应，使得其对固化性能及部件性能造成影响；阳离子聚合体系不会受到无氧阻聚效应的影响，固化收缩很小甚至无收缩，但是对水的反应剧烈，且原料价格高昂，所以目前3D打印使用的光敏树脂大多为自由基聚合体系。采用自由基聚合的丙烯酸酯体系是3D打印使用的光敏树脂的主要形式。丙烯酸酯有多种商业化类型，而且需要根据不同的需求进行调整。总而言之，3D打印所用光敏树脂需要满足以下特征：①固化前的性能较为稳定，其不会因为阳光照射而发生固化反应；②在更短的反应时间可以满足高效率成形；③适中的黏度以满足光固化成形装备的再涂层要求；④固化收缩不大，以减少成形时内部应力和变形；⑤固化后应具有足够的力学性能和化学稳定性；⑥毒性及刺激性弱，降低对人体以及环境造成的伤害。

热塑性聚合物是3D打印材料中最常见的一种，常用的3D打印用热塑性聚合物包含丙烯腈-丁二烯-苯乙烯塑料（丙烯腈-丁二烯）、聚乳酸（PLA）、聚酰胺（尼龙）（PA）、聚碳酸酯（PC）、聚苯乙烯（PS）、聚己内酯（PCL）、聚苯砜（PPSF）、热塑性聚氨酯（弹性橡胶）和聚醚醚酮（PEEK）等。3D打印材料的形态根据打印方法的不同而有不同的要求。FDM常用丝材，而SLS常用粉材。因为工业上常用的聚合物原料大多以颗粒为主，制成的丝材或粉材还需进行一次加工，使得3D打印损耗材料的速度更快、成本增加，下面介绍几种较为典型的材料作出。

PLA和丙烯腈-丁二烯作为FDM最常用的耗材，因其价格便宜而得到普及。丙烯腈-丁二烯是常见的工程塑料，其历史悠久，早在1931年，德国就首先报道了丙烯腈与丁二烯的共聚物并做了性能鉴定，它具有较好的力学性能。但3D打印需要满足的条件要求极为苛刻，并且在其打印过程中容易产生翘曲变形和刺激性气味，因此丙烯腈-丁二烯不适用于3D打印。PLA是可降解的环保塑料，与传统石油基塑料相比，PLA 更为安全、低碳、绿色。其打印性能较好，是一种较为理想的 3D 打印热塑性聚合物，用其制备的产品，例如包装材料、纤维等，主要用于一次性用品（如一次性餐具及包装材料等）、车门、脚垫、车座、服装、电器和医疗卫生等诸多领域。PLA 所拥有的良好透明性和一定的韧性、生物相容性及耐热等性能，也是其被广泛应用的主要原因。

PA 是一种在经过 SLS 成形以后可以得到高致密度且高强度部件的半晶态聚合物，是一种主要的 SLS 耗材。SLS 中所使用的 PA 一般是由低温粉碎法制得，以保证 SLS 所要求的较高球形度及粒径均匀性。如果要制备 PA 复合粉末，一般是在 PA 中加入黏土、铝粉、碳纤维和玻璃微珠等无机材料来制得，加入这些无机材料之后，PA 复合粉末某些方面的性能将会得到明显提高，例如耐热性能、强度、导电性等，这样的 PA 复合粉末可以满足不同领域的应用需求。

PCL 是聚合物材料，熔点在 60℃左右，40℃左右就会变软，具有很好的热塑性。3D 打印笔中的低温 3D 笔正是使用 PCL 耗材。但 PCL 价格比较贵，大多数时候 PCL 并不会单独使用，而是与其他降解塑料共混使用，以降低成本及改善性能。此外，PCL 材料还具有一定的形状记忆效应，因而在 4D 打印方面有一定的潜力。

弹性橡胶是一种热塑性聚合物，其特点是具有良好的弹性，其硬度范围较宽且能够人为调节，还具有一定程度的耐磨性和耐油性，适合用来制造鞋材、工业部件和个人消费品等。这种材料可以结合 3D 打印技术制成复杂多孔结构，而这种结构是传统成型工艺难以制造的，如此就可让制作出的部件具有独特可调的力学性能。弹性橡胶经过 SLS 工艺打印得到的多孔结构弹性橡胶鞋垫的力学性能和弹性性能已经符合市场使用要求。

PEEK 是一种具有优异的力学性能、高熔点（343℃）及优秀生物相容性的半晶态聚合物，是目前较为热门的一种 3D 打印材料。纯 PEEK 的杨氏模量为 (3.86 ± 0.72) GPa，而利用碳纤维材料增强后可达 (21.1 ± 2.3) GPa，非常接近人骨的杨氏模量，其他材料植入人体后存在的与人骨间的应力遮挡以及松动现象可以被有效避免。因此，PEEK 这种材料用作一种骨科植入物是非常理想的。

水凝胶是一种高分子材料，它具有交联三维网络结构，这种结构使得它能够吸收并保持高达 99% 的水分。依据聚合物来源的不同，水凝胶也分为天然和合成两种。天然水凝胶有明胶、琼脂、海藻酸钠等，因为其溶胀性较高，相对而言力学性能较差，所以其应用范围也具有局限性。而后者因其结构、成分和交联度可调节，使其各种性能也可以通过改变结构、成分和交联度在大范围内进行调控；同时，合成水溶胶能够较好地重复制作，便于对其进行大规模制造，因此国内外的研究人员正在广泛关注这一材料。传统的水凝胶目前已经较多地应用在创伤修复、制造隐形眼镜等方面。水凝胶是一种在组织工程中的理想材料，在组织工程领域有十分广阔的应用前景。此外，利用水凝胶的扩散系数和膨胀行为会跟随周围环境变化的特点，它可用作传感器的材料。目前，制作复杂形状或具有复杂孔隙乃至梯度结构的水凝胶，主要采用3D打印技术成形，这种方法与依靠模具的传统水凝胶成形技术在复杂结构制造方面相比优势明显，并且可以使得水凝胶拥有传统制造方式不具有的性能。此外，在水凝胶中加入活细胞，将为3D打印人体器官提供了可能性。

水凝胶的3D打印方法主要包含两种，分别是光固化成形及直写成形（Direct Ink Writing, DIW）。类似于光敏树脂，用于光固化成形的水凝胶，在成分方面包括溶剂、单体、交联剂、光引发剂等，为了达到对水凝胶性能进行调控的目的，可以在其中添加无机填料。而直写成形作为3D打印水凝胶的两种方法中更普及的一种形式。打印时，水凝胶被置于注射器中使用，由计算机根据预先设计的结构数据文件，控制注射器的运动并挤出水凝胶，被挤出的水凝胶在外界条件的刺激（水分、温度、光照、pH等）下逐渐固化。一般水凝胶有足够快的固化速度，或者其流变性能满足在打印时不发生形变的条件，以满足3D打印对材料硬度的要求，才能实现成功的3D打印。目前，水凝胶打印材料的技术尚不成熟，且大多数都处于实验室研制阶段，因此，市面上可以购买的打印材料比较少。

（2）3D打印用金属材料　粉末形式和丝材形式是3D打印材料的两种主要形式。其中，粉末材料最为常用，在SLM、EBM等多种3D打印工艺经常使用；丝材更适合作为电弧3D打印（Wire and Arc Additive Manufacture, WAAM）等工艺的材料。

金属粉末需要满足一定的要求才能作为3D打印技术的原料。粉末的重要特性之一是粉末流动性，因为金属粉末的流动性直接影响到SLM、EBM中的铺粉效果是否均匀和LENS中的送粉过程是否稳定，若金属粉末的流动性太差会使打印的精度降低甚至让打印最终失败。粉末粒径、粒径分布、粉末形状、所吸收水分等多个因素都可对粉末的流动性造成影响，一般会要求粉末颗粒呈现球形或近球形以保证粉末的流动性，微粒的直径为 $10\sim100\mu m$，粒径过小容易使粉体聚集在一起，粒径过大会使打印精度下降。此外，为了使得到的部件更加致密，通常会要求粉体的松装比重较高，使用级配粉末比采用单一粒径分布的粉末更容易获得高的松装比重。雾化法是现在3D打印使用的金属粉末的最主要的制备方法。雾化法主又分为水雾化法和气雾化法两种类型，气雾化制备得到粉末相比水雾化制得的粉末纯度更高、氧含量更低、更容易控制粉末粒度、生产成本低以及球形度高，是高性能及特种合金粉末制备技术未来主要的发展方向。

3D打印中所使用的金属线材与传统焊丝类似，原则上只要能在3D打印工艺中熔化的金属都可用作3D打印材料。制造丝材的工艺目前已经很成熟，而且材料成本比粉材要低很多。3D打印金属材料按照材料的种类不同可以划分为铁基合金、钛及钛基合金、镍基合金、钴基合金、铝合金、铜合金、镁合金、贵金属和形状记忆合金等。

铁基合金是一种很早被研究，且研究较深的一种3D打印金属材料，最常用的铁基合金包括工具钢、316L不锈钢、M2高速钢、H13模具钢和15-5PH马氏体时效钢等。铁基合金拥有成本低、硬度高、韧性好等特点，同时易于加工，十分适合于模具制造。

钛及钛合金成为医疗器具、化工设备、航空航天及运动器材等领域的理想材料，具有比强度高、耐热性好、耐腐蚀、生物相容性好等特点。但是，钛合金是一种很难加工的材料，加工时所受应力大、温度高，使得刀具严重磨损，从而使钛合金的应用范围受到限制。而钛及钛合金很适合采用3D打印技术制作，一是由于3D打印时材料处于保护气氛环境中，钛很难与氧、氮等元素发生反应，微区局部的快速加热冷却也限制了合金元素的挥发；二是不需要对原料进行切割就能够制造出复杂的形状，用粉材或丝材作为原料的原料利用率高，使材料的浪费尽可能减少，可极大地降低制造成本。目前，用于3D打印钛及钛合金的种类有纯Ti、Ti6A14V（TC4）和Ti6A17Nb，均可以广泛地应用于航空航天领域及人工植入体等。

镍基合金是一类发展最快、应用最广的高温合金，其在650~1000°C高温条件下，拥有较高的强度和一定的抗氧化腐蚀能力等综合性能。镍基合金在许多领域中应用广泛，例如海洋领域的海水淡化、环保领域的废气脱硫、能源领域的原子能发电、石油化工领域的炼油等。常用的3D打印镍基合金牌号有Inconel 625、Inconel 718及Inconel 939等。

钴基合金也可作为高温合金使用，它是一种能耐各种磨损和腐蚀的硬质合金，但其发展应考虑钴的资源情况。钴是一种重要的战略资源但是极其匮乏，以致钴基合金的发展受限于此。目前，钴基合金多作为医用材料使用，在医学领域主要用于制造牙科植入体和骨科植入体。

铝合金密度小、导电导热、抗蚀性强，且具有较高的比强度、比刚度，是一类非常理想的轻量化材料。一些铝合金经过热处理后，可以获得更好的力学性能、物理性能和抗腐蚀性能，因此其应用前景十分可观。在3D打印中使用的铝合金为铸造铝合金。

其他金属材料例如铜合金、镁合金、贵金属等金属材料的需求量不及上述几种金属材料，但也有一定的良好应用前景。铜合金的导电导热延展耐蚀性能良好，可以制造发动机、电缆、模具或火箭发动机燃烧室等；镁合金是当今世界实际应用中密度最小的金属，可作为轻量化材料，且其生物相容性和可降解性极佳，其杨氏模量与人体骨骼也最为接近，可作为植入物材料，有着良好的发展空间。但是，目前镁合金3D打印工艺尚不成熟，因此大范围推广暂时还无法实现；而贵金属例如金、银、铂等多应用于定制珠宝首饰等，因为价格较高，所以应用范围比较有限。

形状记忆合金（Shape Memory Alloy，SMA）属于形状记忆材料，其具有在受到某些刺激（例如热、机械或磁性变化）时"记忆"或保留先前形状的能力。SMA在机器人、汽车、航空航天、生物医疗等领域有着广阔的应用前景。NiTi合金是目前发展比较成熟的SMA，但NiTi合金为难以加工的材料。将3D打印技术应用于SMA部件，不仅有望解决SMA加工难等问题，还能实现传统工艺无法实现的复杂点阵结构制造。目前，SLM 打印的 NiTi 合金部件已经显示出良好的形状记忆效应，在 8 次压缩循环后具有约 5% 的可恢复应变。此外，SLM 成形的 NiTi 样品的形状记忆行为与时效工艺高度相关，经 350℃ 下 18h 时效的样品展现出了几乎完美的超弹性。

（3）3D 打印用陶瓷材料　陶瓷材料作为人类使用的最为古老的材料之一，历史悠久，堪称材料领域的"老人"，但其在 3D 打印领域仍属于"新人"。这是由于大多数陶瓷材料熔点很高甚至部分陶瓷材料没有熔点（如 SiC、Si3N4 等），因此难以利用外部能场让其直接成形，而且大多需要在成形后进行烘干、烧结等长期过程的再处理后才能获得最终的制品。因此，繁琐长时间的工序使得陶瓷材料 3D 打印受到限制，难以大范围推广。然而陶瓷材料的优点值得称赞，其具有硬度高、耐高温、物理化学性质稳定等聚合物和金属材料不具备的优点，因而应用前景极佳，例如在航天航空、电子、汽车、能源、生物医疗等行业就有大量的应用。相比于传统的成形方式，3D 打印因其独特的无须模具的成型方式有着更高的结构灵活性，得益于此，陶瓷的定制化制造得到提升，陶瓷部件的性能也得到提高。下面分别以传统陶瓷和先进陶瓷为例详细介绍 3D 打印技术中的陶瓷材料。

黏土、水泥及硅酸盐玻璃等组成硅酸盐工业的那些陶瓷制品都可以被定义为传统陶瓷。传统陶瓷的原料大部分为天然的矿物原料，不但分布广泛，而且价格低廉，适合制造日用陶瓷、卫生陶瓷、耐火材料、磨料、建筑材料等。制作传统的陶瓷需要先制作很多的模具，如果将 3D 打印的工艺应用于传统陶瓷的制作，就可以定制陶瓷制品，提高陶瓷的附加值，并且能够提高陶瓷的艺术价值。应用最为广泛的陶瓷原料是黏土矿物，这种矿物遇水就会表现出可塑性，而常用成形工艺中的原料就需要这种可塑性。将黏土与水混合后就可得到可塑性良好的陶泥，然后就可以进行挤出 3D 打印。用挤出 3D 打印工艺制成的陶瓷物品表面会保留 3D 打印工艺过程中会产生特有的纹路，具有特别的审美价值。经过烘干、烧结、上釉之后就能得到成形后的陶瓷胚体变成的陶瓷器件。该工艺耗材成本低，适用于文化创新以及教育等领域。若要采用混凝土作为耗材进行房屋建筑的 3D 打印，只需将上述的 3D 打印设备放大即可。所使用的混凝土在传输和挤出过程中要有较好的流动性，挤出之后要有良好的稳定性，硬化后要有足够的刚度、强度和耐久性，这些对混凝土材料更高的要求才能满足 3D 打印建筑的顺利实施。非线性、自由曲面等复杂形状建筑的建造都可以使用 3D 打印混凝土，使就地采用资源进行基地的建造在未来变成一种可能。

多孔或蜂窝陶瓷常采用高岭土、堇青石等材料制成，常常被用作催化剂载体和过滤装置，利用 SLS 或三维印刷（Three–Dimensional Printing，3DP）制作出宏观复杂的通道，再使用造孔剂催化就可得到微观多孔的结构，其同时拥有宏观及微观孔隙结构。SLS 和 3DP 所使用的都是粉末态的原材料，并且要求粉末的流动性好，3DP 中所要使用的粉末材料可以通过喷雾造粒的方法获得，而 SLS 所需的粉末原料需要加入低熔点粘结剂，可使用覆膜法或机械混合粉法获得。

高性能陶瓷中的先进陶瓷采用了高纯度的原料，可以通过人为调控改变化学成分比例和组织结构，比传统陶瓷具有更加优越的力学性能且拥有传统陶瓷不具备的各种光、热、磁、声、电功能。按照用途，可将先进陶瓷分为结构陶瓷和功能陶瓷。结构陶瓷因具有较高的硬度和优良的韧性、耐磨性、耐高温性能，常被用来制作结构零部件；而功能陶瓷常被用来制作压电陶瓷、介电陶瓷、铁电陶瓷、生物陶瓷和敏感陶瓷等功能器件。要获得性能更好的陶瓷，不但需要对其原材料的成分及比例做更多研究，还需要改善其制造工艺。在陶瓷制作过程中，成形是最重要的一环，因此，3D打印先进陶瓷的方法得到广泛的关注。氧化物陶瓷因其物理化学性质稳定，烧结工艺简单方便，因此常用于3D打印研究。有很多种3D打印工艺原料都采用氧化物陶瓷，氧化物陶瓷的成形可以采用SLS、3DP、DIW、FDM、SLA、SLM和LENS等工艺。

11.6　3D打印微结构材料轻量化

本书前些章节讨论了微结构材料特有的性质，重量轻且是很好的轻量化材料，其内部孔隙使其具有良好的导热性、吸能和隔声降噪特性以及灵活的功能导向性设计特性。结合3D打印技术在设计制造方面的优势，微结构材料的众多良好特性得已被充分发挥。3D打印技术可通过以下四种途径来完成微结构材料的设计制造，并可以实现轻量化等特性：

（1）中空夹层、薄壁加筋结构　运用3D打印技术可以制造三明治夹层微结构材料，如图11-14a所示，通常由比较薄的面板与比较厚的芯子组合而成。在弯曲荷载下，面层材料主要承受拉应力和压应力，芯材主要承受剪切应力，也承受部分压应力。采用夹层结构，可实现构件的快速轻量化。经过设计的夹层结构对直接作用于外部蒙皮的拉压载荷具有很好的分散作用，薄壁结构也能对减重作出贡献。夹层及类似结构可用在散热器上，可极大地提高零件的热交换面积，提高散热效率[10]。实际设计中，可从质量轻、高强度、耐疲劳、吸声与隔热等方面综合考虑，以满足实际零件的各种性能要求，而这些都是传统工艺所不能实现的。

（2）镂空点阵结构　很多类型的微结构材料都类似于蜂窝通过元胞的不断复制而来，3D打印技术在设计制造该类型的微结构材料方面具有独特的优势。如图11-14b所示，通过大量周期性复制单个元胞进行微结构材料的设计制造以及调整点阵的相对密度、元胞的形状、尺寸、材料以及加载速率等多种途径，来调节结构强度、韧性等力学性能。三维镂空结构具有高度的空间对称性，可将外部载荷均匀分解，在实现减重的同时保证承载能力。镂空点阵单元设计有很高的灵活性，通过权衡所需的工程强度、静力学、耐久性、韧性、动力学性能和制造成本，可以设计不同的形状、尺寸和孔隙率的点阵单元以适应不同的使用环境。

（3）一体化结构　传统工艺制造的零部件大多数需要装配而成，这不仅导致制造流程复杂，而且零部件装配后的性能也得不到保证，而利用 3D 打印技术设计制造一体化结构则避免了这个问题，并且还可以在其中添加微结构材料元素，实现更加优越的性能。如图 11-14c 所示，把原来需要多个构建组合的零件一体化打印，不仅解决了原始多零件组合时存在连接结构的问题，还实现了结构整体化，有助于设计者突破现有设计思路的限制进而实现功能的最优化设计。让结构实现一体化不但减少了组装的步骤，还发挥了轻量化的优势，同时提高了企业的生产效益。这方面的典型案例是 GE 喷油器。通过长达十多年的探索，GE 通过不断的优化、测试、再优化对喷油器进行设计，将其零件数量从 20 多个减少到 1 个。通过 3D 打印实现了结构一体化，不仅改善了喷油器容易过热和积炭问题，还将喷油器的使用寿命提高了 5 倍，并且提高了 LEAP 发动机的性能[11]。

（4）异形拓扑优化结构　传统工艺无法制造出异形拓扑结构，而采用 3D 打印技术就能很容易地制作出来。如图 11-14d 所示，为在减重要求的基础上实现功能的最优化，需通过拓扑优化技术来去除不会对零件刚性部位造成影响的材料，从而对原先的零件的材料进行重新分配。如果将这些结构赋予微结构填充等属性，其将发挥更大优势。

a) 中空夹层、薄壁加筋结构　　b) 镂空点阵结构

c) 一体化结构　　d) 异形拓扑优化结构

图 11-14　3D 打印实现微结构设计制造的四种途径

11.7　3D 打印技术未来前景

本节针对前沿的多材料 3D 打印技术进行阐述，以展示 3D 打印技术更为广阔

的未来。谈及多材料打印技术，首先要明确多材料零件的概念。多材料零件又叫作异质材料零件，其制作目的是为了适应产品的最优使用功能，在这种零件上，存在多种材料按照一定规律排布。随着当今社会对产品性能的要求越来越高，多材料零件设计制造成为研究热点。传统的成型制造工艺很难制造出复杂的多材料零件，而3D打印技术的出现，其分层制造的特点使得多材料零件的加工变得很容易。从理论上讲，不管内部结构有多复杂，3D打印技术都可以胜任，都可以很好地控制内部各点、线、面上材料的堆积，快速地制造多材料零件。随着科技的不断发展，涌现出了更多新的3D打印工艺，使得其能够打印的品种类别也越广泛，例如微型传感器、组织或器官、彩色零件、生物体模型、多功能电路板等都可采用3D打印技术完成。

目前多材料3D打印成型技术主要有以下6种[12]：

（1）微滴喷射光固化技术　在光照条件下，光敏材料从多孔微喷喷头喷射出后，依次发生聚合反应，逐层堆积，制造出三维模型的技术就叫作微滴喷射光固化技术。在多材料零件模型快速成型的应用中，最近几年来，微滴喷射技术受到了越来越多的关注。3D Systems公司的Projet系列打印机和Stratasys公司的Connex系列打印机已经实现商业化。Stratasys Objet Connex500打印机的材料使用范围从质地较软的橡胶到具有较高强度的塑料且材料配比可以任意混合，共有100多种，并且能实现大尺寸、高精度、多材料的成型，其部分成型零件如图11-15（见彩插）所示。

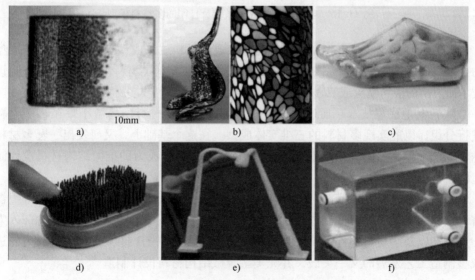

图11-15　多材料微滴喷射光固化技术3D打印零件

（2）粉末粘接成型技术　粉末通过打印喷头喷射出粘接剂逐层粘合在一起制造出三维模型的技术叫作粉末粘接成型技术。该技术不仅能打印出普通三维实体，也能制造出色彩丰富的多色彩零件，扩宽其应用范围，其关键是使用多个喷嘴喷射不同色彩的粘接剂来连接不同颜色的粘接材料,以此实现全彩色的三维实体的打印。

(3) 直接能量沉积成型技术　在金属零件的成型过程中,喷出的粉末或丝材经过高功率能量源(例如电子束或激光)的照射后直接能量沉积形成三维实体的技术,叫作直接能量沉积成型技术。当使用多材料打印零件时,可以利用控制送粉器控制其材料比例使其沉积成型。如今美国 Sciaky 公司的 EBAM 金属线材成型设备已经实现利用控制送粉器控制两种金属材料比例使多材料金属材料沉积成型。

(4) 粉末烧结技术　将粉末材料放置于粉床中在激光束或电子束下进行照射,粉末颗粒熔化并相互粘接成型的技术,叫作粉末烧结技术。在这个技术的基础上,来自德国的 Regenfuss 等人研发出一种能制造同时含铜、银的功能梯度零件的多材料成型系统,如图 11-16(见彩插)所示。

图 11-16　多材料烧结成型系统及打印的多材料模型

(5) 挤压成型技术　将加热熔化的丝状成形材料放入成型工作面中,堆积成型的技术叫作挤压成型技术。该技术的材料一般仅限于塑料类材料,成本较低。通过该技术研发出的混料喷头或双喷头成型系统可以制造多颜色或多材质的三维实体零件。

(6) 其他成型技术　通过一种电磁影响技术控制材料中的微小颗粒将多材料进行分组,以此实现多材料的三维实体成型。在这个基础上,又研发出一套多材料磁辅助 3D 成型系统。该系统如果能大批量生产,将会成为助推微结构材料设计制造的又一巨大引擎。

目前,3D 打印多材料成型技术逐渐被应用到医疗工程、智能化装备、组织器官以及众多特殊功能零件制造领域。随着结构-材料-功能的并行设计概念深入人心、工艺以及多材料零件评价体系的不断完善,多材料 3D 打印技术必将成为先进成型制造工艺发展的又一突破,并完美融合微结构材料设计制造[13,14]。

11.8　小结

先进成型制造技术,尤其是目前发展迅速的 3D 打印技术,必将成为实现微结构材料设计与制造的巨大推动力。本章通过对先进成型制造技术的引入,主要介绍了先进凝固成型技术、先进塑性成形技术、先进连接成型技术、新型材料成型制造技术和快速成型制造技术,使读者对材料的先进成型制造技术有了总体了解。接下来,通过对快速成型制造技术的重要分支——3D 打印技术进行重点阐述,并将其与微结构材料完美融合,展示了其在设计制造微结构材料方面的巨大优势和独特魅力。通过对微结构材料的来源、概念、性质、应用和传统制造工艺等的阐述,本章结合未来新材料、新结构、新工艺的发展,重点介绍了助推微结构材料设计制造的先进成型制造技术——3D 打印技术。3D 打印技术得到迅猛发展主要归功于其可以进行个性化制造且可大幅度地节省原材料,符合目前社会节能环保的要求。在不久的将来,3D 打印技术将走进千家万户,这是制造能力的大众化。有了 3D 打印机的魔力,人人都是制造商,唯一能限制我们的,恐怕只剩下想象力了。

参考文献

[1] LEE J Y, JIA A, CHUA C K. Fundamentals and applications of 3D printing for novel materials [J]. Applied Materials Today, 2017 (7): 120 - 133.

[2] 曹明元. 3D 打印技术概论 [M]. 北京: 机械工业出版社, 2016.

[3] 张学军, 唐思熠, 肇恒跃, 等. 3D 打印技术研究现状和关键技术 [J]. 材料工程, 2016, 44 (2): 122 - 128.

[4] 杨振英, 于博. 3D 打印在汽车塑料件设计中的应用与研究进展 [J]. 塑料工业, 2017, 45 (5): 11 - 15.

[5] Schniederjans D G. Adoption of 3D - printing technologies in manufacturing: A survey analysis [J]. International Journal of Production Economics, 2017, 183: 287 - 298.

[6] DUDA T, RAGHAVAN L V. 3D Metal Printing Technology [J]. IFAC - PapersOnLine, 2016, 49 (29): 103 - 110.

[7] 程美. 3D 打印技术及其对汽车设计的影响 [J]. 汽车工程师, 2015 (10): 13 - 15.

[8] 王菊霞. 3D 打印技术在汽车制造与维修领域应用研究 [D]. 长春: 吉林大学, 2014.

[9] 彭俊松. 工业 4.0 驱动下的制造业数字化转型 [M]. 北京: 机械工业出版社, 2016.

[10] CHEN Y, LI T, JIA Z, et al. 3D printed hierarchical honeycombs with shape integrity under large compressive deformations [J]. Materials & Design, 2017.

[11] 周松. 基于 SLM 的金属 3D 打印轻量化技术及其应用研究 [D]. 杭州: 浙江大学, 2017.

[12] 施建平, 杨继全, 王兴松. 多材料零件 3D 打印技术现状及趋势 [J]. 机械制造与自动化, 2016 (6): 11 - 17.

[13] BANDYOPADHYAY A, HEER B. Additive manufacturing of multi - material structures [J]. Materials Science & Engineering R Reports, 2018, 129: 1 - 16.

[14] VAEZI M, CHIANRABUTRA S, MELLOR B, et al. Multiple material additive manufacturing - Part 1: a review [J]. Virtual and Physical Prototyping, 2013, 8 (1): 19 - 50.

展　望

——智能驾驶融合轻量化技术

随着汽车技术的迅猛发展，智能驾驶与轻量化技术逐渐相融合，智能生态出行的概念应运而生。智慧生态出行系统是未来智慧城市的重要纽带和主动脉，在新一轮的全球科技革命和产业变革的引领下，汽车产业呈现绿色化、电动化、智能化、网联化、共享化的发展趋势，不仅推动了交通体系向智能、安全、绿色、共享的方向发展，更深刻影响着全球未来出行新格局。而随着智能驾驶概念的推广，人们对未来智能生态出行也提出了更高的要求，智能生态出行对未来交通的要求也逐渐增加，其中，节能环保和较高安全性是两个极其重要的要求。节能环保指轻量化、零排放、低能耗和低噪声，而高安全性是指先进轻质、安全结构和智能辅助。搭载轻量化技术的未来交通愿景映入眼帘，如图1所示。

图1　未来交通愿景

未来自动驾驶技术的广泛应用将会使驾驶员不复存在，汽车不再只是一个承载乘客和货物的载体，而是一个移动平台，称为智能座舱（Intelligent Cockpit）。智能座舱为使用者提供了无限可能，作为智能移动平台，搭载智能座舱的汽车，更像是一个移动的会议室、工作室甚至是起居室，如图2所示。

相对于传统座舱，智能座舱拥有灵活的结构，包括可变形车轮（见图3）、可转向座椅、可收缩转向盘（见图4）等。而这些灵活的结构都可填充或采用各种形状的微结构来设计。

同时，由于智能座舱搭载了更高级别的自动驾驶系统，取消驾驶位，也可将其改为辅助驾驶，在体验驾驶乐趣的同时愈发向轻量化靠拢。智能座舱的车门会更加简洁大方，单侧大车门将成为主流（见图5，见彩插），另一侧车身除去必要的设备外，可替换为蜂窝微结构材料或碳纤维等复合材料，实现轻量化的同时提高安全性。随着人们对车内空气质量要求越来越高，绿色环保且轻质的生物基材料将被更广泛应用于座舱内饰（见图6），不仅如此，可降解生物基材料还可实现理想的汽车产品循环。此外,使用微结构设计的吸能盒比传统吸能盒吸能效果更好,且质量更轻,如图7所示。

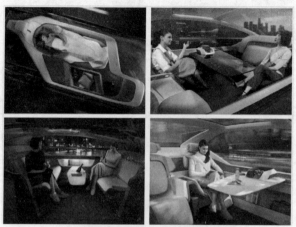

图2　智能座舱的智慧场景

图3　可变形车轮

图4　智能座舱内部可收缩转向盘

图5　采用蜂窝微结构材料的智能座舱侧门

图 6　生物基材料在智能座舱内饰中的应用

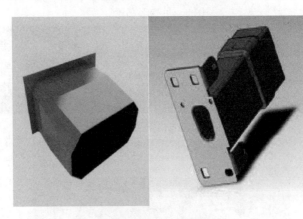

图 7　微结构吸能盒

智能座舱还采用框架式车身和复合材料覆盖件，一体化设计不仅简化了工艺，在节约成本的同时还实现了轻量化，如图 8（见彩插）所示。作为搭载智能座舱的主体，智能线控底盘是实现智能生态驾驶的关键，它基于智能网联、电动化和面向未来的设计，简化了传统底盘中的许多零部件，实现底盘轻量化、集成化，功能和结构方面更加模块化，具有响应速度快、可控性高和节能环保等特性，是未来智能网联车辆发展的关键。智能底盘模块采用对称设计(前后模块对称分布),全时四轮驱动(高效永磁同步电机,前后轮独立驱动),四轮前后轮独立线控转向(2.5m转弯半径,支持多种转向模式),横置板簧独立悬架结构,全平式底盘设计,铝合金框架式车身结构设计,智能底盘与自动驾驶平台连接。这都使它在极具灵活性的同时还具备优异的安全性能。不仅如此,智能底盘采用新型微结构设计,最终实现极致轻量化。

图8 框架式车身

由于智能驾驶交通具有远超现代交通的优势——高效率、无堵车、节能环保、安全性高、建设成本低、运营成本低、个性化服务等,使它成为未来最理想的交通方式。而作为其主要载体的智能座舱及智能线控底盘,利用电动化、智能化、网联化等先进技术和系统,在实现轻量化的同时还能具备可靠的安全性能,其优越的性能必将在未来市场上代替传统车辆,拥有无限的发展前景。